国家技能型紧缺人才培养培训工程系列教材
中等职业教育课程改革创新教材

物流营销基础与实务

第2版

主　编　詹春燕

副主编　黄晓芸

参　编　陈凤芝　肖晓桦　雷颖晖

机 械 工 业 出 版 社

本书根据现代物流营销岗位的营销知识和职业技能要求，以就业为导向，以职业技能为本位，把握“理论够用、重在实践”的原则，突出流程、模式、文案、表格操作要求等，阐述了物流企业进行市场营销的基本理论、方法、策略以及管理。

本书共分为 4 个单元，主要包括物流营销基本理论、物流营销策略、物流营销管理、物流营销人员的素质要求与基本礼仪。每个单元又分几个模块进行介绍，模块后面附有理论习题、实践建议及学习评价。

本书可作为中等职业技术学校物流管理及相关专业的教材，也可作为物流企业管理人员、市场营销人员学习、培训的参考用书。

图书在版编目（CIP）数据

物流营销基础与实务/詹春燕主编. —2 版. —北京：机械工业出版社，2010.8（2024.8 重印）

ISBN 978-7-111-31475-2

Ⅰ. ①物…　Ⅱ. ①詹…　Ⅲ. ①物资市场—市场营销学—专业学校—教材　Ⅳ. ①F252.2

中国版本图书馆 CIP 数据核字（2010）第 150308 号

机械工业出版社（北京市百万庄大街 22 号　邮政编码 100037）

策划编辑：聂志磊　徐永杰　　　责任编辑：聂志磊

封面设计：陈　沛　　　责任印制：刘　媛

涿州市般润文化传播有限公司印刷

2024 年 8 月第 2 版第 12 次印刷

184mm×260mm · 13 印张 · 321 千字

标准书号：ISBN 978-7-111-31475-2

定价：38.00 元

电话服务	网络服务
客服电话：010-88361066	机　工　官　网：www.cmpbook.com
010-88379833	机　工　官　博：weibo.com/cmp1952
010-68326294	金　　书　　网：www.golden-book.com
封底无防伪标均为盗版	机工教育服务网：www.cmpedu.com

中等职业教育课程改革创新教材编审委员会

主任委员：李建成　张新颖

副主任委员：李守斌　王妙娟　郑耀涛　朱为刚

委　　员：（排名不分先后）

赵　阳　刘　毅　范新辉　毛宁莉

张重晓　詹春燕　闫静雅　彭　麟

王淑荣　解云芝　李云松　刘雪梅

张永杰　陈小玲　杨穗萍　李秀华

周晓杰　兰　征　孟丽娇　曹前锋

葛光明　权月华　王东生　王文仲

序

为落实以就业为导向、以服务为宗旨的职业教育办学方针，树立工作过程导向的课程观、行动导向的教学观、多元智能的人才观及多元评价的质量观，实现以服务社会主义现代化建设为宗旨，培养适应经济社会发展需要的，具有良好的职业道德、职业素质以及在生产、服务第一线工作的熟练的职业技能和职业能力的技能型人才的培养目标，机械工业出版社联合多所中等职业学校组织修订了这套物流专业系列教材。

本套教材力求落实物流专业培养目标与人才规格，提出了“紧紧围绕培养物流管理操作型人才这一核心，以最先进的职教理论和课程理论为指导，占领中等职业教育的制高点，紧贴物流职业领域的实际，使教材的编写经得起时间的考验”的指导思想。

本套教材编写的基本思路是：①打破学科体系，以培养职业能力、提高职业素质为核心，构建以工作过程为导向、理论与实践一体化、专业教学标准与职业资格标准相融合的职业教育课程体系。②专业基础课程以综合课程为主，专业课程（实务）以行动导向课程为主。③综合课程与职业资格取证挂钩。④加强实践、实训课程建设。⑤既能适应学历教育的需要，又能满足职业培训的需要。

本套教材的主要特点为：①以现代职业教育课程理论为指导，体现“以全面素质为基础，以就业为导向，以能力为本位，以学生为主体”的职教课程改革指导思想。②反映物流行业现实的特点和发展的需求，从职业岗位需求出发，以职业能力和技能培养为核心，既反映物流业现实的需要，又具有超前性，体现新知识、新技术、新工艺、新方法的应用。③体现学生自主学习、探究学习、合作学习和教学方法、学习方法的改革。④体现对职业能力评价等评价方式的改革。⑤体现现代职业教育教学手段，编写形式新颖多样、图文并茂、生动活泼、简洁直观，有助于学生理解。

本套教材分为综合型课程教材和行动导向型课程教材。

综合型课程教材的编写力争实现以下要求：①课程目标既要明确知识点，更要突出能力点。②课程内容主要是“是什么”和“怎么样”。③教学方式采用案例教学、情境教学和实践教学等手段，使学生在学习过程中做到动脑、动口、动手。④在教学方法上，为探究式学习、合作式学习留出充分的时间。⑤评价方式多采用开卷考试、口试、实操考核、“课业”考核、阶段考核和过程考核等考核方式。

行动导向型课程教材是本套系列教材的特色，主要体现在：①以运输、仓储、配送、采购、物流营销、物流信息管理等物流结点的主要工作流程为线索。②以上述各个工作流程中的不同操作环节所需要的能力、技能以及相关知识为蓝本。③以能力培养为主线。④以创建行动学习环境，组织学生动手操作、主动探索为教学模式。⑤以培养学生物流业务能力和综合职业素质为目标。

物流专业行动导向型课程由若干项工作任务组成，每一项工作任务都包含了对某一个工作环节操作能力的培养。本套教材为每项工作任务设置了任务描述、任务目标、情景导入、知识储备、教师演示、学生动手、举一反三和学习评价八个栏目，对课程的教学给予了明确的指导。

对于物流专业行动导向型课程的教学，建议采用以下教学模式：

模式一：基础实训模式

1）教师指导学生明确教学目标和实训要求。

2）教师指导学生明确实训的任务、方法和步骤。

3）学生准备相关材料和必备的知识（教师辅导）。

4）学生按照实训内容进行操作训练（教师辅导）。

5）学习评价。

模式二：角色实训模式

1）教师提出问题，并向学生介绍和展示问题情景，指导学生明确教学目标和实训要求。

2）按某一类型的物流企业组织结构组织学生以小组为单位分别担任不同职务（扮演不同角色），并研究角色的职责和任务。

3）角色扮演者根据角色扮演设计方案分别进行课堂现场展示，还可进行角色互换。

4）学习评价。

模式三：项目实训模式

1）教师布置学习任务，指导学生明确学习目标和实训要求，帮助学生理解任务。

2）教师提供相关参考资料，各项目小组进行调查研究、查阅资料、获取信息，作必要的知识和技能准备。

3）各项目小组合作学习，制定工作计划。

4）根据项目小组制定的计划提出各种方案，经过讨论确立本项目的最佳实施方案。

5）组织项目实施，教师作示范，学生观看；学生根据计划完成任务，教师观看、指导。

6）学生在完成项目的过程中自己检查工作过程及结果，出现问题时随时请教师或同学帮助解决。

7)学生完成项目后对成果进行展示与自我评价，同时对其他同学项目完成情况提出问题，互相交流。教师对学生在整个学习过程中的表现予以评价，对出现的问题给予纠正。

根据物流企业的现实情况，建议将行动导向型课程的操作训练方式分为两种：①手工操作，如手工填制各种单证。②结合物流信息管理系统上机操作，如在仓储信息管理系统中完成各仓储管理岗位的操作。

行动导向型课程建设需要教学管理的改革与之配套，如在教学安排上，可以在传统的“两课时一个教学单元”和“一课时一个教学单元”的基础上，采用“一天一个教学单元”和“一周一个教学单元”两种形式；又如在学习评价上，采用过程评价、能力评价的评价方式，在等级评价上，主要采用优秀、合格和不合格的等级体系。

本套教材中的许多探索还只是初步的，肯定还有许多不完善的地方，敬请同仁们多提宝贵意见。

中等职业教育课程改革创新教材编审委员会

第2版前言

为了更好地适应中等职业学校对物流专业应用型人才培养的需要，由机械工业出版社牵头，决定对《物流营销基础与实务》进行修订。在保持原书基本框架的基础上，修订工作根据物流营销的最新理论发展和应用情况对书中部分内容作了补充与改进。

本书严格贯彻“行动导向”的课程编写理念，具有较强的行业特色和职教特色，可作为中等职业技术学校物流管理及相关专业的教材，也可作为物流企业管理人员、市场营销人员学习、培训的参考用书。

本书由华南师范大学詹春燕任主编，广东省经济贸易职业技术学校黄晓芸任副主编，廊坊职业技术学院陈凤芝、珠海市第一中等职业学校雷颖晖和珠海市理工职业技术学校肖晓桦参与修订。具体分工为：第一单元的模块一与第四单元由詹春燕修订，第一单元的模块二与第二单元的模块二由陈凤芝修订，第一单元的模块三与第二单元的模块一由黄晓芸修订，第二单元的模块三与模块四由雷颖晖修订，第三单元由肖晓桦修订。

在本书的修订过程中，得到了机械工业出版社的大力支持和帮助，参阅了一些市场营销和物流方面的文献资料，并得到了许多专家学者以及编者所在学校的领导和同事们的大力支持，在此一并致谢。本书受到广大读者的厚爱，我们对此表示深深的谢意！由于时间紧迫，加上水平有限，本书难免存在不足之处，衷心希望读者和同行给予批评指正。

编　者

第1版前言

近年来，随着物流行业在我国的快速发展，社会对物流人才的需求急剧增加。为了满足这一需求，也是为了更好地适应中等职业技术院校对物流专业应用型人才培养的需要，由机械工业出版社组织编写了本教材。

本书以物流营销工作的实际需要为主线，以理论结合实践为出发点，以必需、实用为原则，突出对流程、模式、文案、表格和操作的要求，力图达到简明、易懂、好掌握的目的。本书主要具有以下几个特点。

1）采用单元、模块的结构体系。

2）突出了实践指导和实践工具的作用。

3）大量使用图表和案例，力求简洁明了、通俗易懂。

4）突出对物流营销人员素质与礼仪的培养。

5）书中穿插有实际营销工作的案例与心得。

6）版式生动、活泼。

本书严格贯彻“行动导向”的课程编写理念，共分4个单元11个模块，每个模块后均附有课堂笔记以方便学生学习，每个单元后均附有相关案例、综合训练题以及实训活动建议或要求。本书具有较强的行业特色和职教特色，可作为中等职业技术学校（院）物流管理及相关专业的教材，也可作为物流企业管理人员、市场营销人员学习、培训的参考用书。

本书由华南师范大学詹春燕任主编，广东省经济贸易学校刘松涛任副主编，廊坊市工业学校陈凤芝、珠海市第一职校雷颖晖和珠海市第三职校方芳参编。具体分工为：第一单元的模块一与第四单元的两个模块由詹春燕编写，第一单元的模块二与第二单元的模块二由陈凤芝编写，第一单元的模块三与第二单元的模块一由刘松涛编写，第二单元的模块三与模块四由雷颖晖编写，第三单元由方芳编写。全书的框架与结构策划以及全书的修改定稿均由詹春燕完成。

在本书的编写过程中，编者得到了上海物资学校李建成校长的关心和指导，得到了各自所在学校领导的关心和大力支持，得到了机械工业出版社的大力支持和帮助，在此表示衷心感谢。本书在编写的过程中还参阅和引用了一些市场营销和物流方面的文献资料，在此一并谢过。本书在编写的过程中，面临的较大困难是该学科在我国尚处于发展阶段，一些理论和实际操作尚在探索之中。本书在叙述中难免存在不足之处，我们衷心希望读者和同行给予批评指正。

编　者

目 录

第一单元　物流营销基本理论　1

本单元学习导引图

物流营销基本理论
- **物流、物流营销和物流营销观念**
  - 物流与物流企业
  - 物流营销概述
  - 现代物流营销观念概述
- **物流营销市场分析**
  - 物流营销市场
  - 物流市场营销环境分析
  - 物流客户分析
  - 物流竞争者分析
- **物流市场细分与目标市场的选择**
  - 物流市场细分
  - 目标市场策略
  - 市场定位策略

学习目标

通过本单元的学习，了解市场营销学产生的背景，市场的含义、类型及物流市场营销的环境分析，以及目标市场的评估、选择模式、进入策略和条件；理解市场营销的基本概念，熟悉市场营销观念的发展演变；掌握物流营销的概念、特点和内容，物流营销市场的含义，影响物流企业竞争的主要因素，物流企业市场定位的概念、方法和策略。

综合知识模块一　物流、物流营销和物流营销观念

能力知识点1　物流与物流企业

20世纪90年代以来，经济全球化和区域经济一体化的进程不断深化和加快，物流对社会经

济及企业经营的强大影响力，正日益受到众多国家和企业的高度关注和重视，越来越多的企业开始意识到物流在战略管理中的重要性。物流产业在国民经济中的地位也在不断提高，物流活动已不仅是单纯的商品储存与传送活动，而且还是国内外营销环境的重要组成部分。以现代科技为核心的生产网络重构的生产、流通和消费之间的全新组织模式，已将物流组织模式变成历史上最经济的物流系统，成为企业发展的主要支柱和利润源泉。

资料卡

物流（Logistics）：为物品及其信息流动提供相关服务的过程，是指物品从供应地向接收地的实体流动的过程。根据实际需要，将运输、储存、装卸、搬运、包装、流通加工、配送、回收和信息处理等基本功能实施有机结合，形成完整的供应链，为用户提供多功能、一体化的综合性服务。

一、物流的概念

“物流”一词最早出现于美国，作为市场营销中的一个重要内容，主要是指实体配送，即销售过程中的物流。20 世纪 30 年代初，在一本关于市场营销的基础教科书中，开始涉及物资运输、物资储存等业务的“实物供应”（Physical Supply）这一名词。该书将市场营销定义为“影响产品所有权转移和产品的实物流通活动”，这里所说的所有权转移指的是商流，实物流通指的是物流。

在第二次世界大战中，美国军队围绕战争建立了后勤（Logistics）理论，其含义是指战时将物资生产、采购、运输、配给等活动作为一个整体进行统一布置，以求战略物资补给的费用更低、速度更快、服务更好。这时的后勤包含了生产过程和流通过程的物流，因而是一个范围更广的物流概念。其后，“物流”这一概念被应用于经济领域。现在欧美国家把物流称做 Logistics，包含了生产领域的原材料采购、生产过程中的物料搬运及厂内物流的流通过程。1964 年，日本开始使用“物流”这一概念，按照美国的简称叫做“P.D”（实物分配），后又在政府文件中正式采用“物的流通”这个术语。

想一想

如何理解物流的含义？

物流是指将物体从供应地向需求地转移的过程，主要包括运输、包装、装卸、搬运、配送、流通加工和信息处理等活动。理解物流可从以下几个方面着手。

1. 物流消除了生产与消费之间的间隔

物流字面上的意思是指有关“物”的流动。大家都知道，物体本身并不能够流动，物体的流动一般都需要借助于外部力量。这种通过外部力量来移动物体的活动就是物流。

物流的存在是要占有一定的空间的。具体来说，物体既包括在零售店中能够买到的各种东西，也包括工厂中使用的零部件及原材料等。

任何物体都有出产地（起点）和消费地（终点）。由于出产地和消费地之间往往有一定的距离，要消除它们之间的距离间隔，就需要借助于运输。

在物体的移动过程中，生产与消费之间会产生一定的时间间隔。比如说大米，它收获的时期只局限于一年中的某一个特定的时期，而消费时期则分布于一年四季。而与大米不同的是，有一些商品是要根据市场变化来生产的。要消除生产与消费之间的时间间隔，就需要借助于保管。

运输和保管是构成物流的两大重要活动。在运输和保管物品的过程中，需要有装卸和搬运活动。为了使运输途中物品不容易受损，还需要对物品进行包装。

上面所提到的消除生产与消费之间间隔的各项活动总称为物流。

2. 物流是与生产、采购、销售并列的活动

企业活动是从生产开始的。当销售商将制造商生产的商品送到消费者手中的时候，这一活动就完成了，剩下的事情就是按时回收货款。

这种将生产的商品送交消费者的活动就是物流。在这个过程中，企业必须事先将要销售的商品保存在仓库中（保管），然后按消费者的要求将其所需要的商品及时地送交给消费者（运输）。将商品送交给消费者的运输又可分为配送和投递。

企业物流活动几乎渗入到所有的生产活动和流通管理工作中。从这个意义来看，物流是与生产、销售、采购等活动同等重要的活动。

3. 理解“物流”概念的几个基本要点

1）物流是物品实体由供应地向接收地的流动。

2）物流包括运输、储存、包装、装卸、流通加工以及与之相关的信息活动。

3）物流是生产领域与流通领域所发生的一切有关的物料流，在供应、生产、流通等方面通过商流和物流实现商品所有权的转移、空间转移和时间转移，是一种经济活动。

4）物流随着网络信息技术的发展不断扩大范围，所有相关企业在利益相关的供应链上形成物流的利益整体。

二、物流的构成要素

物流最基本的构成要素是流体、载体、流向、流量、流程和流速。

（1）流体：物流中的物质实体。

（2）载体：物体流动所需要的设施和设备，如铁路、公路、水路、港口、车站、机场和车辆、船舶、飞机、装卸搬运设备等。

（3）流向：流体从起点到终点的运动方向。

（4）流量：通过载体的流体在一定流向上的数量。

（5）流程：通过载体的流体在一定流向上行驶的路径。路径越长，运输成本越高；反之，运输成本就越低。

（6）流速：通过载体的流体在一定流程上的速度。流速快，时间短，运输成本就会减少。

以上物流的 6 个要素存在于物流供应链的各个环节之中，它们之间有极强的内在联系。在物流营销活动中，需要处理好它们相互之间的关系，确保企业物流营销活动高效、有序地进行。

三、物流企业

1. 物流企业的概念

现代物流企业能够提供组织社会资源、商品供应、运输、储存、装卸、搬运、包装、流通加工、物流信息处理等基本服务，甚至还能进行需求预测、物流系统设计咨询、物流结算、物流教育培训等方面的工作。

物流企业担负着促进生产、引导生产、组织进货、做好销售工作、满足市场需求、加强商品流转、缩短流通时间、实现商品实物上的节约的基本任务。

资料卡

物流企业（Logistics Enterprise）：在国际标准中是指专门从事物流活动的经济组织。它是独立于生产领域之外，专门从事与商品流通有关的各种经济活动的企业，是在商品市场上依法进行自主经营、自负盈亏、自我发展、自我约束，具有法人资格的经营单位。

2. 物流企业的类型

划分物流企业的方法有多种，如果按照物流服务业务范围的大小和所承担的物流功能来划分，可以将其划分为以下 4 种类型。

（1）综合型物流企业：综合型物流企业往往是全国或世界规模的，它能对应货主企业的全球化经营从事国际物流，这种企业往往根据自身的实力对货主实现一站托运、全程服务等。例如，中远集团（COSCO）就将自己定位于全球综合物流服务商，为顾客提供全方位的服务，并针对目标市场推出了“一站服务”、“绿色服务”等，做到让“货物始终掌握在顾客手中”。又如，中国物资储运公司形成了以铁路、公路、水路、航空多式联运为纽带，以计算机联网管理为手段，以仓储配送、代理分销、国际货代、综合配套等全天候、全方位、全过程服务为内容的多维立体服务体系，并根据社会需求的变化，开展物流延伸服务。

（2）机能整合型物流企业：机能整合型物流企业是以对象货物为中心，导入系统化的物流，通过货物分检，追踪提供输送服务。这种物流企业自身能承担从集货到配送等物流活动，可以高度实现机能组合。由于企业服务的是特定的货物，所以其服务的范围受到了限制。如中铁快运有限公司（CRE），全国共有 162 个城市开办了该公司的快运业务，依靠铁路网络广、运量大、运输速度不断加快和运输受气候影响小的优势，采取网络化、紧密型、连锁店的经营模式，同时办理铁空联运、铁海联运，提供门到门的货物特快专递服务。

（3）运输代理型企业：这类企业机能整合度低，但服务范围广，通常自身不拥有运货手段，而是综合运用铁路运输、航空运输、船舶运输、汽车运输等各种手段，开展货物混载代理业务。这类企业只有把不同的物流服务项目组合，才具有满足顾客需求的能力。目前，这类企业正向第三方物流发展。

（4）缝隙型企业：这类企业表现为机能整合度低，物流服务范围较窄，主要向局部市场的特定顾客提供物流服务。这类企业通常开展一些见缝插针的物流服务，如一些小型的搬家公司、仓储公司、汽车运输公司等。

四、物流在我国的发展概况

自 1979 年引用和使用“物流”术语以来，在我国逐渐开始掀起了物流热，物流的发展进一步与全球市场经济接轨。尤其是进入20世纪90年代以来，我国市场经济体制下的买方市场逐渐形成，市场竞争日益激烈，零售企业、连锁商业企业在市场中的主导地位加强，国民经济的高速发展必然要求物流体系与之相适应，国家为高速发展物流业采取了一系列重要措施。在“八五”规划中，明确规定把第三产业、特别是物流业作为重点，此间动工兴建的10项特大工程中，物流业就占了5项。“九五”规划时期，我国货运总量持续快速增长。特别是在我国加入WTO（世界贸易组织）以后，经济发展融入了世界行列，给我国物流业的发展注入了生机，也加快了我国物流系统的建设，并逐步向标准化、国际化方向发展。通过引进一批国外先进技术，各种物流机械厂的新产品不断涌现。与此同时，一批“三资”储运物流企业产生，一些生产商、零售商退出物流领域转向市场寻求合格的物流代理商。随着改革的深入，以沿海大城市群为中心的4大区域性物流圈已基本形成，即以北京、天津、沈阳、大连和青岛为中心的环渤海圈，以上海、南京、杭州和宁波为中心的长江三角洲物流圈，以厦门和福州为中心的环台湾海峡的物流圈，以广州和深圳为中心的珠江三角洲物流圈。在我国内陆腹地，以大城市为中心、以铁路为纽带，形成了初具规模的物流结点。在“十五”规划时期，社会化配送企业比重已达到50%以上，培养了若干条贯通全国、便于开展国际物流配送的联运干线，构造了全国性商品配送的“绿色通道”。

我国物流发展水平与发达国家相比，还存在着很大的差距。其主要表现在：观念落后、体制分割；物流技术装备落后、资源整合能力不强；第三方物流服务水平有待提高；提供基础信息和公共服务的物流信息化平台发展缓慢等。在现代通信技术、信息技术和网络技术迅速发展的今天，我国物流企业必须转变观念，树立服务意识，采用先进的物流技术、设备和物流管理技术，为生产经营企业提供优质、高效的现代物流服务。

能力知识点2　物流营销概述

学习物流营销必须先了解市场营销的含义及其产生和发展情况。市场营销学萌生于20世纪初，形成于第二次世界大战后的西方资本主义国家，成熟于20世纪80年代，目前仍在发展中。它是市场经济发展到较高阶段的产物，并随着社会和经济的发展而不断深化、丰富和完善。

一、市场营销的含义

市场营销（Marketing）就是市场主体（特别是企业）通过创造或提供有价值的标的（产品、服务、创意等），并通过市场同其他市场主体进行交换，从而满足双方需要的一种活动过程，如图1-1所示。

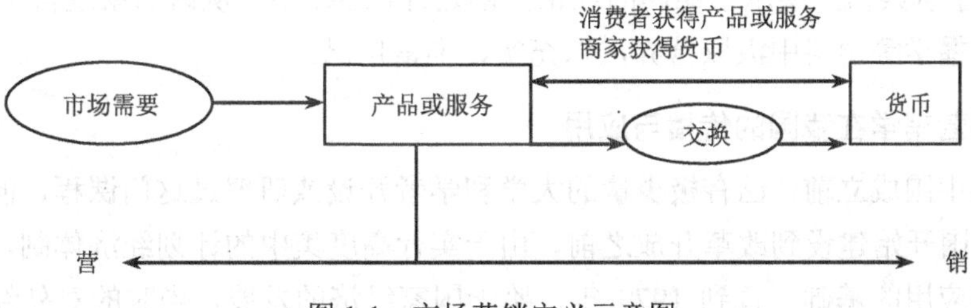

图1-1　市场营销定义示意图

二、市场营销学的产生与发展

小知识

顾客的需要和欲望是市场营销活动的出发点。

市场营销的目的是满足顾客的需要。

市场营销的中心任务是顺利完成交换。

市场营销的技巧是营销组合策略。

市场营销理论作为一门学科产生于 19 世纪末 20 世纪初的美国。市场营销学是一门从企业角度研究企业如何在市场条件下提供有效供给，并在生产商、中间商、消费者之间建立有效的沟通，以提高企业经济效益的学科。

1905 年，克罗西在宾夕法尼亚大学开设了“产品市场营销”课程。1910 年，拉尔夫·巴特勒在威斯康星大学开设了“市场营销方法”。1912 年，赫杰特齐编著了第一本《市场营销学》教材。课程的开设、教材的编写，标志着市场营销学作为一门学科开始建立。

市场营销学经过近百年的理论与实践发展，内容已相当丰富。概括地说，市场营销学的发展主要是沿着营销理念的深化、营销对象内涵和外延的扩大以及营销理论基础的不断丰富三条脉络演变发展而来的。

1. 营销理念的深化

营销理念是指企业从事营销的指导思想或哲学。市场营销理念的演变过程，经历了以生产理念、产品理念、推销理念为内容的传统市场营销理念，以顾客导向、社会营销为内容的新市场营销理念，以及战略营销理念。每一个新理念的提出，都是对前一个理念的扬弃或包容，它使营销理念不断深化和全面，并日益表现出企业对顾客、社会和环境所承担责任的关注。

2. 营销对象内涵和外延的扩大

早期的营销理论主要用于研究和指导企业行为，现在被推广应用到一些非营利性机构，如医院、学校、社会福利组织等，甚至被应用到政府，诸如争取国外援助、旅游开发、农业开发等政府项目中。早期市场营销学中最重要的核心概念—— 产品—— 正在不断被赋予新的含义，服务、创意等无形产品已成为产品的题中之义，而且逐渐成为较之有形产品更具价值、更有意义、更重要的产品。这些都深刻地反映了社会变迁、产业升级、知识经济等当今世界经济生活中的重要主题。

3. 营销理论基础的丰富

著名营销大师菲利普·科特勒教授曾说：“市场营销学的父亲是经济学，母亲是行为科学；数学乃市场营销学的祖父，哲学乃市场营销学的祖母。”实际上，市场营销学在发展演变过程中，除了从其祖上继承了雄厚的理论基础之外，还在不断从诸如系统科学、管理科学、信息科学、传播学等学科中汲取营养，以充实、丰富自己。

三、市场营销学在我国的传播与应用

虽然在新中国成立前，已有极少量的大学和学者开设或研究过这门课程，但传播极其有限。而在新中国开始建设到改革开放之前，由于实行高度集中的计划经济体制，市场营销学更没有传播与应用的基础。直到 1979 年，鉴于国家经济的发展，当时的对外经济贸易部、

第一机械工业部和少数大专院校开始聘请外籍教师来华讲授市场营销学。1980年，中美两国政府合作举办的中国工业科技管理大连培训中心成立。大连培训中心在培训我国大中型企业的厂长经理时，市场营销学作为一门核心课程被开设。20世纪80年代初期，我国有少数大专院校开始陆续开设市场营销学课程。1984年10月，“中国高等院校市场学研究会”成立。1991年，“中国市场学会”成立。“中国高等院校市场学研究会”和“中国市场学会”的成立标志着市场营销学在我国的研究与传播进入到普及、推广的新阶段。

经过20余年的普及与推广，特别是我国社会主义市场经济体制的确立，使得市场营销学的应用具备了相应的理论和实践基础。随着现代企业制度的建立，作为市场经济活动主体的企业对市场营销理论越来越重视。现在，企业比以往任何时候都更加关注市场、关注市场需求、关注营销策略、关注市场营销部门在企业中的地位与作用。

四、几个相关的概念

1. 市场营销与推销或销售的区别

现代市场营销学认为，企业的一切经济活动都必须以顾客的需要为转移，企业只生产经营适销对路的产品和服务。现代企业的市场营销活动包括：市场营销研究、产品开发、定价、分销、广告、宣传报道、销售渠道、人员推销、售后服务等。从中可以看出，推销（Selling）或销售（Sale）只是市场营销人员的职能之一，不是其最主要的职能，更不能把市场营销等同于推销或销售。

> **想一想**
>
> “市场营销就是推销”这句话对吗？

2. 营销组合

市场营销组合是指企业对可控制的各种营销手段的综合应用。尽管企业市场营销手段很多，但主要是通过产品策略、价格策略、分销渠道策略、促销策略进行有效的组合。

3. 顾客效用、顾客成本与顾客价值

（1）顾客效用：效用（Utility）就是顾客对能满足其需要与欲望的某种标的的整体能力的评价，是顾客的自我心理感受，是主观的。

企业从事市场营销活动，其作用可归结为3种效用。

1）地点效用。地点效用是指某些物品在适当的地点能够创造的效用。

2）时间效用。时间效用是指某些物品在适当的时间能够创造的效用。

3）占有效用。占有效用是指取得某种物品所有权所创造的效用。

（2）顾客成本：效用最大总是顾客所追求的，但常常是效用越大，成本也越高。顾客追求的效用总是与其成本付出相联系的。顾客成本（Cost）通常是指顾客为获得某种效用而必需的支出。它包括为获得某种产品要付出的货币成本、时间成本、体力成本和精神成本。

1）货币成本。货币成本是指以货币表示的产品价格。

2）时间成本。时间成本是指顾客为获得某种产品（的效用）所要付出的时间。

3）体力成本。体力成本是指顾客为获得某种产品所要付出的体力。例如将大件物品送货到家，“门到门”服务等既节省了顾客的动力费用，又节省了顾客的体力成本。

4）精神成本。精神成本是指顾客为购买、消费或使用某种产品而在精神上的付出。随着消费者权益保护运动在世界范围的普及，涉及顾客精神成本的许多内容已以法律形式被确定下来。

（3）顾客价值：顾客价值（Value）是指顾客效用与顾客成本的比较，即顾客效用与顾客成本之比等于顾客价值。如果顾客在同样的成本下得到的效用越大，那么顾客价值就越大。

4. 交换、交易和关系

（1）交换：交换是指提供某种标的作为回报，而与他人换取所需要的标的行为。只有通过交换，营销活动才能真正发生。交换的产生需要5个条件：①至少要有交换双方。②每一方都要有对方所需要的有价值的标的。③每一方都要具有沟通信息和传送交换物的能力。④每一方都可以自由地接受或拒绝对方的交换条件。⑤每一方都认为同对方的交换是合适的、满意的或称心的。

交换的5个条件，可以说是现代市场营销的一种境界，即通过创造性的市场营销，使交换双方能够双赢。

（2）交易：交易是交换的基本组成单位，是由双方之间的价值交换所构成的行为，包括货币交易和易货交易两种主要形式。当交换的协议达成，则称发生了交易。一项交易至少要涉及如下内容：至少两件以上有价值的标的（包括货币），双方同意的条件、时间和地点，以及必需的法律条款。

（3）关系：关系是指企业与顾客、分销商、经销商、供应商等建立的互信互利的联系。企业的生产经营活动要着眼于长远利益，应注意保持并发展与顾客的长期关系，建立关系市场营销。关系市场营销可定义为：企业与顾客、分销商、经销商、供应商等建立、保持并加强关系，通过互利交换及共同履行诺言，使有关各方实现各自的目的。企业与顾客之间的长期关系是关系市场营销的核心概念。建立关系是指企业向顾客作出各种承诺；保持关系的前提是企业履行诺言；发展或加强关系是指企业履行从前的诺言后，向顾客作出一系列新的承诺；而在关系市场营销情况下，企业与顾客保持广泛、密切的联系，价格不再是最主要的竞争手段，竞争者很难破坏企业与顾客的关系。关系市场营销强调顾客忠诚度，保持老顾客比吸引新顾客更重要。关系市场营销的最终结果，将为企业带来一种独特的资产，即市场营销网络。

资料卡

物流营销：是指物流企业以市场需求为核心，通过采取整体营销行为，以提供物流产品和物流服务来满足顾客的需要和欲望，从而实现物流企业利益目标的活动过程。

5. 顾客满意与顾客忠诚

（1）顾客满意：顾客满意是一种心理感受状况，是顾客对某一产品在满足其需要与欲望方面，实际的与期望的程度的比较与评价。实际效果大于期望，则很满意；实际效果等于期望，则满意；实际效果小于期望，则不满意。

（2）顾客忠诚：顾客忠诚是指顾客购买产品满意后所产生的对某一产品品牌或公司的信赖、维护和希望重购的心理倾向。建立顾客忠诚非常重要，研究表明，开发一个顾客要比维护一个顾客多花几倍、甚至更多的精力和费用。

五、物流营销

1. 物流营销的含义

物流营销是发生在物流领域内的市场营销。与工商企业一样，物流企业也必须面对市场做好营销活动，实现企业的发展目标。

2. 物流营销活动的主要内容和物流营销的特点

物流营销是贯穿于物流业务中的主要核心业务，与其他业务活动一样，它有自身的营销内容和营销特点。

物流企业基本的市场营销活动通常是由市场调查、市场分析、选择目标市场、确定营销组合、管理营销活动等组成。物流企业通过一系列的市场营销活动为顾客提供服务，从而达到实现企业长远利益的目的。

在市场经济条件下，物流企业是一种独特的服务性经济组织。它为顾客提供物流服务，与一般的工商企业市场营销相比，物流营销具有以下特点。

（1）为营销者提供服务产品，物流服务的质量由顾客感受决定：物流企业主要为顾客提供物资流通和信息流通服务，并通过现代物流管理技术降低物流成本，实现顾客价值最大化，因而它提供的不是有形产品，而是一种特殊的服务产品。它的无形性使得顾客难以触摸和予以评判，物流的供应商和顾客之间的相互作用的重点也从交易转向关系，需要通过如场所气氛、人员素质、价格水平、设备的先进程度和强大的供应链整合能力等反映服务能力的信息让顾客感受，以此决定物流的服务质量。

（2）物流营销的对象广泛，市场差异程度大：工商企业为了将资源集中在自己的核心业务上，往往将其他非核心业务予以外包。目前，物流外包已成为国际潮流，一些政府、非营利性组织等日益成为物流企业的服务对象。这些急剧上升的物流外包需求为物流企业提供了广阔的市场和服务对象，涉及了各行各业，顾客非常广泛，也导致了市场的差异性。物流企业面对个性化很强的市场，必须根据目标市场客户企业的特点为其量身定制一套高效、合理的物流方案。

（3）物流市场营销的能力强：随着物流市场的个性化需求越来越突出，要求物流企业必须具有强大的营销能力与之相适应。一个成功的物流企业，必须具备较大的运营规模，建立有效的地区覆盖，具有强大的指挥和控制中心，兼备高水平的综合技术、财务资源和营销策略。

能力知识点 3　现代物流营销观念概述

一、市场营销观念的发展演变

1. 市场营销指导思想的基本内容

市场营销是企业的一种有意识的行为过程，不同的营销方式以不同的营销思想为指导。而营销思想是以不同的经营哲学和行为逻辑为基础，并集中体现在不同的营销观念上。伴随着市场经济的发展，市场营销观念也在不断地演变。从市场营销观念的发展历程来看，主要形成了以下几种营销观念。

（1）生产观念：生产观念又称为生产者导向观念，是一种原始的经营理念。其基本内容是：企业以改进、增加生产为中心，生产什么产品就销售什么产品。这种观念产生于以下两种情形。

1）市场供不应求。

2）产品市场广泛，但生产成本过高，需要通过提高效率、降低成本以扩展市场。

显然，这种营销观念是在卖方市场下产生的。但随着市场供求形势的变化，尤其是市场竞争的加剧和买方市场的形成，其适用的范围越来越小。

（2）产品观念：这也是一种古老的经营思想，它与生产观念类似。它认为顾客总是喜欢优质的、有特色的产品，只要产品好，就不愁销不出去，即所谓“酒香不怕巷子深”。产品观念会引发“营销近视症”，如果企业只看到自己产品的诸多优点，而忽视了顾客需求变化，忽视竞争者的市场行为，就会因观念滞后而使企业的经营陷入困境。例如，美国的铁路运输业曾盛行一时，但由于铁路公司仅看到自己所从事的是“铁路运输”，而忽视了顾客所需要的是“运输服务”这一实质差异，将自己的经营业务局限于铁路运输这一特定的运输形式上，过分注意争夺在铁路运输上的优势，没有考虑到顾客需求的变化。当运输市场情况发生变化，载货汽车、飞机、管道等运输形式发展起来后，铁路公司就只有“望其兴叹”了。

（3）推销观念：它是生产观念的发展和延续。它强调：如果不经过努力销售，顾客就不会大量购买。在“卖方市场”向“买方市场”过渡时，大多数厂商由于生产能力过剩，希望通过大量的促销活动积极推销产品。推销观念的主要不足在于：营销者只注重“推销企业所制造的产品”，而不是“制造市场所需要的产品”，没有站在顾客的角度来看待自己的营销活动。

（4）市场营销观念：市场营销观念的基本内容是：顾客需要什么产品，企业就应当生产、销售什么产品。它强调：企业应当注重选择目标市场，发现目标市场中顾客的内在需要，并能运用整体营销手段在满足顾客需要的同时使企业盈利。因此，目标市场、顾客需要、整体营销以及盈利是市场营销观念的四大支柱。像“用户至上”、“顾客就是上帝”等广告用语，就真实反映了市场营销观念。从本质上说，市场营销观念是一种以顾客需要和欲望为导向的哲学，是消费者主权论在企业市场营销管理中的体现。但这种营销观念仍有缺陷，主要表现在它可能忽视了社会的利益。

（5）社会营销观念：自 20 世纪 70 年代以来，国际市场营销环境发生了急剧的变化，尤其是对能源短缺、人口膨胀、环境污染以及消费者权益保护运动等问题的日益重视，使得市场营销观念开始受到怀疑和指责，指责的内容包括忽视社会伦理道德、资源浪费、环境污染等各种弊端。

想一想

这些营销指导思想有何区别？

社会营销观念认为：企业的任务是要确定目标市场的需要、欲望和利益，且比竞争对手更有效益地向目标市场提供所期望的满足，而提供的方式应能保护或者提高消费者和社会的福利。社会市场营销观念要求市场营销者在制定市场营销策略时，要统筹兼顾企业利润、消费者需求和社会利益。

（6）战略营销观念：战略营销观念就是用战略管理的思想和方法对市场营销活动进行管理。它较之市场营销观念、社会营销观念，思考问题的层次更高，考虑的问题更全面、更系统，理论体系更丰富、更完善。

战略营销观念源于企业的战略管理思想。战略营销观念强调：企业在目标市场上，通过战略管理创造竞争优势，向包括顾客在内的所有参与者提供最大的利益。战略营销注重方向性、长期性、竞争性、创造性、协同性和参与者的共赢性。

2. 市场营销理念的比较

通过对市场营销理念演变的简要介绍，可以看到，传统的营销理念（生产观念、产品观念、推销观念）、新的营销理念（市场营销观念、社会营销观念）和战略营销理念在出发点、关注重点、实现途径与手段以及目的上都有所不同，但后者都是在前者的基础上发展的，后者对前者是一种包容或扬弃。各种营销理念的主要区别见表 1-1。

表 1-1　各种营销理念的主要区别

区别／理念	出发点	中心和重点	途径与手段	目的
传统的营销理念	企业	产品	推销	通过扩大销售额获得利润
新的营销理念	目标市场	顾客需要	营销组合	通过顾客满意获得利润
战略营销理念	环境	竞争优势	战略管理	使所有参与者获得利益

3. 现代营销观念的发展趋势

（1）日益注重直销与网络平台建设：当今世界，正处于电子革命、信息革命和传播革命的发展阶段，这些都促使买卖活动改变传统的交易方式。在世界的任何一个地方，人们只要进入互联网和公司网站的主页便可选购商品。通过网上服务，人们能发出和获得产品、服务的信息，与其他用户交谈，确定最优的价值，签发订单，并收到货物。由于这些数据库的技术优势，公司能更多地进行直接营销，并减少对批发商和零售中间商机构的依赖。传统的营销方式与电子商务的结合，使营销又一次出现了“革命”。

（2）日益注重质量、价值和顾客满意度：不同的购买动机在不同的地点和时间起着强有力的作用。现在，顾客的消费越来越趋于理性，在作出购买决定时越来越重视产品的质量和价值。产品是营销的基础，离开了高质量的产品，其他的都成为空中楼阁。一些著名公司在降低成本的同时，大大地提高了产品的质量。它们的指导原则是不断以较少的成本提供更多的东西，增强顾客的满意度。

（3）日益注重“关系营销”：过去的营销理论着眼于如何“实现销售”，主要是关注产品在销售时能否卖得出去。现在不仅要实现销售，还要了解顾客是否会重购。今天的营销者的注意力是培养顾客的忠诚度，集中于创造终生顾客，也就是把交易思想转变为建立关系。它们往往会建立数据库，包括顾客的人文统计资料、生活方式、对不同营销刺激的反应水平、过去的交易情况以及特意安排各种提供物来取悦顾客，使他们保持对公司的忠诚。

（4）日益重视服务营销：随着经济的发展，今后大多数人将从事服务业。由于服务是无形的、不可分离的、可变的和易消失的，因此，它们增加了在实体商品营销中所没有的挑战。

同时，顾客在购买产品时也越来越注重企业提供的服务，从事营销服务的专业公司也就顺时而生。

（5）日益注重行业的职业道德：在我国，过去很多成功的企业在某种意义上算得上是“功利的、不择手段的理想主义者”。目前，我国企业更注重对职业精神和道德秩序的培养。

二、现代物流营销观念

相对传统的营销观念而言，现代的市场营销观念，特别是以顾客为核心的物流市场营销观念，要求关注顾客，全方位地为顾客服务，满足顾客的要求。这决定了物流服务的观念，物流服务必须以顾客为导向。要做好物流市场营销，必须有明确的理念、正确的思路，它也将对物流市场的经营管理产生关键的影响。物流营销的新观念主要有：顾客满意的观念、物流顾客服务观念、关系至上的观念、4Cs 物流服务观念等。

1. 物流营销的核心观念——顾客满意

现代市场营销观念主张要识别顾客的具体需求，然后把资源集中起来去满足顾客的需要，当企业所有的活动都致力于满足顾客期望时，将使企业获得成功。

著名管理学家彼得·德鲁克在 20 世纪 60 年代指出：一个公司的首要任务是创造顾客。20 世纪 90 年代以前，营销学一直强调发现潜在顾客和刺激顾客的需求。20 世纪 90 年代以后，企业营销管理开始突出强调顾客满意度，使满意的顾客去宣传企业的形象，并成为忠实的顾客，而这正是物流企业最重要的资源。

（1）顾客满意的含义：在物流营销活动中，企业要赢得长期顾客，就要创造顾客满意。所谓顾客满意，是指一种心理活动，是顾客的需求被满足后的愉悦感。营销学专家菲利普·科特勒指出：“满意是指一个通过对产品和服务的可感知的效果与他的期望值相比较后所形成的感觉状态。”顾客满意是顾客对企业、企业员工提供产品和服务的直接综合性评价，是顾客对顾客关怀的认可，不断强化顾客的满意是顾客信任的基础。

物流的产品是物流的服务，是一种增值产品，增加了顾客所获得的空间、时间效用及产品形状性质的转变的效用。顾客所关心的是所购买的全部产品，即不仅仅是产品的实物特点，还有产品的附加价值。物流营销服务就是提供这些产品的附加价值的重要活动，对于顾客反应和顾客满意程度产生重要影响，服务水平在交易进行时自动产生。良好的顾客服务会提高产品价值，提高顾客满意度。因此，顾客服务是企业物流的一项重要功能。

自 20 世纪 90 年代以来，一种超越以塑造和传播企业形象为宗旨的 CI 战略的 CS 战略勃然兴起，并大有取而代之的态势。CS 是英文 Customer Satisfaction 的缩写，意为顾客满意。作为现代企业的一种重要的整体营销手段，亦称为 CS 战略或顾客满意战略。

（2）顾客满意度：顾客满意度在营销学中是一个比较新的概念，源于日本企业提出的顾客满意战略。所谓顾客满意度，是指顾客满意程度的常量感知性评价指标。顾客在购买产品、服务前有一个应该达到的标准，从而形成期望，购买产品、服务后将新产品和服务的实际价值与自己的标准相比较，从中判断自己的满意程度。满意水平是感知效果和期望之间的差异，顾客可以体验 3 种不同满意度中的一种：如果效果低于期望，顾客就会不满意；如果感知效果与期望相匹配，顾客就满意；如果感知效果超过期望，顾客就会高度满意。因此，顾客满意度是指顾客对产品和服务的消费经验的情感反应状态。这种满意不仅仅体现在一种产品、一项服务、一种思想、一种机会上，还体现为对一种系统、一种体系的满意。顾客的期望是顾客在过去的购买经验、朋友的介绍、销售者和竞争者的信息和承诺等基础上形成的。如果销售者将期望值定得太高，顾客可能就会失望；如果将期望值定得较低，就无法吸引足够的顾客。

顾客对某项产品和服务是否满意，受许多因素的影响，诸如顾客先前的购买经验或他人的口碑及商家的承诺、产品和服务的实际价值、产品和服务与顾客的期望的比较等。其中，产品质量是一个关键性因素，这是顾客的首选标准。此外，沟通广告、公共关系等也起着重要的作用。

（3）顾客满意度的衡量标准：顾客满意度是一种很难测定的、不稳定的心理状态，在实际工作中一般可以根据以下标准来衡量。

1）顾客重复购买次数及重复购买率，这是衡量顾客满意度的重要标准。在一定时期内，顾客对某一产品或服务重复购买的次数越多，说明顾客的满意度、忠诚度越高；反之，越低。当然，还有其他的因素也会影响重复购买，只有根据不同产品的服务性质区别对待，才能确定这一指标的合理界限。

2）产品或服务的种类、数量与购买百分比，即顾客购买某类产品或服务的品牌、数量以及最近几次购买各种品牌所占的百分比。这种百分比的大小，在一定程度上反映了顾客对品牌的满意度和忠诚度。

3）顾客购买挑选的时间。一般来说，挑选的时间越短，说明顾客对这一产品的忠诚度越高；反之，就越低。

4）顾客对价格的敏感程度。顾客对各种产品或服务的价格敏感程度是不同的。一般来说，对喜爱、信赖的产品和服务价格的变动敏感性低，对不喜欢、不信赖的产品和服务价格的变动敏感性高。

5）顾客对竞争产品或服务的态度。顾客对竞争产品有好感、兴趣浓，且对某一品牌的忠诚度低，购买时很可能以前者代替后者；如果对竞争产品没有好感、兴趣不大，且对某一品牌的忠诚度高，则购买指向比较稳定。

6）顾客对产品或服务的承受能力。顾客对产品或服务的一般性质量事故或偶发的质量事故持宽容态度，并会继续购买，表明其对某一品牌的忠诚度很高；若因此拒绝这一品牌，则忠诚度不高。

当然，除上述指标外，还有许多细化指标，企业可以多方面调查顾客满意度，了解顾客意见，识别核心顾客，变被动“等待”为主动“培养”。

2. 物流顾客服务观念

物流企业的顾客服务战略是创造竞争优势的决定因素之一。随着经济的发展和技术的进步，国际国内竞争日益加剧，许多企业都懂得要寻找竞争优势的关键领域，把顾客服务作为重要环节来抓，实行“服务为先”的顾客管理创新。

（1）物流顾客服务的含义：物流顾客服务是指物流企业为促进其产品或服务的销售，发生在顾客与物流企业之间的相互活动。它的主要内容可以理解为以下几个方面。

1）物流顾客服务是一项特殊的工作，是典型的顾客服务活动。它包括订单处理、技术培训、服务咨询、处理顾客投诉等内容。

2）物流顾客服务是一整套业绩评价，包括产品可得性评价、订货周期与可靠性评价、最低订货数量等内容。

物流顾客服务是企业对顾客的承诺，是企业战略的重要组成部分，它与当今企业高度重视的质量管理是完全一致的，必须引起高层管理人员的重视，将顾客服务的观念、思想贯穿和渗透到整个物流营销活动的始终，使它的各项活动制度化。

3）从物流顾客服务的过程来看，物流顾客服务包括交易前的要素，如制定和宣传顾客服务政策，完善顾客服务组织，使之能满足顾客的要求，提供各种形式的帮助；交易中的要素，如存货水平、订货信息、订货周期、快速装运、产品替代性；交易后的要素，如设备安装、产品质量保证、售后维修及维护、零配件供应、处理顾客投诉及退货等服务活动。

（2）动态的服务观念：物流服务并不是一成不变的，它必须根据市场营销创意的变化而变化。这些创意从各方面都体现出如何为顾客服务，顾客的需要也会随时间、环境的变化而变化，所以物流企业必须在动态的条件下制定营销战略，借助产品生命周期理论来建立模型。物流顾客服务必须与产品生命周期的动态状况相适应，以此来制定顾客服务的需求计划。例如，导入阶段的物流服务要有高度的产品可得性和服务的灵活性，满足顾客随时可以存货的需求；成长阶段的物流服务重点应该是要更趋于平衡服务和成本绩效，企业对顾客服务所作的各种承诺已被计划用来实现各种盈利目标，尽可能地实现收支平衡的销售量，扩大市场覆盖面；成熟阶段的物流服务则更具有高度的选择性，调整各自的服务承诺，提供独特的增值服务，创造忠诚气氛，以更多的人力、财力、物力向关键的顾客提供特殊的服务；衰退阶段的物流服务是放盘出售产品和继续有限地配送等方案的平衡，最大限度地降低风险，并开拓新的服务项目。

（3）增值服务的观念：物流顾客服务是一种特殊的活动，它能使物流活动通过共同的努力提高效率和效益。物流顾客服务必须以增值为本，即为顾客提供增值服务，从而也为自己带来增值。增值服务能够巩固业务上已作出的安排。开发利用增值服务的企业，它们都坚定不移地完成对基本业务所作的承诺，它们所做的事情是要帮助特定的顾客实现他们的期望。在增值服务的过程中，厂商可以提供产品包装、建立顾客标志、创建特定的批量包装、提供有助于购买的信息、在产品上标价以及建立销售点展示等。在一个纯粹的物流过程中，增值服务需要从直接的存货交付，或安排在端点间的往返作业，或其他任何能对主要顾客产生持续价值的服务中体现出来。绝大多数增值服务都可以从良好的渠道关系中体现出来。

3. 关系至上的观念

现代顾客管理正向顾客关系方向推进，物流顾客服务也正向这方面推进，树立关系至上的物流顾客服务观念。企业通过技术投资，建立搜集、跟踪以及分析顾客信息的系统，增加顾客联系的渠道、顾客互动以及对顾客渠道和企业平台的整合的功能模块。其主要范围包括实现销售自动化、提供顾客服务支持和营销自动化、呼叫中心等。目前，物流营销是一种网络的互动关系，物流营销活动的主体在关系与网络中进行活动，其注意力特别集中在合作之上，积极地承担责任并发挥关系与网络的功能，依靠整个企业的紧密合作，与外部相关机构建立起长期的客户关系。

4. 4Cs 物流服务观念

物流营销是一个整体的营销活动，物流企业要根据市场变化，使用营销组合，将产品策略、渠道策略、促销策略、服务策略等进行有机的组合，顺利完成营销服务项目，为顾客提供满意的服务。

企业市场营销的观念在经济环境变化下不断发生变化，市场营销组合也是与时俱进的，先有美国麦卡锡教授提出的基于产品、价格、销售渠道、促销的“4Ps”理论，后有科特勒在此基础上结合政治力量和公共关系两方面策略提出的“6Ps”理论，随后有劳特朋提出的“4Cs”理论。值得指出的是，物流市场营销虽然具有一般产品市场营销的一些特征，但由于与有形产品以及其他服务产品的营销不同，物流市场营销组合又具有自身的特点。应该说，“4Cs”营销理论更适合于物流企业的营销组合策略，即市场营销的变量正在传统的“4Ps”基础上增加围绕顾客的“4Cs”。

1）Customer（顾客，主要指需求）基于 Product（产品）。

2）Cost（成本，包括顾客购买产品的代价）基于 Price（价格）。

3）Convenience（方便程度）基于 Place（地点，产品的销售和运输渠道）。

4）Communication（与顾客的交流）基于 Promotion（促销，媒体宣传和顾客联系）。

物流企业的市场营销组合策略，必须围绕它对市场变量的认识来进行设计。无疑，基于“4Ps+4Cs”的市场营销策略，将从顾客端入手，即从顾客的定位与需求角度来制定，使物流营销建立在服务的基础上。

举一反三

一、理论部分

（一）简答题

1. 什么是市场？具体怎样理解？它包括哪些基本要素？
2. 简述市场营销指导思想的演变，新旧市场营销观念的联系与区别。
3. 物流的含义是什么？物流由哪些要素构成？
4. 什么是物流营销？它有哪些内容和特点？
5. 如何理解顾客满意与顾客忠诚？
6. 现代物流营销的观念包含了哪些内容？它们的现实意义是什么？

（二）案例分析

岛国调查

美国某制鞋公司要开拓国外市场，派一名业务员去非洲某岛国，了解能否将鞋在岛国进行销售。该业务员到非洲后次日发回电报：“这里的人不穿鞋，鞋没有市场。”公司又派出了第2名业务员，他在非洲住了一个星期，发回电报："这里的人都没穿鞋，鞋的市场很大。"公司为了得到更真实的情况，派去了第3个人，该人到非洲住了3个星期，发回一封电报："这里的人不穿鞋，是因为他们脚上长有脚疾，他们十分想穿鞋，我们的窄鞋不好销。公司必须生产宽鞋。打开这个市场需要投入大约1.5万美元，若每年能卖2万双鞋，投资收益率约为15%。"

这是市场营销中一个既古老又经典的案例。要学习物流营销，就必须首先了解市场与市场营销的基本知识，把握它们的真正内涵。本例中，3个业务员对同一地区的市场情况作出了不同的分析判断：第1名业务员缺乏职业敏感性，因而眼中无市场；第2名业务员了解了市场，但没有对消费者的需求进行分析；第3名业务员不仅分析了消费者的需求及市场的容量，还对企业的利润回报率等进行了预测。3名业务员表现出的职业素质，反映了他们不同的市场认知度、营销观念和营销态度。

从以上案例中可以看出，企业的营销活动包括市场调查与预测、选择目标市场、新产品开发、产品定价、分销渠道的选择和管理、物流、广告宣传、人员推销、销售促进、公关活动、售后服务等多个方面，是一项综合的系统工程。这项系统工程要有计划、有步骤地推出，组织周密、措施有力，一直深入到最基层的销售网点。因此，市场营销并不仅仅是销售、促销或推销，那种认为市场营销就是推销或促销的看法是片面的。市场营销与推销不同，后者是以企业自身生产为生产经营的出发点，通过促销宣传影响消费者，使消费者购买其产品；而前者则是以消费者的需求为生产经营的出发点，满足消费者的需求，综合运用各种科学的市场经营手段，把商品和服务整体地销售给消费者，以促进并引导企业不断发展。推销或促销仅仅是市场营销中的一部分。市场营销是将市场需求变成满足需要的产品或服务，并把它推向市场进行交换的一种社会活动过程。

问题：从这个案例中，你对企业的市场营销活动有哪些新的认识？

美国福特汽车和通用汽车的早期竞争

美国福特汽车公司是1903年亨利·福特与詹姆斯·卡曾斯·道奇兄弟等创办的，由福特任总经理。1912年，福特公司聘用詹姆斯·库兹恩任总经理。库兹恩上任后实施了3项决策。

1）对主产品"T型车"作出了降价的决定，即由1910年定的售价为950美元降到850美元以下。

2）按每辆"T型车"850美元的目标，着手改革公司内部的生产线，在占地面积为278英亩（1英亩=4046.856m^2）的新厂中采用现代化的大规模装配作业线，使过去12.5小时生产一辆"T型车"，提高到9分钟生产一辆车，大幅度地降低成本。

3）在全国设置7 000多家代销商，广泛设立销售网点。

这3项决策的成功，使"T型车"冲向全世界，市场占有率占美国汽车行业之首。

1919年，亨利·福特独占福特公司，库兹恩被解雇，福特亲自任总经理。福特一方面采用低价策略，1924年每辆"T型车"的售价已降到240美元，1926年福特车产量占美国汽车产量的1/2；另一方面又提出：不管顾客需要什么，我的车都是黑色的，实行以产定销的策略，以“黑色车”来作为福特汽车公司的象征。结果“T 型车”在竞争中失利，1927 年 5 月停产。1928 年，福特汽车公司的市场占有率被通用汽车公司超过，退居第二位。

美国通用汽车公司于 1908 年成立，由杜邦财团控制。1928 年以前，它的市场占有率远远低于福特汽车公司。1921 年，斯隆就职于通用汽车公司，针对当时通用汽车公司松散的权力状况写了《组织研究》一文，提出了“集中决策控制下的分散作业”，使集权和分权得到很好的平衡。1923 年，斯隆任通用汽车公司总经理，改革了经营组织，使公司高层领导人抓战略性决策，日常的管理工作由事业部完成。同时，提出“汽车形式多样化”的经营方针，来满足各阶层消费者的需要。1923 年市场占有率仅 12%，远远低于福特汽车公司。1928 年市场占用率达到 30%以上，超过福特汽车公司。1956 年市场占有率达 53%，成为美国最大的汽车公司。

问题：1．企业生产什么、怎样生产、为谁生产，是由生产者和商家说了算，还是由消费者手中的“货币选票”来决定？

2．企业应如何了解消费者的实际需求？企业应如何不断地适应多变的营销环境？

3．假如你当时是福特公司的一名营销主管，设想一下，你能否劝说福特改变其经营理念？如果能，说明具体办法，你会给他提什么样的建议；如果不能，则说明理由。

二、实践部分

1．实训项目：市场营销组合策略实训。

2．实训内容：阅读以下材料，组织探讨，然后回答问题。

1）安普公司成立于 1995 年，主要生产“麦提克”系列相机。现有 6 种型号，它们的特点是操作简便，光圈、速度和距离可自动调节，底片能在阳光下进行直射。

2）经过多次会议研究，产品零售价定为 24.95 美元，零售商的进货成本为 15 美元，每售一架相机可得毛利 9.95 美元。这对零售商有相当大的吸引力。

3）安普公司的销售模式为：安普公司→零售商→消费者。

4）安普公司在报纸、杂志、电视上进行广告宣传，广告的主题为“当绝妙的事情发生时，随时都有‘麦提克’在手”。安普公司有 1 500 名推销员。

问题：1．市场营销组合策略由哪几大部分组成？结合案例和所学知识回答。

2．安普公司是如何成功地运用市场营销组合策略的？

3．实训组织：

1）分组，把实训人员按每组 6～8 人分为若干组，指定各小组组长。

2）各小组在组长的带领下阅读资料，根据提出的问题进行讨论。

3）各小组交流、讨论，并总结汇报。

4．实训考核：本项实训要求各组组员分别撰写和设计以下内容。

1）各小组讨论的细节内容，设计市场营销组合策略方案。

2）每位组员撰写实训总结，其主要内容为：实训项目、实训要求、实训内容、本人承担的实训任务、完成情况、实训的过程及实训小结。

学习评价

被考评人					
考评地点					
考评内容					
考评标准	内　容	分值/分	自我评价/分	小组评议/分	实际得分/分
	市场营销组合策略	40			
	安普公司的情况	30			
	表达能力	20			
	现场控制能力	10			
合　计		100			

注：1. 实际得分=自我评价40%+小组评议60%。

2. 考评满分为100分，60~74分为及格；75~84分为良好；85分以上为优秀（包括85分）。

综合知识模块二

物流营销市场分析

在现代市场经济条件下，物流企业必须根据市场需要配置资源、制定战略、安排服务，而这一切离不开对市场的调查和分析。市场的调查和分析包括物流企业面临的环境分析、顾客分析和竞争者分析等。物流企业只有了解市场、熟悉市场，才能赢得市场，从而在激烈的国内外市场竞争中立于不败之地。

能力知识点1　物流营销市场

一、市场的含义及类型

1. 市场的含义

对于市场，人们似乎相当熟悉，但对于市场的确切定义，却存在从不同方面的理解和描述。

（1）市场是商品交换的场所：这是一种狭义的、古老的市场概念，较多地强调市场的空间、地理，指出市场是买者和卖者聚集在一起进行商品交换的地点和场所。如我国古籍中的“日中为市”的市场，人们从四面八方赶到“市场”，“交易而退，各得其所”，只留得一块空旷的场地。

> **资料卡**
>
> 市场营销中的市场是从市场营销者（卖主）的角度来理解的，是指具有特定的需求或欲望，而且愿意并能够通过交换来满足这种需求和欲望的全部顾客。

（2）市场是商品所有者全部交换关系的总和：这是一种广义的、反映实质的市场概念，包含着全部商品所有者之间的错综复杂的交换关系，形成了许多并行发生和彼此联结的商品交换过程，构成了商品流通领域。发达的商品经济条件下的市场已不能用“场所”来涵盖，许多商品的交换已使人们找不到交换的“场所”了。如一笔石油买卖，通过电子商务形式完成，具体的“市场地点”已无任何意义了。

（3）市场是商品的需求：这是一种研究具体商品需求总量的概念。由于商品需求常常是通过购买者体现出来的。也就是说，市场是具有产品的现实与潜在购买者所构成的群体。商业零售企业春节前提出的“安排春节市场”，意为组织货源，满足春节期间消费者对商品的需求。又如，当人们分析“上海的饮料市场在扩大”时，毫无疑问是指居住在上海地区的人们对饮料的未来需求量的增加。

可见，市场包含 3 个因素，即有某种需要的人、满足这种需要的购买能力和购买欲望。有经验的市场营销工作者归纳出这样一个公式：市场=人口+购买能力+购买欲望。市场的这 3 个因素是相互制约、缺一不可的。只有这三者结合起来才能构成现实的市场，才能决定市场的规模和容量。例如，一个国家或地区人口众多，但收入很低，购买能力有限，则不能构成容量很大的市场。又如，购买能力虽然很大，但人口很少，也不能成为很大的市场。只有人口既多，购买能力又高，才能成为一个有潜力的大市场。但是，如果产品不适合需要，不能引起人们的购买欲望，对销售者来说，仍然不能成为现实的市场。所以，市场是上述 3 个因素的统一。

小知识

需要：是指人类没有得到某些基本满足的感受状态。如人们需要食物、衣服、栖息之处以及安全、归属和尊重，这些存在于人类自身的生理结构中和取决于人的条件反射，而非社会或营销者所能创造的。

欲望：是指人类想得到上述基本需要的具体满足物的愿望。如人们想要一幢乡间别墅、一辆奔驰牌轿车、一件景德镇陶瓷或一条金利来牌领带等。比起需要来讲，人类的欲望要多得多，而且欲望受社会形态的制约，受各种社会力量、机构以及企业的市场营销因素的影响。

需求：是指对于有能力购买，并且愿意购买的某个具体产品的欲望。当具有购买能力时，欲望便转化为需求。很多人都想拥有一套乡间别墅，但只有极少数人能够买得起。对于企业来说，有支付能力的欲望才能形成现实的需求。

事实上，营销并不创造需要，需要早就存在于营销活动出现之前。营销同社会上的其他因素一样，只是影响了人们的欲望，并试图向人们指出何种特定产品可以满足其特定需要，进而使产品富有吸引力，适应消费者的支付能力且使之容易得到来影响需求。

2. 市场的类型

按照购买者的特性与其购买行为的不同来划分，市场主要有以下几种。

想一想

在你的周围有哪些市场？它们是营销中的“市场”吗？

（1）消费者市场：消费者市场是由为满足个人需要购买和取得商品或劳务的全部个人与家庭构成。这类市场的购买者的目的是为了个人消费，与我们传统意义上的生活资料市场、消费品市场意义相同。这是营销学研究中的第一大市场，自 20 世纪 50 年代以来人们便对此市场给予了关注。

（2）组织市场：包括生产者市场、中间商市场和政府市场。

1）生产者市场也称为制造业市场、企业市场，是进入 20 世纪 70 年代以来营销研究的新领域。这类市场的购买者的目的是为了通过加工来盈利，而不是为了个人消费。生产者市场与我们传统意义上的生产资料市场相似。

2）中间商市场也称为再售者市场，其中有批发商、各类零售商和代理商，这类市场的购买者是为出售而购买的，因此又有转售者市场之称。

3）政府市场也称为政府采购市场，政府机构每年要采购大量的商品和得到大量的劳务，用于满足国防、教育、公共福利和其他公共需要。因此，无论在什么社会形态下，这一市场都受到企业的重视。

二、物流营销市场的含义与类型

1. 物流营销市场的含义

物流营销市场是物流企业为实现其利益目标，通过采取整体物流营销行为，以提供物流产品和服务来满足具有这种需要和欲望的全部顾客。例如，中国远洋运输（集团）总公司在中国本土提供的物流产品和服务是集装箱或散装货物等船队运输，其物流营销市场在国内就是有集装箱或散装等物品运输需要的消费者。

2. 物流营销市场的类型

对物流企业而言，营销市场可以按服务的地域分为国内市场与国外市场；按供需链上的顺序分为供应商市场、中间商市场和最终消费者市场；按运送的物品分为与生产资料有关的市场和与生活资料有关的市场等。

能力知识点 2　物流市场营销环境分析

在物流企业的营销活动中，环境因素的影响极为重要。环境的优劣、特点和变化必然会影响物流企业的营销方向、内容和发展，所以每个经营者必须认识环境、掌握环境的各种因素的发展和变化规律。

一、物流市场营销环境的含义

环境是指事物的内部和外界的情况及条件。市场营销环境泛指一切影响、制约企业营销活动的最普遍的因素，包括政治、经济、法律、文化、自然、科技以及竞争者、营销中介等。物流市场营销环境包含于市场营销环境之中，是侧重于物流市场的营销环境，可以分为宏观环境和微观环境。

> **资料卡**
>
> 物流市场营销环境：是指与物流企业市场营销活动有关的各种内外界条件和因素的综合。

（1）微观环境：是指直接影响物流企业在目标市场开展营销活动的因素，包括物流企业、供应者、营销中介、竞争者、顾客、社会公众等。这些因素与物流企业紧密相连，直接影响物流企业为顾客服务的质量和能力。

（2）宏观环境：是指给物流企业造成市场机会和环境威胁的主要力量，包括政治法律环境、经济环境、社会文化环境、科技环境和自然环境等。它涉及面广，是企业面临的外界大环境。它的因素多为企业所不能控制，常常给企业带来机遇与挑战。因此，物流企业的一切活动必须适应宏观环境的变化。

二、影响物流市场营销的宏观环境

物流营销的宏观环境包括政治法律、经济、科技、自然和社会文化等。

1. 政治法律环境

政治法律环境泛指一个国家的社会制度，如执政党的性质，政府的方针、政策，以及国家制定的有关法令、法规等。市场经济也是法制经济，国家对经济的干预主要通过法律手段和经济政策来进行。物流企业从事市场营销必须遵守法律、经济法规、国际惯例、行业惯例。因此，物流企业的市场营销人员必须注意国家的每一项政策、法律、国际规则及其变化对市场营销活动的影响。

（1）国家经济体制和经济政策：国家经济体制是由所有制形式、管理体制和经济方式组成，是一个国家组织整个经济运行的模式，是该国基本经济制度的具体表现形式，也是一国宏观政策制定和调整的依据。

经济政策是根据政治经济形势及其变化的需要而制定的，直接或间接地影响着物流企业的营销活动。对物流企业来说，国家经济政策主要表现为产业政策、价格政策、能源政策、环保政策以及财政与货币政策等。如在《关于国民经济和社会发展第十个五年计划纲要的报告》中指出，要“积极引进新型业态和技术、推行连锁经营、物流配送代理制、多式联运，改造提升传统流通业、运输业和邮政服务业”，进一步确立了现代物流在国民经济运行中的重要地位和作用。2000 年 3 月，山东省经贸委下发了《关于开展优化企业物流管理工作意见》，体现了对物流企业的有力指导。

例如，1979 年，我国开始实行改革开放，放宽对家用电器等商品的进口。日本的“日立”、“乐声”、“声宝”等厂家客观地分析了我国当时政治、经济环境的变化，在日本本国电视机市场衰落的情形下，在与英、美、德等国的竞争中棋高一筹，运用正确的以产品、价格、分销渠道和促销组合为基础的经营战略，抢先一步占领了我国的黑白电视机市场，大获成功。12 英寸黑白电视机一度在我国市场唱“主角”，同时也给日本的物流企业带来了商机。

（2）法律和法规：世界各国都颁布了相应的经济法律、法规来制约、维护调整物流企业的营销活动。如我国目前主要有《中华人民共和国合同法》、《中华人民共和国专利法》、《中华人民共和国商标法》、《中华人民共和国广告法》、《中华人民共和国反不正当竞争法》、《中华人民共和国环境保护法》等，还有与物流企业直接相关的法律、法规，如《中华人民共和国水上安全监督行政处罚规定》、《国内水路货物运输规则》、《汽车货物运输规则》等。加入 WTO 后，我国物流企业还必须遵循相关的国际规则和行业惯例，如《国际安全管理规则》等。对于物流企业来说，既要奉公守法，又要学会用法律保护自己的合法权益。

（3）政局和政治事件：包括政治稳定性、社会治安、政府衔接、政府机构作风等。

2. 经济环境

经济环境是对物流企业营销活动有直接影响的主要环境因素，主要包括宏观经济环境和微观经济环境两方面。

（1）宏观经济环境：宏观经济环境通常是指一国的国内生产总值及其发展变化的情况，包括社会总供给、总需求的情况及变化趋势、产业结构、物价水平、就业以及国际经济等方面的环境内容。国民经济持续增长与繁荣肯定会给物流企业的生存和发展提供有利机会；反之，则困难重重。另外，世界经济和贸易的发展变化对物流企业，特别是从事国际经济活动的物流企业也会产生重大的影响。一般来说，世界经济的高速增长会导致国际贸易的相应增长，从而使得物流频繁、物流市场繁荣；反之，就会使物流业出现萧条和不景气。如随着产业的全球化，生产地点与消费地点会分离，两者间的距离就会越来越远。为了将产品快速送达顾客手中，就出现了一种可以提供上下游物流活动的企业形态，称之为“全球化第三方物流服务提供者”。此类企业可以从生产端开始，整合全球相关的物流配送活动，进而将产品准时地送达顾客指定的任何地点。由此可见，全球化的世界经济促使了全球化的第三方物流服务提供者的兴起。而它的兴起，将会对全球化经济的未来产生重大的影响。

（2）微观经济环境：微观经济环境主要是指由物流企业所在地区或所需服务地区的社会购买力、收支结构以及经济的迂回程度等所造成的物品流量与流向情况。这些因素直接决定着企业目前及未来的市场规模。例如，根据近 40 年的统计，一个国家人均国民生产总值达到 3 000 美元时，电视机可以普及，其中彩色电视机占 30%左右；达 5 000 美元时，机动车可以普及，其中轿车约占 50%，其余为摩托车或其他类型机动车。又如，我国改革开放 30 多年来，经济上发生了质的变化，人们的消费结构和生活质量有了明显的改善。1978～2000 年，城镇居民和农村居民的恩格尔系数分别由 57.5%和 67.7%下降到 39.2%和 49.1%，总体低于 50%，显示出小康生活的市场特点，消费结构从温饱型农产品消费为主过渡到小康型工业品消费为主，并显示出消费层次日趋多样化、个性化，向比较富裕型的服务类消费迈进，这些都为物流服务形式的发展提出了新的要求。

议一议

全球人口的老龄化，对物流企业营销会有哪些影响？

小知识

恩格尔是德国统计学家。1875 年在研究劳工家庭支出构成时指出：当家庭收入增加时，多种消费品的比例也会相应地增加，用于购买食品方面支出的比例下降，而用于服装、交通、保健、文化娱乐、教育的开支及储蓄的比例将上升，这种趋势被称为恩格尔定律。恩格尔系数是指消费中用于食品方面支出占家庭总支出的比重。这个系数是用来衡量生活水平质量的，大体可作如下的划分：59%以上，称为绝对贫困；50%～59%，称为勉强度日；40%～49%，称为小康水平；20%～39%，称为富裕；20%以下，称为最富。可见恩格尔系数越高，人民的生活水平就越低；反过来，恩格尔系数越小，人民的生活水平就越高。

3. 科技环境与自然环境

（1）科技环境：随着科学技术和信息技术的发展，各种现代化的交通工具和高科技产品层出不穷，它们既为物流企业的高服务水平和质量提供了技术支持，也为物流企业进行市场营销活动的创新提供更先进的物质技术基础，如现代信息技术 Internet（互联网）、EDI（电子数据交换，涉及物流企业事务、商务、税务的电子化契约、支付和信用标准）、SCM（供应链管理）等的运用。在实际工作中，以电子技术、信息技术、网络技术为一体的电子商务平台，使仓库管理、装卸运输、采购、订货、配送、订单处理的自动化水平大大提高，从而使包装、保管、运输、流通加工实现了一体化，结算、需求预测、物流系统设计咨询、物流教育与培训方面的服务能力有了提高。在海运方面，船舶的大型化、装卸机械的高速自动化、运输方式的集装箱化，前所未有地提高了远洋运输能力，使物流企业更全面、准确、高效、经济地向顾客提供综合物流服务。

小知识

物流高新技术的发展趋势表现为以下几个方面。

（1）信息化：广泛采用无线互联网技术、卫星定位（GPS）技术和射频标识（RF）技术、条码技术等。

（2）自动化：自动引导小车（AGV）技术、搬运机器人（Robot System）技术等。

（3）智能化：电子识别和电子跟踪技术、智能交通与运输系统（ITS）。

（4）集成化：集信息化、机械化、自动化和智能化于一体。

（2）自然环境：自然环境因素包括国家或地区的自然地理位置、气候、资源分布、海岸带及其资源开发利用等。其中，地理位置是制约物流企业营销活动的重要因素，像天然的深水港口往往会成为航运类物流企业必选的物流基地。如上海作为东部沿海的最大港口，地理位置优越，经济腹地广阔，交通发达，海陆空联系便捷，并且正在建设成为国际经济、金融、贸易以及航运中心，众多的国内外物流企业纷纷进驻上海，从事物流活动。气候条件及其变化也会影响物流营销活动，很多物品季节性强，对气候的变化很敏感，这都会影响到物流企业的营销组合（运输工具、运输线路等）。所以，物流企业在从事市场营销活动时，必须注意自然环境的影响。

小知识

当前，世界运输技术发展呈现出 4 大趋势：

1）提高通行能力，加强环境保护，开展智能化运输和环保专项技术的研究。

2）以人为本，重点开展交通安全技术的研究。

3）确定经济合理的目标，促进新材料的广泛应用和开发。

4）服务综合化、系列化、个性化。

4. 社会文化环境

社会文化环境是由价值观念、宗教信仰、伦理道德、风俗习惯、审美观念等构成，它影响了人们的欲望与行为。物流企业在从事物流营销活动中，不能忽视对社会文化环境影响的分析。例如，价值观念不仅影响社会成员对物流企业存在的理由和目标的认识，而且会影响到顾客的兴趣与爱好，导致需求差异的形成，使得特色物流服务产生。又如，中国人喜欢龙凤图案，称自己为“龙的传人”；欧洲人喜欢马，认为马会给人带来幸福，这些价值观念的不同对物流企业的营销提出了特殊的要求。再如，宗教信仰和风俗习惯，则会禁止或抵制某些行为和活动的进行，因而物流营销人员应明确宗教分布的状况，制定正确的营销活动。

想一想

这些小知识对物流企业的营销有什么影响？

三、影响物流市场营销的微观环境

物流市场营销的微观环境包括物流企业内部环境、供应者、营销中介、顾客、竞争者和社会公众等。

1. 物流企业内部环境

物流企业置身于市场营销之中，其自身条件也是构成微观环境的一个因素。这些自身条件包括人才资源、信息技术、运输设备、资金能力、储备条件、集装箱、托盘等。这些条件对物流企业的生产经营、提供的产品和服务有着直接影响。如宝洁公司有一项信息技术，是在产品包装物上贴上小芯片，当顾客拿起某产品（如牙膏）时，一条信息就会传递到存储货架；如果顾客放回产品，信息同样会被记录下来。货架传送给计算机每次的交易信息，同时跟踪顾客拿取产品的次数，之后将数据传送给宝洁公司，这样宝洁公司根据从货架上拿走的产品，就可以调整生产和分销计划，既能及时满足顾客需要，又能减少库存、加速资金周转。另外，物流企业还要考虑与企业其他部门的协调，如与最高领导层、财务部门、供应部门、仓储部门、研发部门、维修部门等的协调，使营销活动得到内部高层和相关部门的大力支持。

分析企业内部环境的目的是揭示物流企业的优势和弱势，判断其是否拥有及捕捉营销机会的竞争能力。

2. 供应者

供应者是指物流企业从事物流活动所需资源和服务的提供者，它和物流企业的关系十分微妙。供应者既是物流企业的“衣食父母”，同时又在一定程度上为物流企业所控制，是一种相互依存的关系。供应者有的为物流企业提供设备、工具、能源、土地和房产；有的是提供信贷资金的金融机构；有的是在各类人才市场上为企业提供人力资源的中介机构；也有的是为物流企业生产经营过程提供货物运输、环卫保洁及保安等的服务机构。供应者的可靠性、供应资源的价格及质量水平都会影响物流企业提供的服务质量，美国快餐麦当劳的成功就是很好的例子。麦当劳拥有一套久经考验的运转机制，其鸡、牛、生菜的养（种）殖，鸡（牛、猪、鱼）肉饼的加工，以及餐厅桌椅、厨房设备、专用招牌等分别有固定的供应商，有的已经合作了 40 多年，麦当劳连锁店开到哪里，这些供应商就把厂建到哪里。我国的麦当劳连锁店，薯条的供应商是美国的辛普劳，早在 1993 年就在北京建立了合资公司。1982 年就与麦当劳共同调查中国哪些土豆品种适合加工，并引进选定的美国品种“夏波蒂”试种，同时引进美国先进的种植技术，标准统一到包括施肥、灌溉、行距、株距及试管育苗等。生菜条的供应商是美国的可诺奈公司。1995 年它在北京建立了生产厂，并与昆明合资生产符合要求的生菜。1997 年它又在广州建厂，为了达到高标准要求，厂房设施和实验室设备几乎 100% 进口。美国的福喜公司 1991 年在河北成立独资企业，为麦当劳提供肉类产品及分发配送服务，其肉类生产采用现场控制图法，保证食品质量和安全。麦当劳专用面包是美国怡斯宝特在北京和上海的公司提供。广州味可美食品公司由麦当劳美国供应商独家投资，专门为中国麦当劳提供西式调味料、酱料和雪糕原料等。由于这些供应商的精诚合作，麦当劳在 116 个国家和地区开设了 25 000 家连锁店。

可见，物流企业应加强与供应商的互惠互利，通过彼此的信任，降低物流企业的营销成本，实现营销目标。

3. 营销中介

物流企业营销中介是指协助物流企业把物品从供应地送到接收地的活动过程中的中介机构，包括各类中间商和营销服务机构。对于物流企业来说，其中间商就是众多的货运代理机构。营销服务机构主要包括营销研究机构、广告代理商、CI 设计公司、媒体机构等。这些营销中介机构凭借自己的各种关系、经验、专业知识和活动规模，在为物流企业提供资源，拓宽营销渠道，提供市场调研、咨询、广告宣传、塑造企业形象等方面发挥着重要作用。

4. 顾客

顾客又称为客户，是物流企业服务的对象，是物流企业一切营销活动的出发点和最终归宿。随着国际物流的发展，物流企业的顾客范围逐渐扩大，不但包括国内顾客，而且还有国外顾客。顾客的需求是不断变化的，这就要求物流企业要以顾客为中心，根据顾客所在的地理位置、风俗习惯、价值观念等特征，安排企业的营销活动，为顾客提供优质、高效、便捷及满意的物流营销服务。如宝洁公司针对顾客低成本、快捷的需求，实行了持续补给计划，即把顾客分销中心商店的订单通过电子数据交换传来，再加上公司现有的库存和已收到的订单，以电子直通传递需求的方式传至公司的各顾客总部所在地，使公司确立最佳的再订货数量。然后迅速把订单下达到各加工点生产，并指定专门的承运商把生产完的货品及时补充到各顾客分销中心。这样宝洁公司库存流转率由 19%增至 60%，库存占有的流动资金大大减少，产品供给率由 96.4%增至 99.2%。由于提高了顾客服务质量和顾客满意度，订单量增长 30%，市场占有率增幅超过 4%，退货率和拒收率降低了 60%，货损率降低了 20%～40%。

5. 竞争者

竞争者一般是指那些与本企业提供的产品或服务类似，并且有着相似的目标顾客和相似价格的企业。物流企业的竞争者包括现有的物流企业、提供同类产品及服务的所有企业及潜在的进入者。物流企业的竞争者主要有 3 种：①品牌竞争者，它们与物流企业提供的服务相同、价格相近，而且服务的顾客群一样。②行业竞争者，如从事航运的所有公司。③形式竞争者，如航运物流企业会把所有从事运输服务的企业归入形式竞争者。对竞争者的分析，目的是扬长避短，争取物流企业的竞争优势。如美国的沃尔玛公司是全世界零售业销售收入位居第一的巨头企业，在物流配送中为了取得优势，首先对竞争对手进行了认真分析，发现竞争对手中凯玛特的配送平均 5 天一次、塔吉特平均每 3～4 天一次，然后沃尔玛公司决定平均只要两天就可以到货。如果急需，第二天就可以到货，这使得沃尔玛公司的零售店总能保持货架充盈，运输成本也总是低于竞争对手。

6. 社会公众

一个物流企业在开展营销活动时，不仅要考虑竞争对手与之争夺的目标市场，而且要考虑到其营销方式是否能得到社会公众的欢迎。所谓社会公众是指对物流企业完成其营销目标的能力有着实际或潜在影响力的群体，包括金融公众、媒介公众、政府公众、企业内部公众等。这些公众会对物流企业的命运产生巨大影响，所以许多物流企业都建立了公共关系部门，负责收集与企业有关的公众意见和态度、发布消息、沟通信息以建立物流企业的信誉，提高物流企业的知名度和美誉度，顺利实现物流企业的营销目标。

四、营销环境分析与物流企业的对策

物流企业市场营销环境是不断变化的，给物流企业带来的可能是市场营销机会，也可能是生存的威胁。物流企业市场营销者的主要任务，就是要从市场营销环境中找出哪些是物流企业的市场营销机会，哪些是物流企业的环境威胁，从而采取有效的相应对策，实现物流企业的营销目标。

1. 市场机会和环境威胁

市场机会就是市场上未满足的需求。西方企业界有一句名言：“哪里有未满足的需要，哪里就有做生意的机会。”作为物流企业市场营销人员对市场进行调研分析后，就会发现很多的市场机会，但不一定是物流企业的市场营销机会。例如，随着生活节奏的加快，人们对各种菜肴的半成品需求增大，但它只是一个市场机会，不一定是物流企业的市场营销机会。

> **资料卡**
>
> 物流企业的市场营销机会：是对物流企业的市场营销活动具有吸引力，物流企业拥有竞争优势和获得差别利益的市场机会。
>
> 环境威胁：是指环境中一种不利的发展趋势对物流企业形成的挑战。

环境威胁与市场机会相伴而生，只是有的威胁是共性的，对任何物流企业都有明显的影响，如能源危机、环境污染日趋严重等。而有些环境因素的变化可能对物流企业的威胁程度较小，如从事国内物流的企业，受国外的物流政策调整的影响会较小。总之，环境威胁是现实存在的，面对环境带来的挑战，物流企业应及时采取果断的市场营销行动，并按其严重性和出现的可能性进行分类，为那些严重性大且可能性大的环境威胁制定应变计划，从而避免遭受严重的损失。

2. 物流企业面对机会和威胁的对策

在物流企业面对的客观环境中，纯粹的威胁环境和市场营销机会是少有的。通常情况下，营销环境都是机会与威胁并存，利益与风险结合在一起的综合环境。根据威胁水平和机会水平的不同，形成如图 1-2 所示的矩形图，物流企业的管理者应认真研究，针对不同环境采取不同的策略。

（1）理想环境的对策：理想环境是威胁水平低、机会水平大的环境。物流企业如果面对的是这种环境，利益大于风险，是难得的好环境。这时物流企业必须抓住机遇，大胆经营，创造营销的最佳成绩，切勿失去良机。

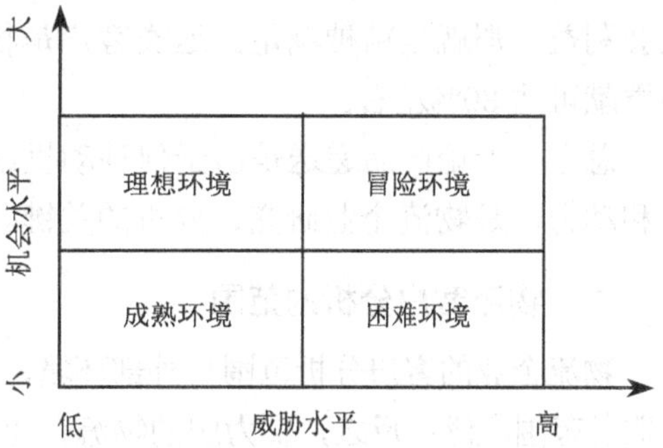

图 1-2　威胁水平和机会水平的矩形图

（2）成熟环境的对策：成熟环境是威胁水平低、机会水平小的环境。这种环境对于物流企业是较平稳的环境。物流企业应从两方面着手：①按常规经营，规范管理，维持正常运转，取得平均利润。②物流企业要积蓄力量，为进入理想环境或冒险环境做准备。

（3）冒险环境的对策：冒险环境是威胁水平高、机会水平大的环境。物流企业如果面对的是这种环境，机会与威胁并存，高利益伴随着高风险。物流企业的决策者必须认真调查研究，在全面分析的同时充分利用专家的优势，力争获得利益，把风险降到最低。

（4）困难环境的对策：困难环境是威胁水平高、机会水平小的环境。面对这种机会小于风险的环境，物流企业的处境非常艰难。物流企业采取的对策是极力扭转这种局面；或者果断决策，从这种环境中退出，另谋发展。

能力知识点 3　物流客户分析

物流企业的客户分析是物流企业营销活动的出发点和最终日标，也是物流企业开展物流营销活动必须分析和掌握的重要问题。物流企业应该了解物流客户的需要、购买心理和购买行为。

一、物流客户分析的含义

对于物流企业来说，客户就是递送服务的对象，包括顾客大众、零售业主和批发业务的场所、厂商、制造工厂以及接收货物入库的码头等。在某些情况下，客户可以是指正在接收产品物权或各种服务的组织和个人，也可以是指同一厂商不同的作业设施，或指供应链中位于其他地点的业务伙伴等。

从物流客户的角度来看，客户具体可划分为 3 个层次。

（1）一般客户：物流企业主要通过让渡财务利益给客户去增加其满意度；而客户从物流企业获得直接好处，获得满意的客户价值。这些客户是讲究实惠，看中价格和优惠的，占客户比重的 80%，他们直接决定物流企业的短期收益，给企业带来的利益约占 5%。

（2）潜力客户：这类客户与物流企业是战略伙伴关系，希望从关系中获得附加的财务利益和社会利益。他们是物流企业的核心客户，占客户比重的 15%，给企业带来的是长远利益，约占 15%。

（3）头等客户：例如，物流企业的俱乐部成员不但从企业中获得直接价值，还希望得到社会利益，那就是精神满足。这类客户是物流企业的稳定客户，占客户比重的 5%，对企业的贡献可达 80%左右。

总之，无论产品递送是出于何种动机或目的，接收服务的顾客始终是形成物流需求的核心和动力，是物流企业研究、分析的关键。

二、物流客户分析的范围

物流企业的客户分析范围与外部环境、企业自身的实力密切相关。实力强的物流企业的客户服务范围广泛；反之，实力弱的物流企业客户的服务范围则小。一般来说，伴随着物流企业的成长，客户分析的范围会不断扩大。如国际快递公司 UPS 成立于 1907 年，它的办事处设在华盛顿州西雅图的人行道边。随着需求的增加，它的顾客范围从西雅图发展到加利福尼亚州等。时至今日，它在全世界已建立了 10 多个航空运输中转中心，在 200 多个国家和地区建立了几万个快递中心。除了自身拥有几百架货物运输飞机外，还租用了几百架货物运输飞机，每天运输量达 1 000 多万件，每年递送超过 30 亿件的包裹和文件，为 40 亿人提供服务。UPS 公司除了开展上述服务外，还为顾客提供代理报关服务、特殊物品的包装服务等，不但丰富了老顾客的需求种类，而且吸引了新顾客的加盟。又如，我国的台湾地区在竞争日益激烈、全球物流网络日益健全的趋势下，改变了以往将业务集中于以岛内物流为中心的状态，现在已有能力担任出口物流的角色，将分散在全球各地的货物通过物流网络，并结合海运和空运，送到世界各个市场，创造出显著的经济利益，尤其是电子信息的相关产业，更具代表性。在此期间，整合物流功能，建立快速响应系统、供应链物流体系及全球物流系统等都发展得相当迅速。

从上面的事例中，可以看出：物流企业客户服务的范围是非常广泛的，可以说是一个全球化的市场。他们可以是供应链的上、下游顾客，可能是生产商、批发商、零售商和物流商，也可能是作为消费产品和服务最终接受者的人或机构。总而言之，物流企业内外部都有顾客，包括了企业内部的上、下流程工作人员和供应链上、下游企业。从静态分析，物流企业面对的可以是一个很小的市场、国内市场的一部分、覆盖全国的市场及国际市场；从动态分析，物流企业的客户服务的范围可以从小市场到国际市场；从服务的标准来看，物流企业提供的服务既有简单的，也有复杂的，服务内容也是多式多样，十分丰富。

> **资料卡**
>
> 物流客户分析：是指物流企业准确把握客户的需求，了解客户的特点，通过采取一系列的营销活动，达到提高客户满意度的过程。

三、物流客户分析的需求

随着经济的发展，各种生产方式的改变，物流客户的需求越来越高，也越来越多。例如，要求物流企业通信联络 24 小时畅通；保证各配送中心 24 小时提货、交货；保证车辆 24 小时运转；要求对运输的全过程负责，保证各个环节都不出问题等。这就需要物流企业对物流客户的需求进行分析，提供物流能力的供给去满足物流需求。实践证明：在一定时期内，当物流能力的供给不能满足这种需求时，将对需求产生抑制作用；当物流能力的供给超过这种需求时，不可避免地造成供给的浪费。因此，物流客户的需求是物流能力供给的基础。

物流需求分析是将物流需求与产生需求的社会经济活动进行相关分析的过程。由于物流活动日益渗透到生产、流通、消费等整个社会经济活动过程中，因此物流需求与社会经济发展有着密切的相关性。社会经济发展是影响物流需求的主要因素。影响物流需求的主要因素具体包括以下几点。

1）经济发展本身直接产生物流需求。

2）宏观经济政策和管理体制的变化对物流需求将产生刺激或抑制作用。

3）市场环境变化将影响物流需求，包括国际、国内贸易方式的改变和生产企业、流通企业的经营理念的变化及经营方式的改变等。

4）消费水平和消费理念的变化。

5）技术进步诸如通信和网络技术的发展、电子商务的广泛应用，对物流需求的数量、质量和服务范围均将产生重大影响。

6）物流服务水平对物流需求存在刺激或抑制作用。

重视物流客户的需求分析，加强物流需求管理，能有效地引导投资，避免物流设施建设及服务行为的一哄而上，对减少浪费现象具有现实的指导意义。

四、物流客户的行为分析

1. 物流客户的购买行为模式

物流客户的购买行为是在购买动机的支配下产生的，这一过程实际是一个“刺激—反应”过程，即物流客户由于受到各种刺激就会产生购买动机，最终的反应是发生购买行为，这一模式如图 1-3 所示。

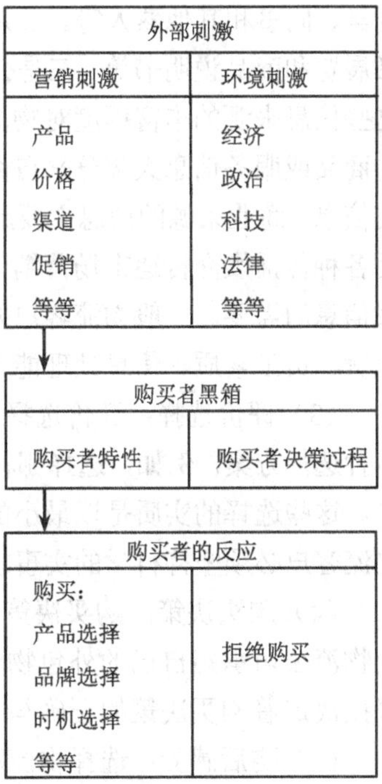

图 1-3　物流客户的购买行为模式

从上述模式中可以看出，对客户的外部刺激有营销刺激（产品、价格、渠道、促销）和环境刺激（经济、技术、政治、文化等）。这些刺激进入购买者黑箱，即物流消费者的意识后，经过一系列的心理活动，由消费者的心理特征和决策过程导致了购买决策。物流市场营销人员的任务就是了解在出现外部刺激后到作出购买决策前的物流消费者的意识中所发生的情况，即消费者究竟是怎样决策的，是购买还是拒绝购买。可见运用这一模式分析客户购买行为的关键，在于物流企业要认真调研客户对本企业策划的营销策略和手段的反应，了解各种客户对不同形式的产品服务、价格、促销方式的真实反应，恰当运用“物流市场营销刺激”诱发客户的购买行为，使本企业在竞争中处于有利地位。

2. 物流客户的购买决策过程

物流客户的购买行为过程，就是其购买决策过程。物流客户的购买决策过程是物流客户在购买商品或服务过程中所经历的步骤，通常分为5个阶段：认知需求→收集信息→评价选择→购买决策→购后感受。

（1）认知需求：认知需求也称问题确认，是物流客户对自身需要的正确认知。它是物流客户购买决策过程的起点，同时又是购买行为过程的核心。当物流客户的某种需要未得到满足时，满意状态与实际缺乏状态之间的差异就会构成一种刺激，促使物流客户发现并意识到需要的存在，认知需求的内容，进而有一种解决问题的冲动，产生相应的购买动机和购买行为。认知需求起着为购买决策限定范围、明确指向的作用，这是物流客户进行有效决策的前提。对物流需求来说，物流客户要确认自己对物品的种类、运输距离、时效性、安全性、运输装卸与存储包装、运输成本等方面的需求。

（2）收集信息：物流客户一旦意识到自己的需要，便开始寻找各种解决问题的方案。为了使方案具有充分性与可靠性，他们必须广泛地搜集各种有关信息。信息的来源可以从物流客户内部、外部或内外部同时获得。内部搜集信息是物流客户对记忆中原有信息的回忆过程。这种信息大多数来自于以前购买使用某产品的消费经验。如果内部没有足够的信息，物流客户就会转向自身外部来搜寻信息。外部信息来源一般有三类：一是个人来源，即家庭、朋友、邻居、同学、同事和其他熟人等。二是商业来源，即广告、推销员、售货员、经销商、商品包装、商品展览和商品说明书等。三是公众来源，即报纸、杂志、电视、广播、网络等大众传播媒体等。这些信息来源的丰富程度对物流客户购买决策的影响程度是不同的。一般来说，物流客户得到的商品或服务信息大部分来自商业渠道，而对物流客户购买决策影响最大的则是来自个人渠道的信息。商业来源的信息主要起通知作用，而个人来源的信息主要起评估作用。物流企业要利用各种传播媒介传递市场营销信息，这样既能唤起物流客户的购买需要，又能满足物流客户寻找信息的需要。一般物流客户要收集的信息包括运输路线、运输方式、运输工具、班次频率、运费、员工素质、信息处理能力、安全性、时间占用和技术装备水平等。

（3）评价选择：评价选择是物流客户对收集的信息整理分析的过程，一般情况下会面临多种选择方案。例如，选择哪种运输方式，是铁路、水路、公路还是空运；选择哪个物流企业等。这些选择的实质是以最小的代价取得最大效用。评价选择是择优决定方案的基础，因此，物流客户必须坚持科学的实事求是态度，依据所获得的信息和自身特点作出正确的评价选择。

（4）购买决策：购买决策是物流客户根据评价的结果，选定自己认为最佳的物流公司，让物流公司承担自己的外包物流活动。这是物流客户购买决策中的实质性环节、关键环节，直接决定着购买决策的正确与否、质量高低。

（5）购后感受：选择物流服务后，物流客户会有一定的反应，也就是满意度的反应。如果满意度高，表示购后感受较好，加强了物流客户对所购商品或服务的信任，以后会重复购买（这类顾客的行为忠诚，对物流企业而言是理想的）；如果满意度一般，表示所购商品或服务与物流客户所预期的有一定的差距，但差距不大，物流客户会修正以前的认识，甚至会动摇再次购买的信心（这时物流企业要注意客户关系的处理）；如果满意度低，表示所购商品或服务不能达到物流客户的预期，物流客户会产生严重的心理失衡，有种上当受骗的感觉，他们会产生抱怨，以后不会重复购买，甚至会把消费经验告诉周围的人，并影响他们的购买行为，这对物流企业将会产生非常不利的影响（失去顾客，这是物流企业最不愿意看到的）。

综上所述，物流客户的购买决策过程一般要经历上述五个阶段，但这并不是说所有的购买决策都必须依次经历上述五个阶段。对一些相对简单、物流客户参与程度较低的购买行为，物流客户会跳过或颠倒某些阶段。有时购买决策过程很简单，可能会跳过某些阶段。有时购买决策过程很复杂，不仅要经历每一个阶段，甚至有时到达某个阶段后，因某些原因可能会返回到前面某个阶段，重新进行这个过程。不论这个决策过程长与短、简单与复杂，其最终目的是为了让物流企业的营销人员了解物流客户在每一阶段的行为特点及其对购买决策的影响，从而为物流客户制定有益的和有效的营销计划，使客户获得满意的物流商品或服务。

能力知识点 4　物流竞争者分析

在市场经济中，任何企业都无法回避竞争。优胜劣汰是自然的法则，也是市场的法则。正是在这激烈的竞争中，企业得到了发展，人们的需求得到了满足，社会经济也在竞争中进步。随着全球经济一体化进程的加快和信息技术的发展，物流企业的竞争者越来越多，要在竞争中获得成功，物流企业仅了解营销市场是不够的，还必须了解竞争者，准确、恰当地对竞争者进行分析，这样在商战中才能知己知彼，取得竞争优势。

> **资料卡**
>
> 市场竞争分为价格竞争和非价格竞争两种形式。价格竞争是生产经营同种商品或提供同样服务的企业为获得超额利润而进行的竞争，主要手段就是降价；非价格竞争是通过产品或服务的差异化进行的竞争，是价格竞争方式以外的其他竞争方式，也是企业竞争的高级形式。

一、影响物流企业竞争的主要因素

在物流企业竞争中，受影响的主要因素有 5 种，也称为 5 种力量，分别是新进入者、现有竞争者之间的竞争、替代产品的压力、讨价还价的能力和供应者的能力。下面分别作简单的分析。

1. 新进入者

新进入者是指新加入物流行业的企业。这些新进入者受物流行业利润的吸引，市场占有欲较强，大有后来者居上之势。它们给物流行业注入了新的活力，促进了市场的竞争和发展，同时也带来挑战和压力，威胁着同行各企业的市场地位。这种威胁的大小由以下两点决定：①市场的进入障碍。②原有物流企业的反击力度。如果进入障碍高或新进入者认为原有物流企业会坚决地报复，这种威胁就小；反之就大。

市场的进入障碍包括规模经济、整合成本、产品差异（现有的物流企业由于广告、特色产品、优质服务和公共关系等因素，而获得了商标、顾客忠诚度以及极高的信誉度等，产品差异迫使进入者耗费很大的代价去克服顾客对现有物流企业的好感）、资本需要、转换成本的能力、接近分销渠道的程度（如果分销渠道在很大程度上被现有的物流企业所控制，新进入者需要确保其产品的分销，这一需要也构成进入障碍）、与规模无关的成本（如专有的产品技术、良好的安全记录、地点优势、政府补贴、学习和经验）等。新进入者对于现有物流企业的反击预期，也将影响其进入。

2. 现有竞争者之间的竞争

现有竞争者是指现有的物流企业同行。竞争的手段主要有价格竞争、广告战、产品竞争、增加顾客服务等。对竞争对手的分析主要包括以下几方面的内容。

想一想

什么叫竞争者？前面的内容中是否已提过？

（1）行业内竞争的基本情况：包括竞争对手的数量、规模、资金、技术实力、市场占有率等，研究的目的是找出物流行业中主要的竞争对手。

（2）主要竞争对手的实力：主要分析竞争对手的优势，是什么因素使其对本企业构成了威胁。只有深入了解了竞争对手的竞争实力，物流企业才有可能在知己知彼中制定有效的对策。

（3）竞争对手的发展方向：包括产品开发方向、市场拓展或转移方向。这是竞争对手的竞争格局和战略动向，分析的目的是制定出相应的竞争策略。

3. 替代产品的压力

替代产品是指同样的业务采用成本较低的方案完成任务。例如，空运费用较高，在发货时间要求不紧迫的情况下，客户大多数会选择轮船、火车、汽车等地面运输方式托运货物，尤其是轮船，不但运输量大，而且价格低。又如，快递业务、互联网都可以安全快速地传递邮件，就在很大程度上取代了其他的邮件传递方式。替代产品给物流企业带来的压力主要体现在：它设置了物流企业利润的定价上限，这样的设置限制了物流行业的潜在收益，使物流企业总有一种被束缚的感觉。

4. 讨价还价的能力

客户讨价还价的能力是指客户向物流企业施加的压力，这种压力采取的手段主要有压价、要求提高服务质量、索取更多的服务项目等。物流企业的每一位客户的上述能力的强弱取决于众多市场情况的特点和这种购买对它整个业务的重要性。如果客户大批量集中购买，或者购买的是标准产品，或者盈利低，或者客户掌握了充分的信息，又或者客户对产品的质量及服务无重大影响等，那么客户讨价还价的能力就强；反之，客户讨价还价的能力就弱。

5. 供应者的能力

供应者的能力是指供应者向物流企业施加的压力，主要体现在：①提价。②维持原价，降低产品的质量和服务。当供应者的压力足够大时，可以导致物流企业因无法使其产品价格跟上成本增长而失去利益。供应者的压力主要表现在以下几个方面。

1）物流企业并不是供应者的主要客户物流服务商时，供应者往往会自抬身价。

2）当供应者的产品成为物流企业的主要投入资源时，由于这种产品对物流企业产品的质量至关重要，使得供应者加大了提价的砝码。

3）当供应者表现出前向联合的现实威胁时，物流企业与供应者争价时就会处于劣势。

4）当供应者所在的企业由几个公司支配，且其集中化程度比物流企业高时，供应者在向较为分散的物流企业销售产品时往往能在价格、质量及交货期上施加相当的影响。

二、物流企业竞争者分析的过程与方法

1. 识别竞争者

竞争者虽然是一种客观存在，但物流企业通常不能轻易地发现所有的竞争者。由于竞争者首先存在于本行业中，物流企业首先需要从本行业出发来发现竞争者（即现有竞争者），然后再从市场、消费者需要的角度出发来发现竞争者（即潜在竞争者）。对于物流企业的竞争者，分析防范的范围不可过大，否则草木皆兵，会造成人、财、物的极大浪费，也往往会使物流企业的压力过大。识别竞争者的方法，通常是将行业和市场两方面结合起来综合考虑。

从行业方面来看，提供同一类产品或服务的企业，或者提供可相互替代产品的企业，共同构成一个行业，如汽车行业、运输行业、物流行业等。由于同一行业企业产品或服务的相似性和可替代性，彼此间形成了竞争关系。在物流行业内部，如果一种产品或服务的价格产生变化，就会引起相互替代商品需求量的变化。因此，物流企业需要全面、透彻地了解本行业的竞争状况，以制定本企业在行业中的竞争目标与战略。

从市场、消费者需要的方面来看，物流企业的竞争者是那些满足相同市场需要或服务于同一目标市场的企业，这些企业无论是否属于同一行业，都可能是物流企业的潜在竞争者。例如，从行业观点来看，物流企业以其他同行业的公司为现实竞争者；但从市场观点来看，顾客需要的是“运输、包装、配送等”，这种需要用汽车行业、运输行业也可满足，因而提供这些产品或服务的公司均可成为物流企业的竞争者。可见，以市场方面来识别竞争者，可以使物流企业拓宽眼界，从更广泛的角度看清自己的现实竞争者和潜在竞争者。

2. 确定竞争者的目标与战略

明确了物流企业的竞争者，还要进一步弄清每个竞争者的市场目标和发展的动力。不同竞争者的目标的侧重点不同，如经营能力、盈利能力、市场占有率、技术领先、服务领先等，不同的目标侧重点，竞争者对竞争行为的反应就会不同。例如，以技术领先为主要目标的竞争者，将对其他物流企业在研究与开发方面的进展作出强烈的反应，而对价格方面的变化相对不那么敏感，这样物流企业就可以通过密切观察和分析竞争者的目标及其行为的变化，为本企业的目标、竞争行为提供方向。

> **想一想**
>
> 如果与竞争者采取相类似的战略，市场竞争程度会怎样？

物流企业竞争者的战略是依据它们在目标市场上所扮演的角色和所处的竞争地位制定的，归纳起来主要有市场领先者战略、市场跟随者战略、市场补缺者战略等。确定竞争者的战略，明确其战略特点，对物流企业制定自己的竞争战略具有重要意义。

（1）市场领先者战略：市场领先者是指行业中在同类产品或服务的市场上市场占有率最高的企业。它们几乎分布于各行各业，在行业内一定时间的竞争中已经形成了各自的领先者地位，其行为有举足轻重的作用，它在价格变动、新产品开发、分销渠道的覆盖面以及促销力度等方面都处于主宰地位，为同业者所公认。它是市场竞争的导向者，也是其他企业挑战、效法或回避的对象。

市场领先者的地位是在竞争中自然形成的，但不是固定不变的。它时时面临着同行业竞争对手的挑战，稍有不慎，许多市场领先者就可能丧失主导地位而降到第二位或第三位。因此，

为了维护自己的优势，保住自己的主导地位，市场领先者随时都保持着高度的警惕，并采取适当的战略和策略。领先者通常采取的战略和策略主要有两种：一种是进攻型战略和策略，包括扩大市场需求总量和提高市场占有率；另一种是防御型战略和策略，包括保护现有市场占有率。

（2）市场跟随者战略：市场跟随者是在市场上处于次要地位的竞争者。在物流企业的竞争者中，市场跟随者占居多数，它们安于现状，谋求与竞争者和平相处。跟随者在获得利润上较市场领先者少，但也能轻松地得到可观的利润，原因是与市场领先者相比，它们不需投入大量的人、财、物和较长的时间。市场跟随者战略和策略的核心是跟随，但也不是被动单纯地追随市场领先者，它的跟随思路是发现和确定一条不致引起竞争性报复的发展途径。以下是三种常被跟随者选择的跟随策略。

1）紧密跟随策略的突出特点是“效仿”和“低调”。跟随竞争者在各个细分市场和市场营销组合方面，尽可能仿效市场领先者。但它们不从根本上侵犯到领先者的地位，不会与领先者发生直接冲突，保持低调。紧密跟随的市场跟随者经常被看成是靠拾取市场领先者的残余谋生的寄生者。

2）距离跟随策略的突出特点是合适地保持距离。跟随者在目标市场、产品创新与开发、价格水平和分销渠道等主要方面都追随市场领先者，但仍与领先者保持诸多差异，以形成明显的距离。这样的跟随竞争者对于领先者不会形成威胁，而且使领先者可以免受独占市场的指责。

3）选择跟随策略的突出特点是选择追随和创新并举。这种跟随竞争者在某些方面紧跟领先者，而在另一些方面又别出心裁。首先，跟随竞争者不是盲目跟随，而是择优跟随，在对自己有明显利益时追随市场领先者，在跟随的同时还不断地发挥自己的独创性，但一般不与领先者进行直接的竞争。

（3）市场补缺者战略：市场补缺竞争者是指精心服务于总体市场中的某些细分市场，避开与占主导地位的企业竞争，只是通过发展独有的专业化经营来寻找生存与发展空间的企业。这类竞争者经常是小型企业，但市场补缺者战略对某些大型企业中的较小部门也是实用的。物流企业的市场补缺竞争者的活动范围是市场上被大中型企业留下的空隙，拾遗补缺是其最好的出路。市场补缺者具有以下特征。

1）市场规模能保证一定利润，并有增长的潜力。

2）企业具有占据该补缺所必需的能源和能力，可为顾客提供有效服务。

3）对主要竞争者不具有吸引力。

4）企业所具备的技术和信誉足以对抗主要竞争者的进攻。

市场补缺竞争者取胜的关键在于专业化的生产和经营，其策略的核心是实行专业化营销。最常见的是根据顾客的规模、性质、地域等标志分类进行专业化营销，其次是根据产品的价位、质量等分类进行专业化营销，此外还可以依据服务项目、配送渠道等进行专业化营销。市场补缺竞争者面对的主要风险是补缺点的枯竭或遭受打击，但其往往也可通过敏锐的洞察力和灵活的战略获得较好的效益。

3. 判断竞争者的反应模式

由于竞争者的目标、战略、优势和劣势的不同，竞争者对于市场上的价格、促销等市场竞争行为会作出不同的反应。归纳起来，竞争者有以下 4 种反应模式。

（1）迟钝型竞争者：当市场出现变化时，一些竞争者反应不强烈，行动迟缓。这可能是竞争者自身在资金、规模、技术等方面的能力限制，无法作出适当的反应，也可能是竞争者对自己的竞争力过于自信，不屑采取反应行为等。

小知识

《孙子兵法》里说："固兵无常势，水无常形。能因敌变化而取胜者，谓之神。"商战如兵战，市场无常势，决策者只有善于随机应变，才能在市场竞争中取胜。

（2）选择型竞争者：某些竞争者对不同市场竞争措施的反应是有区别的。例如，大多数物流企业对降价反应敏锐，而对改善服务、增加广告、强化促销等竞争措施不太在意，认为它们不会构成直接威胁。

（3）强烈反应型竞争者：这些竞争者对市场竞争因素的变化十分敏感，一旦受到挑战会迅速作出强烈的市场反应。这样的竞争者通常是市场上的领先者。

（4）不规则型竞争者：这类竞争者对市场竞争因素的变化所作出的反应是随机的，往往不按规则行事，有时会对市场竞争因素变化作出反应，有时不会；有时反应快，有时反应慢，竞争者不可捉摸。

举一反三

一、理论部分

（一）简答题

1．物流企业面对机会和威胁的对策有哪些？
2．物流企业竞争者分析的过程与方法？
3．物流客户的购买决策过程分哪几步？
4．社会文化环境如何影响物流企业的营销？举例说明。
5．物流市场营销环境的含义及其组成因素。
6．物流企业的客户分几种？
7．竞争者的反应模式有哪几种？
8．影响物流企业竞争的主要因素？

（二）案例分析

微软公司集成供应链方案将产品快速运往市场

1994 年，微软公司重新考虑调整它的整个生产和配销战略。在过去，微软公司一直是通过它在西雅图的工厂和配销设施来实现产品的生产配销的。由于地处西北，微软公司的物流网络相当松散，对顾客需求反应很慢。多数微软公司的顾客都在中西部和东海岸，但配销设施却是在西雅图。这就意味着微软公司的产品要经过很长时间才能到达较大的市场，并且导致了库存周转问题。

微软公司决定找到一个方案来降低库存，并将产品快速运往市场。通过建立物流管理方案实现库存管理在过去未曾实现的最大收益，这是当时最好的方案。于是，微软公司重新安排了它的生产方式和供应链，以期望达到以最低的库存投资确保客户服务和维持生产效率的目标。通过安装一个新的需要预测系统，运用库存单元采用配销中心的库存数据来提高生产预测精度。该系统使得公司从提出生产计划到产品交货的时间间隔缩短为1周。通过这种方式，公司便可按市场需求来生产产品。

为了能够接受这么短的产品研制周期，微软公司将产品生产委托给与原材料供应商有较好关系的总软件承包商。该承包商可以缩短从产品到交货的时间，在1周之内可将货物交至微软公司配销中心，而在过去要花上5～6周时间。

1995年初，微软公司决定将配销设施重新定位在具有较快操作速度的位于印第安纳的配销中心。该配销中心处理微软公司70%的产品装运。从印第安纳的配销中心发货，微软公司的产品可在2天内到达其80%的市场，而在以前这需要7～10天。为确保印第安纳配销中心不因装运问题或库存移动缓慢而陷入困境，微软公司在托雷多建立了一个超限中心，由第三方仓库公司管理。该设施可根据需要扩大或缩小。

问题：1．微软公司面对的营销环境有哪些？

2．微软公司对营销环境是如何分析的？采取了哪些对策？

花王川崎物流中心运用现代化手段高效率地进行配送

花王的大型广域物流配送中心——花王川崎物流中心是花王构筑广域物流系统的第一阶段的成果。它位于日本神奈川县川崎市（东扇岛），占地约为2.4万平方米，自动仓储的储存量为100万箱（是花王川崎工厂的3倍）。花王川崎物流中心的一天出货量为6万箱。其中，40%的小批量订货直接送到零售店铺（包括东京南部和神奈川县的大约1万家店铺），其余60%用大型卡车送给其他顾客。零售店的订货量分为零星商品和整箱两种，一般设有最小订货单位，按最小订货单位的倍数发货。

花王川崎物流中心实行一天两次接单，截止时间分别是中午12点和下午17点，要求在接单后的24小时内把商品送到顾客手中。

1．入库、验收

大型卡车将商品运至物流中心一层的入库处，商品堆装在托盘上入库，同时由条码读取商品名称、商品数量等信息。商品通过自动电梯运入2层、3层的自动仓库。这些程序都由计算机自动控制。

2．存储

商品存储在高层仓库里。高层仓库的货架高30米，一共有30列、16段，一列长60米，仓库共拥有28 800个货架，可存储100万箱的货物。

3．拣选和分货

根据计算机的指示，从高层货架以托盘为单位取出商品，进行拣选或分货。

4．集货

按照计算机指示的配送路线、配送时间、地点，将分好的商品用传送带运至配货流水线上集中，按照配送的顺序进行相反的排列。

5．装货

将集货流水线上的商品，用流水线不同分店汇集后，将货装入集装箱或直接装入载货汽车。

6．配送

按照计算机处理安排的配送时间表，用载货汽车在24小时内将商品送到目的地。对于配送范围内比较近的零售店，采用小型集装箱运货车直接送至店内；如地区较远，则先在夜间通过大型集装箱运货车送至中转站，再由小型载货汽车在白天依次配送。

简单地说，就是根据零售店和销售公司的订货信息，从高层货架自动地将货物提出，通过分拣设备，在流水线上以箱为单位分拣完毕后，再由集货流水线将货物按照从各零售店发来的订单要求将货备齐，通过自动分配流水线装入集装箱和小型载货汽车。装货的顺序和配送线路的顺序正好相反，最先送至零售店的货物最后装入，这样卡车司机就可以按照预定的配送线路，高效率地进行配送。

问题：科学技术是如何影响花王川崎物流中心的配送的？

二、实践部分

1．学生深入物流公司，对该公司面临的物流营销环境进行如下分析：

1）物流公司面对的营销宏观环境因素。

2）物流公司面对的营销微观环境因素。

3）物流公司对营销环境的市场机会和威胁分析后，采取的对策。

2．物流企业竞争者的调查，需了解的情况如下：

1）该物流企业的产品与服务。

2）该企业的潜在竞争者与坝实竞争者。

3）竞争者的战略。

4）竞争者的反应模式。

5）该物流企业的竞争战略。

学习评价

被考评人					
考评地点					
考评内容					
考评标准	内　　容	分值/分	自我评价/分	小组评议/分	实际得分/分
	物流公司营销环境分析	40			
	物流企业竞争者调查	40			
	结　　论	20			
合　　计		100			

注：1．实际得分=自我评价40%+小组评议60%。

2．考评满分为100分，60~74分为及格；75~84分为良好；85分以上为优秀（包括85分）。

综合知识模块三

物流市场细分与目标市场的选择

能力知识点1 物流市场细分

细心观察一下周围的人们和事物，你会发现人总是一群一群地聚在一起，在生活中体现为生活圈、朋友圈、亲人圈等，在工作中体现为不同的组织和部门。

在事和物的方面，人们也总是把具有共同特性的物品归为一类，把具有本质差别的物品归为另一类。这不仅是出于使用上的方便，也是为了思考上的方便。人们的习惯就是如此。例如，在家里几乎所有的物品都呈现为类聚的形态。厨房、客厅、卧室、卫生间等，都是归并同类项的例子。同类的物品放在一起，同时也就体现了不同类物品之间的差别。

想一想

"物以类聚，人以群分。"为什么会有这么一句俗语呢？这句俗语又说明了一个什么问题？所谓"物以类聚，人以群分"，无非是在说一种现象，即共同性和差异性，这种现象也发生在人和物的方面。人们为了用语言表达在人和物上面存在的共同性和差异性，就创造出了"物以类聚，人以群分"这个俗语。

在现实中，人们的需求和产品也在不断地进行分化。在一个需求和产品大类中，总是不断地分化出小类，这种分化从来都不会停止，而且永远也不会停止。如在手机市场中，最初的手机只有一种，就是人们常说的"大哥大"。这种产品满足了人们对于移动通信的要求，但其体积太大，携带不方便。于是，人们开发了"龟背"式手机和小巧的"掌中宝"手机，这些手机不但体积小，而且通话质量好。此后，人们对手机的生产和需求不断地分化，市场上出现了各种各样功能和特色的手机，以满足不断分化出来的需求。例如，在当前的手机市场中，有照相手机、智能手机、电视手机、手表手机等。由此可见，需求同样有共同性和差异性，同样可以进行分类。

议一议

市场营销的基本观念是发现顾客的需求，通过满足顾客的需求实现企业经营目标。那么，需求有共同性和差异性吗？我们能对顾客的需求分类吗？

一、市场细分的定义

所谓市场细分，就是根据消费者需求和购买行为的共同性和差异性，将整个市场划分成若干个具有不同需求特征的顾客需求类别。在同一个需求类别中，顾客的需求具有共同性；在不同需求类别中，顾客的需求具有差异性。我们把这个划分过程叫市场细分，把分割出来的一块一块的小市场叫细分市场。物流市场细分就是根据顾客对物流服务需求的差异性和共同性，将整个物流市场划分成若干个具有不同特征的需求类别，这个过程叫做物流市场细分，如图1-4所示。

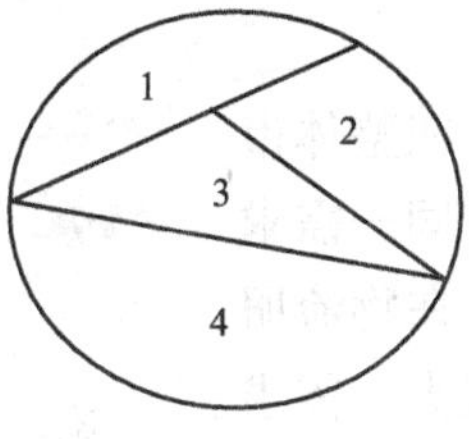

图 1-4　细分市场示意图

注：整个圆圈代表整个市场，圆圈有数字标号的各个部分代表着不同的细分市场。

例如，联邦快递公司（Federal Express）最初与艾莫瑞（Emery）和艾博思（Amirbornel）等空运公司竞争。联邦快递公司提出了 3 种类型的服务：①投递时间为一夜。②投递时间为 2 天。③投递时间为 3 天。

联邦快递公司在广告中说“本公司自备飞机和载货汽车，更可信赖、更为价廉”。然而事实证明，这是个错误，联邦快递公司在头两年就亏损了 2 900 万美元。

后来，联邦快递公司进行了重组，投入了 8 000 万美元的风险资本，改变了营销策略，把重点放在了第一类服务上，规定只投递包裹和信件，单件不超过 70 磅。这是第一家惟一使用放射状投递方式的空运投递公司。它的包裹和信件从不直接投递到目的地，而是先送到位于孟斐斯的一个中心部门进行分类，然后通过出境飞机运送到各地。它又在广告中说“只要有需要，本公司肯定在一夜之间送达包裹”。此后，这种把思路缩窄的策略战果累累。今天，联邦快递公司占领了小型包裹空运市场，年营业收入超过几亿美元，相当于艾莫瑞和艾博思公司收入的总和。

二、市场细分的原因与意义

1. 市场细分的原因

企业在营销过程中之所以要进行市场细分，主要是基于以下几个理由。

> **想一想**
>
> 案例中的联邦快递公司在细分之前，提供较多的物流服务品种，业务范围广，经营一直亏损。为什么在进行细分之后，提供较少的物流服务品种，业务范围小，经营反而扭亏为盈呢？

（1）任何企业的资源和能力都是有限的，而不是无限的：特别是物流企业，一方面要进行规模较大的物流基础设施投资，这些投资和基础设施只能用于满足市场上某一类型的物流服务需求。如果企业想要满足市场上所有类型的物流服务需求，就必须进行全方位的大规模物流设施投资。在市场竞争中，任何一个企业都没有足够的资源进行全方位的、大规模的、能够满足市场上所有类型物流服务需求的投资。企业从事与自身实力不相符的经营和投资，不是在经营，而是在赌博，风险失去控制，结果可想而知。俗话说：“有多大胃口，就吃多少饭。”说的就是这个道理。

另一方面，企业和人一样，管理能力也是有限的，不是无限的。一个人如果什么都想做，往往什么都做不好，一个企业的经营也是如此。所以人们通常都选择那些自己能做好的事去做，这叫扬长避短、发挥专长、利用核心竞争力。企业从事与自身能力不相符的经营和投资，风险非常大，结果也是不言而喻的。

（2）市场的需求存在着独特性：在整体市场上，存在着需求类别的差异性，在同一需求类别中存在着需求的共同性。特别是在物流服务市场上，对物流服务的需求差别很大，需求的类型也非常多。

> **小知识**
>
> 从物流服务对象上划分，物流有采购物流、生产物流、销售物流、回收物流之分；从物流服务功能上划分，物流有运输物流、存储物流、配送物流、加工物流之分；从物流服务实现方式上划分，物流又有水路、铁路、公路、航空以及联合运输之分。

市场上对这些物流服务的需求，可能只是其中的某一项，构成一些形式的需求类别，也可能是其中几项的组合，构成另一些形式的需求类别。市场上对物流服务的需求类别是丰富的，不管是哪一种需求类别，其需求都是十分独特的。这要求物流企业必须提供与物流服务需求相适应、相吻合的独特物流服务项目，以满足某一类独特的顾客的需求。为此，物流企业的经营活动必须是独特的，才能更好地满足市场对物流服务的需求。这意味着物流企业只能有选择地提供物流服务项目，有所为有所不为才能集中力量，形成竞争优势。商场有一条经营法则叫做懂得舍弃，说的就是这个道理。

（3）市场机会和企业资源必须相匹配：所谓市场机会就是指市场规模的大小、需求增长速度的快慢、企业进入市场的难易程度和市场竞争程度的高低等。市场机会是个相对概念，也就是说，当面对一个市场机会时，对于一些企业，它有资源条件和经营能力进入这个市场，参与竞争并获取一定的竞争优势，这样的机会就是一个可以加以利用，适合企业发展的机会，这样的机会也就构成了这个企业的市场机会，对于另一些企业来说，面对同一个市场时，如果它没有资源条件和经营能力进入这个市场，无法参与竞争并获取竞争优势，这样的机会就不是一个可以加以利用，适合企业发展的机会，这样的机会也就不构成这个企业的市场机会。

2. 市场细节的意义

市场细分的意义有以下几点。

（1）有利于发掘市场机会：通过细分市场，可以发现市场的空白点，即发现市场上有哪些消费需求未得到满足，如果企业能提供相应的产品和服务，则以此作为企业的目标市场，从而获得市场机会。例如，现在很多人休闲度假时喜欢自驾游，但又担心路途不熟悉，汽车卫星导航仪就应运而生了。

（2）有利于产品适销对路：通过细分市场，可以发现目标消费人群的消费特点和个性化需求，还可以掌握消费需求的发展趋势，企业以此设计出符合消费者需求的产品和服务，从而获得市场机会。例如，宝洁公司的洗发水有飘柔、海飞丝、沙宣等品牌，分别满足消费者除洗发以外的护发、去头屑、定型等个性化需求，扩大了消费群，从而使企业取得更好的经济效益。

（3）有利于制定有效的营销策略：通过细分市场，可以了解目标市场中竞争对手的市场占有率和营销策略，再根据自己的资源条件制定营销策略，从而有效地占领目标市场。例如，在可口可乐和百事可乐的市场竞争中，百事可乐是后起之秀，它针对可口可乐强调传统型饮料的宣传策略，制定出自己的营销策略——面向年轻人，从而抢占了市场份额，成为可口可乐公司主要的竞争对手。

总之，对市场进行细分，可以识别出不同细分市场的市场机会，判别出有哪些细分市场机会能为本企业所利用，构成本企业的市场机会，有利于本企业在市场竞争中获取事实上的竞争优势。

三、市场细分变量

利用不同的变量或者不同的标准进行市场细分时，就会获得不同的细分市场。也就是说，细分变量不同，细分市场也会不同。

例如，在一所学校中，经营的商场或者小卖部可以按照性别把学生分成男生和女生，然后根据男生和女生不同的消费需求特点，有针对性地采购和销售相应的商品，提供相应的服务，以满足学生们的需要。这里的性别就是“细分变量”，全部男生和全部女生就是按照性别这个细分变量划分出的细分市场。我们也可以按照地理籍贯，把学生划分成若干个群体，这样就会得出完全不同的细分市场，然后针对不同地区同学的独特需求，提供相应的商品和服务。

> **小知识**
>
> 在数学上的 $Y=a+bX$，这个公式中的 X 和 Y 都称为变量。通常，我们把 X 称为自变量，把 Y 称为因变量。X 变量取不同的值，使 Y 变量有相对应的不同值。也就是说，只要 X 变量不同，Y 变量也就不同。

1. 细分变量的定义

所谓细分变量，就是在对市场进行细分的时候所采用的依据和标准。物流市场细分变量，就是在对物流市场进行细分时所采用的依据和标准。

2. 细分变量的分类

从严格的意义上讲，细分变量并没有可供人们选用的固定标准。采用什么样的标准或者变量对企业所在的市场进行细分，完全要依据市场的实际状况，以及企业经营者观察和分析市场的视角。也就是说，在细分市场时是没有绝对的标准的。但是，细分市场是有常用标准的。所谓常用标准，顾名思义，就是经常使用的市场细分标准。在进行市场细分时，不能把常用的市场细分标准当做绝对的、惟一的、必须的和只能采用的标准。如果是这样，所有企业细分出来的市场都将是一个模式了，也就很难从中寻找和发现市场机会了。

常用的细分变量有两大类：一类是消费市场细分变量，是用来细分消费者及家庭在日常生活中消费的商品所形成的市场；另一类是行业市场细分变量，是用来细分企业及其他社会组织结构在日常生产经营，以及日常活动中消费的商品所形成的市场。

（1）消费市场细分变量：

1）地理变量。

地区：亚洲东北部；东南亚；西亚；其他。

城市规模：10 000 人以下；10 000～19 999 人；20 000～49 999 人；50 000～99 999 人；100 000～249 999 人；250 000～499 999 人；500 000～999 999 人；1 000 000～3 999 999 人；4 000 000 人以上。

密度：城市；郊区；农村。

气候：热带；亚热带；温带。

2）人口变量。

年龄：6 周岁以下；6～11 周岁；12～20 周岁；21～30 周岁；31～40 周岁；41～50 周岁；51～60 周岁；61 周岁以上。

性别：男、女。

家庭规模：1～2 人；3～4 人；5～7 人；8 人或更多。

家庭类型：中等家庭；小型扩展家庭；大型扩展家庭；其他。

家庭生命周期：青年，单身；青年，已婚，无子女；青年，已婚，有 6 周岁以下的子女；青年，已婚，子女在 6 周岁以上；老年，单身；老年，已婚，无子女；老年，已婚，子女在 18 周岁以上；其他。

家庭收入：1 000 美元以下；1 001～2 500 美元；2 501～4 000 美元；4 001～5 500 美元；5 501～7 000 美元；7 001～10 000 美元；10 000 美元以上。

职业：专业技术人员；经理、官员和业主；职员；售货员；农业人员；学生；家庭主妇；服务人员；退休者；失业者；其他。

教育：小学以下；中学；专科学校；大学本科；研究生；其他。

种族：中国人；菲律宾人；印度人；日本人；马来西亚人；泰国人；其他。

国籍：中国；印度；印度尼西亚；日本；马来西亚；菲律宾；新加坡；泰国；其他。

3）心理变量。

社会阶层：下层；中层；上层；其他。

生活方式：变化型；参与型；自由型；稳定型；其他。

个性：冲动型；进攻型；交际型；权力主义型；自负型；其他。

4）行为变量。

时机：一般时机；特殊时机。

追求的利益：便利；经济；易于购买；其他。

使用者的地位：未曾使用者；曾经使用者；潜在使用者；首次使用者；经常使用者；其他。

使用率：不使用者；少量使用者；中量使用者；大量使用者；其他。

忠诚度：无；中等；强烈；绝对；其他。

准备阶段：不了解；了解；熟知；感兴趣；想买；打算购买；其他。

对产品的态度：热情；肯定；不关心；否定；敌视；其他。

（2）行业市场细分变量：

1）人口变量。

行业：重点应放在哪些行业上？

公司规模：重点应放在多大规模的公司？

区域：重点应放在哪些地理区域？

2）经营变量。

技术：重点应放在顾客关心的哪些技术上？

使用者的地位：大量用户；少量用户；中等用户；非使用者；其他。

顾客能力：需要很多服务的顾客；需要服务少的顾客；其他。

3）采购方法。

采购职能组织：采购组织高度集中化的公司；采购组织高度分散化的公司；其他。

权力结构：以技术人员占主导地位的公司；以财务人员占主导地位的公司；其他。

现存关系的性质：已建立可靠关系的公司；寻求最理想的公司；其他。

采购政策：乐于采用租赁；重视服务合同；系统采购；秘密投标的公司；其他。

采购标准：追求质量；追求服务；重视价格；其他。

4）形势因素。

紧迫性：迅速交货；突然要货（或服务）；其他。

特别用途：某些用途；全部用途；其他。

订货量：大宗订货；少量订货；其他。

5）个性特征。

相似性：是否应将重点放在与本公司人员的组成和价值观相似的公司上？

对待风险的态度：敢于冒险；避免冒险；其他。

忠诚度：是否将重点放在对供应商忠诚的公司上？

3. 物流市场细分变量

在物流市场上，除了搬家公司以及针对个人和家庭的邮件快递业务外，其他物流服务绝大多数是针对行业需求而提供的。从国内物流的发展状况上看，由于国内物流发展水平仍处于初级阶段，许多物流企业没有明确地对市场进行细分，进入现有物流市场或者是沿袭传统的业务，还是扩展原有业务，或者是抓住了新出现的市场机会。这给物流市场的进一步细分留下了许多空间。随着国内物流行业的进一步发展，物流服务市场必将进一步分化和细分。

物流服务对象的行业市场居多，因此，对物流市场进行细分，也多采用行业细分变量。

（1）地理区域：由于不同地理区域的经济结构及其发展水平不同、地理环境及其气候条件不同，交通运输条件和状况也会有所不同，这种差异导致对物流服务的需求程度和需求水平存在很大差别，使物流成本、物流技术、物流管理方面也存在较大的差异。

（2）行业对象：同一行业对物流服务的需求和要求差异较小，不同的行业对物流服务的需求和要求差异较大。

例如，零售行业的物流要求小批量、多批次，根据店面销售状况及时提供配送物流服务。物流基础设施要求有：消费品配送中心、小型配送车辆、店面和配送中心之间可以实现物品管理的信息系统。生产资料流通行业的物流要求大批量、少批次，集中性地提供物流服务。基础设施要求有：大型室内或者露天仓库，配有铁路专线或港口码头，有大型装卸和运输设备。

（3）使用情形：顾客在什么情形下使用物流服务，不同的顾客可能在不同的情形下使用物流服务。在不同的情形下使用物流服务，意味着对物流服务的要求不同。

例如，在邮政行业中，开始只有普通邮件邮寄业务，这种物流业务速度慢、可靠性差，经常出现邮件丢失和不能送达的情况。人们在紧急情况下，无法通过这种邮寄业务快速地将邮件从一个地方传递到另一个地方。针对这种快速邮件传递业务的需求，从传统的邮政服务中分化出了快递业务。这种业务通常在 2～3 天内可以交到收货人手中。在一些特殊情况下，2～3 天的收货期时间仍然很长，不能满足人们“更快”的物流服务要求。于是，从原有的快递业务中又细分出“次晨达”等物流服务品种。

即便同是快递业务，人们使用这种服务的情形也有很大差别。在珠江三角洲地区，由于许多工厂都是来样加工企业，要按照国外商家提供的样品来批量生产加工产品，于是就分化出专门为这些企业快速递送产品样品的物流服务企业。

（4）物流环节：商品从生产者传递到消费者，一般都要经历一个非常复杂的物流过程，这个过程包括存储、运输、装卸、搬运、流通加工和配送等多个环节，这些环节往往都需要跨区域、跨部门来完成。任何一个物流企业都无法完成所有的物流环节，而应该只选择其中几个自己最具优势的环节，提供物流服务。

例如，在港口地区和港口城市，往往都有专门从事进出口货物通关业务的报关行，这些报关行通常只负责进出口货物的通关手续，并将进口货物从海关提到指定的仓库，或者将出口货送入海关指定的运输码头。货物的运输往往要由另外的运输企业完成。

（5）物品属性：物流对象即商品或者物资，是千差万别、形态各异的。不同的商品和物资具有不同的物理和化学属性，这些属性对物流成本、物流技术和物流管理都产生了不同的影响，对物流服务也提出了不同的要求。

例如，许多物流企业都是专门从事特殊物品的物流。有专门从事燃油物流的、专门从事剧毒物品物流的、专门从事生鲜产品物流的、专门从事粮食产品物流的，它们都是按照物品属性进行市场细分的。

（6）顾客特征：在细分物流市场时，也可以考虑按照顾客的特征和类别加以细分，这主要是由于不同的顾客类别对物流服务具有不同的需求。

例如，在国内生产企业中，可以按照企业的性质划分成外资企业、合资企业和国资企业等。在这些企业中，由于对物流的认识和重视程度不同，对物流服务的要求也是不同的。由国外企业直接投资的外资生产企业对物流服务的要求最高，其次是合资企业，最后是国资企业。由于这种需求的差别，物流企业可以选择自己专门的服务对象，并有针对性地设计不同的服务项目。

四、市场细分方法

市场细分的方法有很多，但总体上来说，可以归纳为以下 3 种方法。

1. 单一因素细分法

所谓单一因素细分法，是指在影响顾客购买或者消费需求的多种因素中选择出一种主要因素作为市场细分的依据。

例如，在邮递物流市场中，可以按照顾客对物流速度的要求细分出 4 个细分市场。根据顾客对物流速度要求的最低标准的不同，选择进入哪一个细分市场，并制定相应的营销组合策略，如图 1-5 所示。

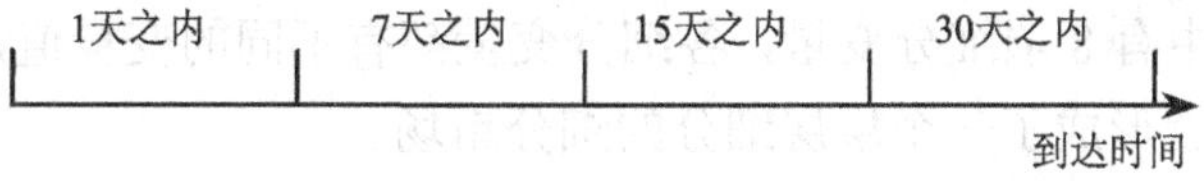

图 1-5　营销组合策略

2. 综合因素细分法

所谓综合因素细分法，是指在影响顾客购买或者消费需求的多种因素中选择对顾客或者消费者的购买产生较大影响的，可能被顾客和消费者放在同一层次上考虑的，并列的两个或者两个以上因素作为细分市场的依据。

例如，可以按照顾客对物流速度和物流量的要求，对物流市场进行细分，如图 1-6 所示。

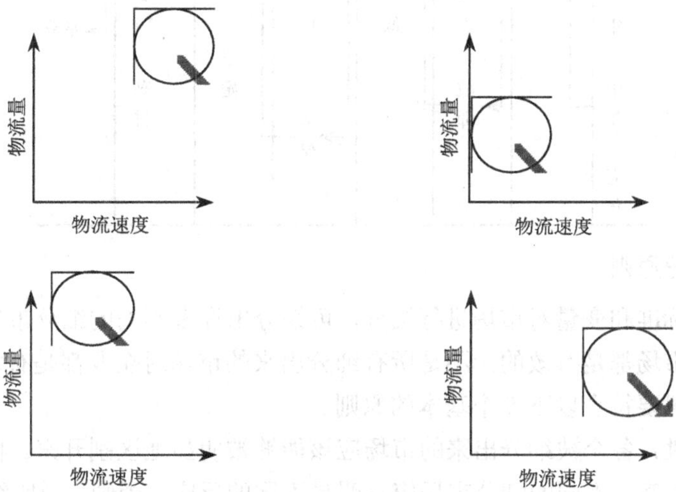

图 1-6　物流速度与物流量的关系

又如，可以按照顾客对物流量、物流速度和物流频率的要求，对物流市场进行细分，如图 1-7 所示。

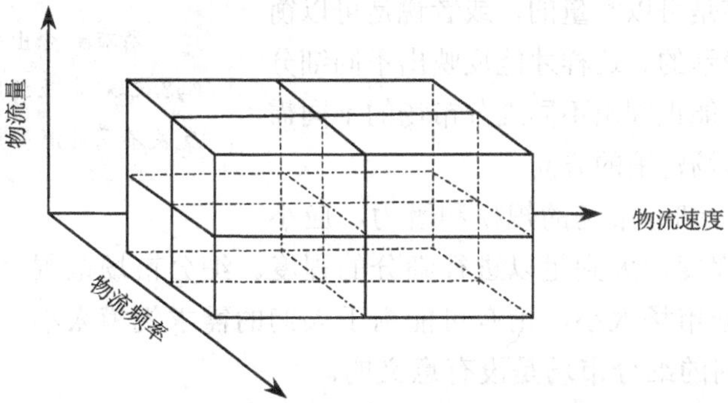

图 1-7　物流量、物流速度和物流频率的关系

3. 系列因素细分法

所谓系列因素细分法，是指在影响顾客和消费者购买的多种因素中，以影响顾客和消费者需求的多个变量为标准，对市场进行由粗到细的层层细分。

例如，在表 1-2 中有 8 项细分变量，各细分变量都有不同的变量值，把这些变量的任何一项值依次连接起来就形成了一个层层细分的细分市场。

表 1-2　细分变量表

年龄	性别	职业	收入	教育	婚姻	住地	气候
婴儿	男	农民	高	文盲	未婚	城市	温带
儿童	女	工人	中	小学	已婚	郊区	热带
青年		学生	低	中学		乡镇	寒带
中年		教师		大学		农村	
老年		其他					

五、市场细分原则

按照不同的标准和变量对市场进行细分，可划分出许多不同的细分市场。但是，并不是所有细分出来的市场都是有效的，不是所有细分出来的市场对企业都是有意义的。

细分市场一般要符合以下 5 个基本的原则。

（1）可区分性：各个被细分出来的市场应该能够被明显地区别开来。检验的方法是：对于同一营销组合方案，不同的细分市场应有明显不同的反应。否则，说明细分出来的不同市场之间只具有共同性，不具有差异性，细分是无效的。

（2）可测量性：细分变量的特征程度、细分市场的规模大小、细分市场的发展潜力等是反映细分市场形态的指标，都应该是可以测量的，或者说是可以衡量的，可以用数字表示的。这样才能反映出不同细分市场的差异程度，才能识别出不同细分市场的不同需求，才能准确把握市场营销的方向。

> **想一想**
>
> 所有细分出来的市场都是有效的吗？都对企业的经营有意义吗？都能反映不同的消费需求吗？

（3）可盈利性：细分市场的规模和潜力，应小到足以获得利益的程度，大到足以进行细分的程度。细分市场范围太大，不利于发现人们的不同需求；细分市场太小，则有可能由于人们的需求规模太小，达不到可以盈利的程度。不能实现盈利的细分市场是没有意义的。

（4）可进入性：企业必须拥有进入细分市场所必备的资源、能力和条件。不管细分市场多么有利可图，如果企业不具备进入这个细分市场的能力和条件，细分出来的市场对企业也是没有意义的。

（5）可操作性：企业进入或者服务细分市场的各种方案要具备可操作性。

六、市场细分步骤

为了确保市场细分的有效性，企业的市场营销人员应该了解和掌握细分市场的程序。美国市场学家杰罗姆·麦卡锡曾提出过一般的市场细分的步骤，其示意图如图 1-8 所示。

（1）确定市场范围：任何一个企业都有其自身的任务和目标，并以此作为企业制定生产经营和市场开拓战略的依据。一旦进入一个行业，便要考虑产品的市场范围的选择问题。而产品市场范围的确定是以市场的需求，而并不是以产品的特性为依据的。也就是说，市场范围的确定必须贯彻需求链的思想。一旦市场需求发生了变化，整个产品的市场范围也要作相应的调整。

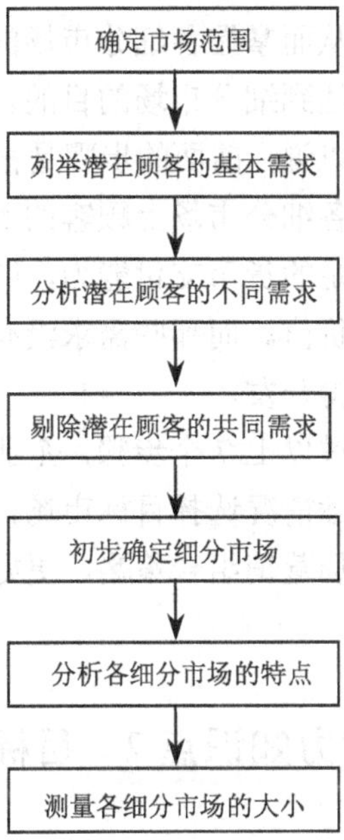

图 1-8　市场细分的步骤示意图

（2）列举潜在顾客的基本需求：产品的市场范围确定后，企业的市场营销人员可以将市场范围内的潜在顾客分为若干个专题小组，了解他们的动机、态度、行为等，从而比较全面地列出影响产品市场需求和顾客购买行为的各项因素，作为以后进行深入分析研究的基本资料和依据。

（3）分析潜在顾客的不同需求：顾客的不同需求是细分市场的基础。因此，企业在列举潜在顾客的基本需求后，可以向不同的顾客进行抽样调查来进一步搜集有关信息，并用因素分析法对资料进行分析，确定出相关性较大的因素（即潜在顾客的共同需求），然后用聚类分析法划分出一些差异最大的细分市场。

再根据潜在顾客不同的态度、行为、人口变数、心理变数和一般消费习惯等进一步细分。进行这一步细分的目的，在于了解在所列举出的基本需求中对不同的潜在顾客来说，最重要的需求有哪些，从而发现不同的潜在顾客在需求上的差异性，即找出他们的不同需求。具有不同需求的顾客构成企业的细分市场。为了确保细分的效果，可以重复上一步，直至有 3 个或 3 个以上的细分市场出现为止。

（4）剔除潜在顾客的共同需求：潜在顾客的共同需求是企业无论选择哪种细分市场作为目标市场时，都必须使之得到满足的。它是企业产品决策的部分重要依据，但它不能作为细分市场的依据，只能作为企业制定市场营销组合策略的参考。所以，在进行市场细分时要剔除潜在顾客的共同需求。

（5）初步确定细分市场：对细分市场的初步确定是指为细分市场暂时命名，即在分析了潜在顾客的不同需求，进行了市场细分并剔除各细分市场上潜在顾客的共同需求后，各细分市场上剩下的需求各不相同，这时为了便于对各细分市场的特点作进一步的分析，根据各细分市场上顾客的特点暂时为各细分市场确定一个名字。

（6）分析各细分市场的特点：上述工作完成后，企业还需进一步对各细分市场顾客的需求及其行为特点作深入的分析与考察，确定已掌握了各细分市场的哪些特点，还需要对哪些特点进一步分析研究，从而决定是否需要再分或重新合并。这一步是对以上几步的重新认识和必要的调整，以形成细分市场的雏形。

(7) 测量各细分市场的大小：细分出来的市场必须大到足以使企业实现它的利润目标，这时细分市场对企业来说才是有用的。因此，还要将经过以上步骤划分出的各细分市场与人口变量结合起来加以分析，预测出每个细分市场上潜在顾客的数量、购买能力和产品的使用频率，从而掌握各细分市场的市场测量。没有这一步，企业无法作出正确的目标市场决策，也没有达到细分市场的目的。

可以说，前面的步骤是根据潜在顾客需求的差异性细分市场并作出定性的分析，而这一步是对各细分市场上顾客的不同需求进行定量的分析。因为只有那些拥有足够需求的，并且又有充足的货币支付能力，使企业能够补偿生产与销售成本，并能获得利润的细分市场才有开发的价值。而那些需求没有体现为有支付能力的购买力或潜在顾客数量极少的细分市场，则不值得开发。

经过以上 7 个步骤，企业便完成了市场细分的工作。接下来，企业便可以根据自身及产品的实际情况选择目标市场，并采取相应的目标市场营销方法，制定出与目标市场需求相适应的市场营销组合策略，更好地为目标市场服务。

能力知识点 2　目标市场策略

一、目标市场的概念

目标市场是指在市场细分的基础上，选择一个或几个细分市场作为服务的对象，这些被作为服务对象的细分市场就是企业的目标市场。物流目标市场，就是物流企业在细分基础上所选择的服务对象。

二、目标市场评估

企业在选择目标市场时，应先对各个细分出来的市场进行评估，从中挑选出最适合企业进入的细分市场（即目标市场）。在评估细分市场时，必须考虑以下几个因素。

1. 细分市场结构的吸引力

所谓细分市场结构，是指在某一个细分市场中各种竞争因素的态势和格局，这些竞争因素一般包括行业竞争者、潜在进入者、替代产品或服务、供应者或购买者的议价能力。其市场结构示意图，如图 1-9 所示。

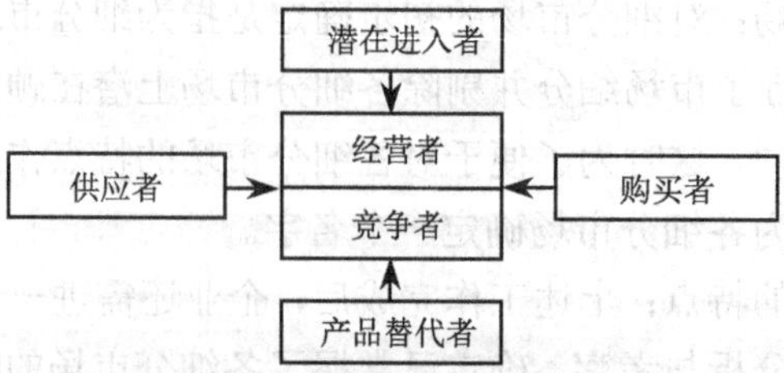

图 1-9　市场结构示意图

在评估物流细分市场中，以下几个方面的因素都要认真地加以调查、研究和论证。

（1）行业竞争者：物流企业在评估细分市场时，首先要考虑在这个细分市场上将面对哪些竞争者，与这些竞争者相比，自己的优势、劣势各是什么。优势越大，获利的可能性就越大。例如，物流流程的管理能力、物流网点的覆盖范围、物流资源的整合水平、物流设施的完善程度等，都要一一加以比较和评估。

（2）潜在进入者：在评估物流细分市场时，还要考虑有哪些潜在的对手会进入同一个细分市场，来参与这个细分市场的竞争。对这些可能的潜在进入者，也要认真加以研究。如果在一些关键的物流资源和管理能力方面，无法与潜在的进入者相抗衡，最好避开这些潜在的进入者，考虑选择进入其他细分市场。

（3）替代产品或服务：所谓替代产品或服务，是指当一种产品或者服务的价格较高，或者不能满足顾客的需求时，顾客会寻找价格更便宜，或者更能使其满意的其他产品和服务来替代原来所使用的产品或服务。在物流领域中存在着许多替代服务。例如，铁路运输、公路运输、水路运输和航空运输等，都存在着相互替代的可能。当铁路运输紧张或者大幅度提高运输价格时，人们可能会考虑采用公路运输的方式从事物流活动。替代性越强，市场就越不稳定，风险就越大。

（4）供应者的议价能力：任何一家物流企业，都很难独自提供商品从生产者向消费者流动过程中所有环节上的物流服务。物流企业往往只有直接从事自己最擅长的1～2个环节，而将其他环节分包给其他环节服务的提供者，由它们来协助自己完成整个物流过程。这样就产生了一个议价问题，其他环节物流服务分包商的议价能力越强，物流企业的谈判地位就越弱，就要支付越高的服务价格。那么，是什么决定着供应者的议价能力呢？是物流企业对供应者的依赖程度，依赖程度越高，供应者的议价能力就越强。

想一想

物流企业在选择目标市场时应考虑些什么？

（5）购买者的议价能力：物流服务的购买者议价能力的大小，也是决定物流细分市场是否具有结构吸引力的另一个因素。通常，物流服务购买者的购买量越大，议价能力越强；物流服务提供者越多，参与争夺顾客的竞争也就越激烈，购买者就越有议价能力。例如，零担运输服务的购买者通常议价能力比较弱，而整车运输服务的购买者议价能力比较强。

2. 细分市场的规模和潜力

所谓细分市场规模，是指细分市场中顾客购买和消费的数量大小；所谓细分市场的潜力，是指细分市场中顾客购买和消费的增长速度大小。这些都是衡量细分市场是否有吸引力的重要指标。在评估物流细分市场时，必须考虑细分市场中是否包含着足够的物流业务量，以及物流业务量的潜在增长速度。有一定的规模，没有一定的增长，或者有一定的增长，没有一定的规模，都会给企业的经营带来风险。

3. 企业经营目标的资源和能力

某些细分市场也许有很大的吸引力，但是这并不意味着一定要选择它。作为企业的目标市场，除了细分市场的结构、规模和潜力外，为细分市场所提供的业务必须符合企业的经营目标。如果细分市场不符合企业的经营目标，企业在选择目标市场时必须慎重考虑。过于分散和庞杂的业务会分散企业的经营资源和管理力量，结果往往令所有业务都做不好。

另一个必须考虑的因素是企业所拥有的资源和能力。企业必须考虑目标市场所要求的资源和能力，是否与自己所拥有的资源和能力相匹配，否则，企业盲目进入目标市场，会令企业的经营陷入严重的困境。

特别是对于物流企业来说，物流设施往往需要投入大量的资金。例如，港口、码头等大型基础物流设施的投资都是非常巨大的，少则几十亿元，多则上百亿元。没有足够的实力，根本就无法进入这个市场。而一般的货运代理和通关业务所需要的投入则很小，一般几十万元也就足够了。

三、目标市场选择模式

企业在对不同细分市场进行评估后，要决定进入哪个或者哪些细分市场，即开始选择目标市场。一般有 5 种目标市场选择模式可供企业参考。

1）在所有的细分市场中，只选择一个细分市场作为企业的目标市场，只向目标市场提供一种产品或服务，如图 1-10 所示。

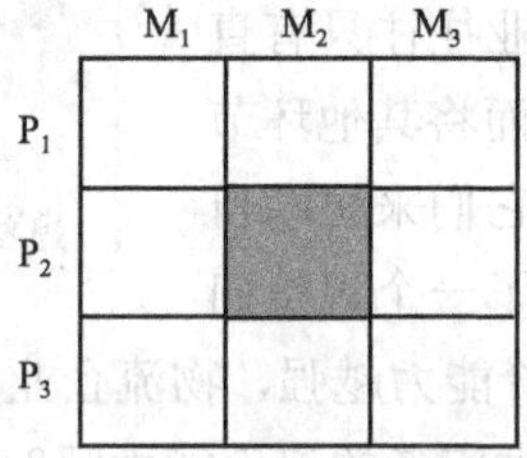

图 1-10　目标市场选择模式一

注：M 代表市场，M_1、M_2、M_3 分别代表 3 个不同的细分市场。
P 代表产品，P_1、P_2、P_3 分别代表 3 种不同的产品或服务。

2）在所有的细分市场中，选择其中几个细分市场作为企业的目标市场，并分别向不同市场提供不同的产品或服务，如图 1-11 所示。

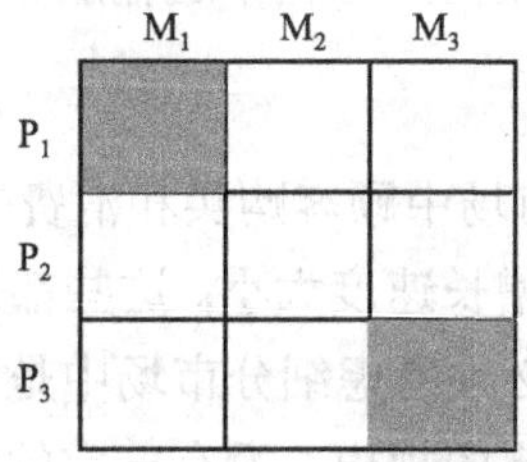

图 1-11　目标市场选择模式二

注：M 代表市场，M_1、M_2、M_3 分别代表 3 个不同的细分市场。
P 代表产品，P_1、P_2、P_3 分别代表 3 种不同的产品或服务。

3）选择所有的细分市场作为企业的目标市场，分别向所有的目标市场提供不同的产品或服务，如图 1-12 所示。

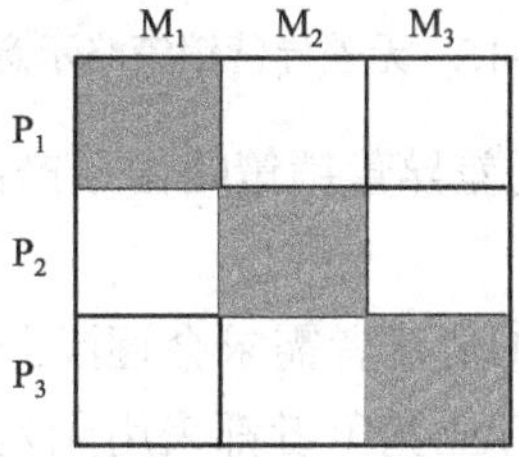

图 1-12 目标市场选择模式三

注：M 代表市场，M_1、M_2、M_3 分别代表 3 个不同的细分市场。
P 代表产品，P_1、P_2、P_3 分别代表 3 种不同的产品或服务。

4）把所有的细分市场都当做目标市场，向所有目标市场只提供一种产品或服务，如图 1-13 所示。

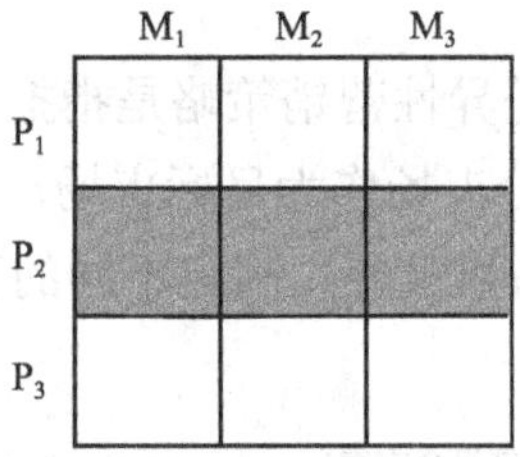

图 1-13 目标市场选择模式四

注：M 代表市场，M_1、M_2、M_3 分别代表 3 个不同的细分市场。
P 代表产品，P_1、P_2、P_3 分别代表 3 种不同的产品或服务。

5）在所有的细分市场中，只选择一个细分市场作为企业的目标市场，企业集中满足目标市场的各种相关需求，如图 1-14 所示。

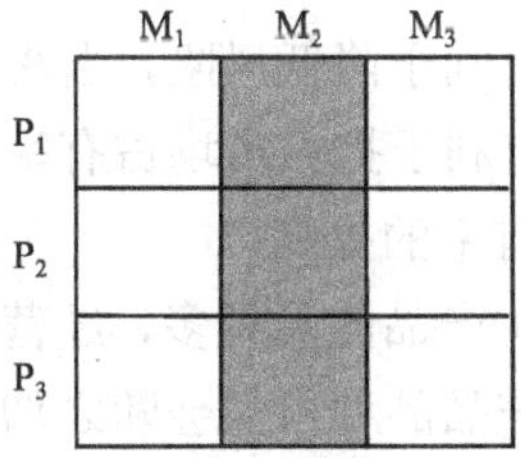

图 1-14 目标市场选择模式五

注：M 代表市场，M_1、M_2、M_3 分别代表 3 个不同的细分市场。
P 代表产品，P_1、P_2、P_3 分别代表 3 种不同的产品或服务。

四、目标市场策略及其选择条件

企业在评估目标市场之后要选择目标市场策略。归纳起来，有 3 种目标市场策略可供选择。

1. 无差异营销策略

（1）无差异营销策略的定义：无差异营销策略是指把整个市场作为目标市场，针对整个市场的共同需求提供单一产品，采用单一营销组合方案，满足所有人的共同需求，如图 1-15 所示。

企业营销组合方案 ⟶ 整体市场

图 1-15　无差异营销策略示意图

（2）无差异营销策略的优点：无差异营销策略由于产品品种单一、集中，有利于大批量、规模化生产，容易产生规模效益。

（3）无差异营销策略的缺点：①消费者需求会逐渐分化，长期采用无差异营销策略将很难长期满足消费者的需求。②当同行业竞争者都采用无差异营销策略时，市场竞争将十分激烈，竞争焦点将集中在质量和价格上，形成同质化竞争的不利局面。③长期采用无差异营销策略会使企业丧失对市场变化的敏感性，在市场变化面前，反应迟钝。

（4）无差异营销策略的选择条件：消费者对产品的需求大致相同，市场需求的差异性小、共性大，市场竞争不十分激烈。

2. 差异性营销策略

（1）差异性营销策略的定义：差异性营销策略是指把整个市场划分成几个或者多个细分市场，选择其中两个或两个以上细分市场作为目标市场，针对各个目标市场的不同需求特征（即差异性），分别提供不同的产品和服务，制定不同的营销组合方案，满足不同的需求特征，如图 1-16 所示。

企业营销组合方案1 ⟶ 细分市场1

企业营销组合方案2 ⟶ 细分市场2

企业营销组合方案3 ⟶ 细分市场3

图 1-16　差异性营销策略示意图

（2）差异性营销策略的优点：有利于降低风险，当在一个目标市场上经营不利或者失败时，还有其他目标市场作为后盾；有利于扩大市场占有率，通过向不同目标市场提供产品和服务，扩大销售规模，实现市场占有率的提高。

（3）差异性营销策略的缺点：①产品的品种多，经营的目标多，管理的成本高。企业向不同的目标市场提供不同的产品，产品品种自然会随之增多。②在不同的目标市场上，由于市场结构和变化的差异，使企业在不同的目标市场上必须制定相应的经营目标。③由于产品的品种多，经营的目标多，就给企业的管理带来了许多困难和挑战，使企业的经营管理成本上升。

（4）差异性营销策略的选择条件：消费者对产品需求的差异性大，各目标市场的发展潜力大，企业自身的实力强，市场竞争激烈。

3. 集中性营销策略

（1）集中性营销策略的定义：集中性营销策略是指把整个市场划分成若干个细分市场，仅选择其中一个作为目标市场。针对这个目标市场的需求，集中全部资源和力量，制定相应的营销组合方案，满足该目标市场的需求，如图 1-17 所示。

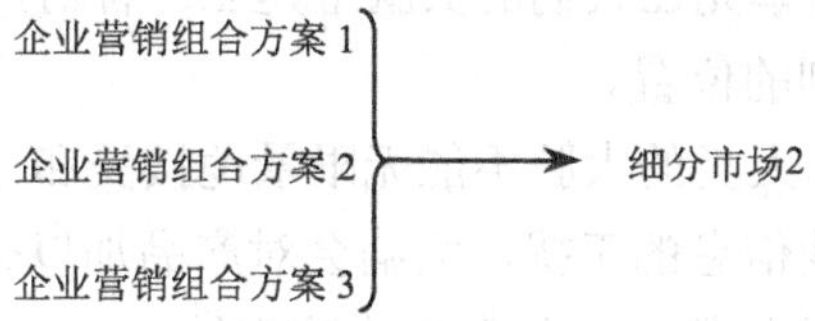

图1-17　集中性营销策略示意图

（2）集中性营销策略的优点：具有目标集中、资源集中、精力集中的特点。在目标市场上建立良好的专业化形象，加深对目标市场的了解和掌控，从而形成相对竞争优势。

（3）集中性营销策略的缺点：风险大，一旦目标市场发生突变，如消费者的需求偏好发生较大的转变，或者强大的竞争对手突然加入竞争，就会给企业的经营带来很大的挑战和风险。

议一议

上述3种目标市场营销策略有何联系与区别？

（4）集中性营销策略的选择条件：企业资源少、实力小、没有能力进入各个细分市场，目标具有独特的需求，但这种独特的需求没能被有效地满足。

能力知识点3　市场定位策略

企业在选择目标市场时，就要考虑在目标市场上的定位以及定位的营销效果。只有明确了在目标市场上的定位，才能为营销组合策略制定明确的方向。

一、市场定位的概念

所谓定位，就是要在顾客心目中建立一个与众不同的价值地位。定位要从产品或者服务开始，但定位不是实际对产品做的事，而是对顾客思维做的事。也就是说，定位是通过产品或服务，在目标顾客心目中占据一个有利的竞争地位。

对市场定位概念有一种错误的理解，认为定位是要确定企业在哪里、干什么和怎么干。定位不是确定企业要做什么，而是要确定企业在顾客心目中建立一个什么样的地位，以获取强有力的竞争优势。当然，要在顾客心目中建立一个地位，就要确定企业在哪里、干什么和怎么干的问题。但是必须先弄清楚企业能在顾客心目中建立一个什么样的地位，然后才能确定企业在哪里、干什么和怎么干的问题。

（1）同质化竞争：在市场中，任何一类产品或服务都存在着严重的同质化。从本质上看，这些同质化的产品或服务没有什么根本的差别。如果说有差别，那么也只是不同的品牌在人们心目中的形象和地位上的差别。

（2）信息传播过度：目前正处在一个信息传播过度的时代和社会，所有的企业都想通过广告这种方式来解决产品和服务的销售问题。于是，在人们的生活中，无时无处不处在广告之中，人们甚至开始不接受广告所传递的信息，只接受与原有知识和经验相符的信息和自己感兴趣的信息。这样，如果能率先在人们的头脑中建立一种对产品和服务的认知和形象，将使企业在市场竞争中处于有利的位置。

（3）大脑信息十分有限：人类的大脑不能无限量地接受和存储信息，也没有能力处理如此之多的信息。为了应付商业信息的干扰，大脑会对产品加以分类，以便于记忆和存储。

对于同一类产品或服务的品牌，人们会在头脑中给它们排序，排在越前面的品牌，人们认为它越好；排在越后面的品牌，人们认为它越差。人们在购买产品或服务时，会按照这个排序从前到后进行选择。排位越靠前，越有机会被选中，越有竞争优势；排位越靠后，被选中的机会越小，竞争优势也越小。但是，这种排序不是无限的，人们对同一类别产品或服务品牌的记忆通常不会越过 7 个，有些只有 3～4 个。

> **资料卡**
>
> 美国广告人艾尔·里斯（Al Ries）和杰克·特劳特（Jack Trout）首先提出定位思想。定位思想是针对市场中普遍存在的 5 种现象提出来的。

（4）大脑信息很难改变：通常人们对最先进入头脑中的信息会有非常深刻的印象，这正是所谓的“先入为主”。人们一旦对某种产品或品牌形成印象和认知，就很难再改变，竞争对手也很难取代。人们总是根据这种印象和认识作出选择和购买，很少根据产品或服务的状况作出选择。而且在许多情况下，人们没有能力辨别产品或服务的好坏和优劣。

正是根据市场和顾客的这些特性，阿尔·里斯（Al Ries）和杰克·特劳特（Jack Trout）提出了定位思想，即要在潜在顾客心目中建立一个独特的地位，以在竞争中获取优势。

在当前的物流市场中，物流企业同样也面临着在潜在顾客心目中定位的问题。在目标顾客心目中树立一个什么样的形象，是物流企业必须解决的营销战略问题之一。一旦物流企业在目标顾客心目中建立起竞争性的地位，就要不断地强化和维持这个地位。这正是客户关系管理所要解决的问题。也就是说，要通过对客户关系的管理，强化和维护物流企业在顾客心目中的地位。

二、定位方法

定位是要在顾客心目中占据一个位置。在进行定位之前，必须清楚竞争对手在顾客心目中占据什么样的位置，而自己在顾客心中已占据什么样的位置，顾客心目中还有什么空位置或者还有什么位置没有被占据。在明确了这些之后，就可以使用以下 4 种方法进行定位。

> **想一想**
>
> 要在顾客心目中定位，你有什么方法吗？

（1）强化现有位置：强化自己的产品或服务在顾客心目中现有的位置，并争取在这一方面获得数一数二的位置。

（2）填补空缺位置：寻找仍未被占据的，并为顾客所企盼的位置，即发现空隙，并填补上去，争取成为这一方面的第一名。

（3）给对手重新定位：当找不到合适的定位时，可以考虑利用竞争对手自身无法克服的缺陷，或者显而易见的特征，为竞争对手在人们心目中树立某种形象，从而突出自己的形象。但重新定位不是诋毁竞争对手，而是要用人们可以接受的事实给竞争对手重新定位。

（4）给自己重新定位：也许企业在某一方面是有强大的地位，但这个地位或者说这种形象在人们的心目中已经过时了。在这种情况下，如果再坚持原有的定位将没有意义。因此，必须考虑重新定位，在人们心目中树立一个新形象，占据一个新位置。

三、定位策略

在任何一个市场中，并不是总有市场空白等着企业去填补的，各个市场都或强或弱地控制在不同的竞争者手中。这种控制表现为竞争者在顾客心目中地位的高低，在顾客心目中的地位越高，对市场的控制能力（或者说影响能力）就越强；反之，就越弱，甚至是毫无影响力。对于处于不同地位的企业来说，要想在顾客心目中占有一席之地，必须采用不同的定位策略。

> **议一议**
>
> 在顾客心目中定位，要不要考虑竞争对手的地位？

1. 防御性定位策略

防御性定位策略是市场领先者应该采用的定位策略，也只有市场领先者才考虑采用防御性定位策略。所谓市场领先者不是企业自我感觉上的领先，也不是自吹自擂的领先，而是在某一个行业或者市场中，无论其产品和服务、品牌和形象、市场份额和销售规模等都在人们心目中居于首要地位，被广大顾客和消费者接受和认可。只有这样的领先者才能称为真正的领先者，才有必要考虑怎样防止自己的市场领地被竞争对手侵占，才有必要考虑怎样保持自己领先者的地位。

1）为了保持自己的领先地位，最好的方法是不断地进攻自我，不断地提高自我，不断地冲击顾客头脑中的信息，即不断地引进新产品和新服务，以取代原有的产品和服务，以此来巩固自己在顾客心目中的地位。进攻自我可能会牺牲眼前利益，但是却有一个最大的好处，就是保持市场占有率，这才是打赢营销战的最终武器。反之，倘若公司在进攻自我上犹豫不决，通常就会丧失市场份额，并最终丧失市场领先地位。

例如，吉列公司推出“蓝吉列”刀片之后，又推出了“超蓝吉列”刀片，并占据了剃须刀市场。20 世纪 60 年代初，威尔金森（Wilkinson Sword）刀具公司推出了不锈钢刀片，抢占了市场。1976 年，威尔金森又推出了一种以“最佳剃须角度”粘合在塑料上的金属刀片上。

这时，吉列公司开始集中力量，准备打一场防御战。很快吉列公司推出了“世界上第一个双刀剃须刀”——Tracll。吉列公司的广告中说：“双刀总比单刀好。”吉列公司的顾客很快就开始购买它的新产品，并认为“比单片的超蓝吉列好用”。

6 年后，吉列公司推出了“第一个可调节的双刀剃须刀”——Atra。这表示，新产品比无法调节的 Tracll 型剃须刀还要好。

此后，吉列公司推出了一种“廉价的一次性双刀剃须刀”——Good News。这对比克公司（Bic）来说是一次沉重的打击。因为它也正想推出自己的一次性剃须刀。

Good News 对于吉列公司的股东来说并不是一个好产品，一次性剃须刀生产费用高，销量还不如 Atra 和 Tracll，任何购买 Good News，而不购买 Atrc 和 Tracll 的人，实际上都是在让吉列公司的股东们“流血”。但是，Good News 是一种不错的营销防御战略，它防止了比克公司夺走一次性刀片市场，并且还让比克公司为此付出了沉重的代价。资料显示，在头几年里，比克公司在一次性刀片市场中损失了 2 500 万美元。

后来，吉列公司又推出了“第一个一次性可调节剃须刀”——Pirot，向自己的 Good News 发起了攻击。

吉列公司不屈不挠地坚持挑战自我，逐渐扩大了它在剃须刀市场上的份额。今天，它已经拥有了剃须刀市场 65%的份额。

2）当领先者失去自我挑战的机会，竞争者以某种手段发起进攻时，领先者在进攻者确立地位之前迅速行动起来，采用同样的手段，瓦解竞争者在顾客心目中确立地位的意图。

2. 进攻性定位策略

对于市场中处于第二位或者第三位的企业来说，应该考虑进攻性定位策略。

领先者的定位策略是首先把精力放在自己身上（超越自我），而处于第二位或第三位的公司应该首先把精力放在领先者身上。不管处于第二位或第三位的公司在某一类产品上的实力多么强大，如果领先者在这方面也相当强大，前者绝没有胜算的可能。

处于第二位或者第三位的公司要把精力放在领先者的强势上，但不是直接去攻击领先者的强势，而是要找到领先者强势中的弱点，集中力量攻击此弱点。也就是说，要在领先者的强势中找出弱点，而不是在弱势中找。

那些市场份额占到 50%、60%的企业，貌似强大，其实也有脆弱的地方。找到它们强势中固有的弱点，集中力量攻击它。

例如，美国艾维斯出租汽车公司（Avis）的进攻策略：美国赫兹公司（Hertz）是最大的出租汽车公司，它的缺点是顾客要排长队等候办理租车手续。艾维斯出租汽车公司是美国第二大出租汽车公司，它在广告中曾说：“从艾维斯出租汽车公司租车吧！我们的柜台前排的队更短。”这一点正迎合了赫兹公司的一些顾客的需求，赫兹公司难以反击。

又如，美国坎贝尔公司（Campbell）的汤食稳居领先者地位，其产品也是无处不在，如何应对呢？不要在味道和价格上下功夫。实际上，应该放弃对付汤食罐头里的所有东西，而把精力集中在罐头盒本身。这可能才是坎贝尔公司的薄弱之处。

罐头盒很容易生锈，坎贝尔公司罐头盒的生产设备投资上亿美元，它绝不会轻易放弃这些设备。可是，这不会影响新的竞争者尝试其他包装方法，让消费者不再用铁罐头盒来挑战坎贝尔公司。

3. 侧翼性定位策略

如果企业不是领先者，也不是位于第二位或第三位的公司，没有实力采用进攻性定位策略，则可以考虑采用侧翼性定位策略。所谓侧翼性定位策略，就是要找一个市场空缺，一个任何比你强大的竞争者都没有在那里设防的空缺，一个无人竞争的领域，以迅速的行动，头一个占领这个空缺。

为了达到侧翼突袭的定位效果，就必须寻找创造性的侧翼突袭视角。不需要生产出完全不同于市场上任何现有产品的新产品，但是在你的产品、服务或者运营中必须有创新或独特的部分，对顾客的观念产生冲击，让顾客对你产生新的观念。侧翼性定位策略的效果常常取决于创造和维持独特风格的能力。

例如，德国大众汽车曾以小型化产品向美国通用汽车发动了侧翼性攻击战，这就是大众生产的“甲壳虫”汽车。“甲壳虫”取得了辉煌的成绩，并使美国的汽车工业格局发生了巨大的变化。通用汽车公司制造的是大型汽车，大众汽车公司制造的“甲壳虫”是小型汽车；通用汽车公司的汽车发动机是前置式的，大众汽车公司制造的“甲壳虫”发动机是后置式的；通用汽车公司的汽车造型优美，而大众汽车公司的“甲壳虫”车身圆润。

在进攻通用汽车公司时，大众汽车公司在广告中说：“请考虑一下小型车。”大众汽车公司曾一度占有美国进口汽车市场67%的份额。甚至有一年，大众汽车公司的销售量比处于第二位的进口汽车高出了19倍。

4. *游击性定位策略*

对于小企业来说，游击性定位策略往往是最佳的选择。所谓游击性定位策略，就是要寻找一个足够小的细分市场，这个细分市场小到足以令大企业无法进攻，小到使本企业足以守得住自己的领地。本企业集中资源和力量，在这个狭小的领域内建立起强大的市场领先地位。一旦有实力强大的竞争者加入竞争，小企业无法与之抗衡时，便可及时转移阵地，重新寻找细分市场和定位机会。这是一种积极灵活的定位策略，打得赢就打，打不赢就跑，极具游击战的特点，故称为游击性定位策略。

例如，一些计算机公司正在选择和面向某一种行业展开游击战。比如说面向广告业，与行业或者商业印刷业开展游击战。它们设计一整套计算机系统，解决只有在该行业才出现的问题。这个系统有时不仅包括特定的软件，也有特定的硬件。

美国特奥德系统公司位于加利福尼亚州的桑尼维尔市，它设计了一个计算机系统，为汽车零部件批发商解决了复杂的存货清单问题（一个典型的汽车零部件批发商一般存有2万个以上的汽车零部件）。最后，特奥德公司年收入超过了1亿美元，这对游击公司来说是一笔丰厚的收益。

举一反三

一、理论部分

（一）简答题

1. 什么是物流市场细分？
2. 物流市场细分的作用和要求是什么？
3. 物流市场细分有什么标准和方法？
4. 物流市场细分的依据是什么？
5. 什么是差异营销策略？有什么特点？
6. 目标市场的策略有哪些？怎样区别？
7. 什么是市场定位？物流企业应当如何进行市场定位？

（二）案例分析

维珍大西洋航空公司

1．集团公司简历

1984 年 6 月 22 日，从英国伦敦到美国纽约的首次航班标志着维珍大西洋航空公司的成立。到 1994 年底，维珍集团在全世界 12 个国家拥有 100 多家公司，它由 3 个完全自营的股权公司组成。

（1）维珍零售集团：主要在英国、欧洲大陆、澳大利亚和太平洋地区经营大型连锁超市，销售唱片、CD 光碟、游戏盘以及其他娱乐制品。1998 年的营业收入为 6.71 亿美元。

（2）维珍传播公司：出版电脑游戏软件，进行电台节目的投资管理，投资相关的出版、娱乐活动和电视制作后期服务等。1998 年的营业收入为 13 亿美元。

（3）旅游投资公司：包括维珍大西洋航空公司和维珍假日俱乐部等旅游相关业务。1998 年的营业收入为 16 亿美元。

2．航空公司的服务定位和成长

维珍大西洋航空公司自建立起，其目标就十分明确：为各层次的乘客以最低的成本提供最高质量的旅行服务。公司的最初构想是提供从伦敦到纽约的商务飞行服务，但理查德·布兰森认为这与维珍大西洋航空公司一贯的形象不符，并为此深感不安。他认为，维珍大西洋航空公司的潜在顾客与维珍商店相同——一群年轻、流动性强、相对较富足的人。他们普遍受过良好的教育，有较高的社会地位或在公司中有一定的职位，年薪在 3 万美元以上。因此，他把公司定位为“为追求价值的旅行者提供服务的小航空公司”。但是，为了避免被认为是“快乐的廉价航班”，公司在休闲旅行市场站稳脚后，马上转向利润更丰厚的商务人士市场。这些人对服务很挑剔，但很容易形成品牌忠诚。他们逐渐成为顾客中的主要部分。到 1991 年，10%的乘客和 35%～40%的收入都来自商务人士这一子市场。如今，维珍大西洋已发展成为优秀的商务航空公司，但同时也保持了趣味和娱乐的传统特色，对那些对维珍唱片和维珍商店感兴趣的年轻人仍有吸引力。

1993 年，维珍大西洋航空公司从空中客车公司订购了 4 架 A340 飞机（该型号飞机能容纳 292 名乘客），成为英国首家拥有此类飞机的航空公司。维珍大西洋航空公司从 1997 年 2 月起，每日从荷塞雷机场直飞中国香港采用的就是 A340 飞机。1994 年它购买了首架波音 747-400 飞机，并很快用它开辟了旧金山航线，从而打破了长期的英航—联邦航空的双头垄断。到维珍大西洋航空公司成立 20 周年时，它已有 8 架 B747-200S、1 架 747-400 和 3 架 A340，雇员人数为 2 602 人。

3．竞争态势

无论是规模还是公众知名度，维珍大西洋航空公司都比不上庞大的英国航空公司（以下简称英航），英航的规模是维珍大西洋航空公司的 15 倍。英航从伦敦跨越大西洋每周有 278 次航班，座位有 83 000 个，而美洲航空公司有 35 000 个座位，168 次航班；联合航空公司有 30 000 个座位，122 次航班。相比之下，维珍大西洋航空公司只有 84 个航班，3 000 个座位。英航号称是世界上最受欢迎的航空公司。但维珍大西洋航空公司与英航的竞争相当激烈，它们都飞那些最有利可图的航线。维珍大西洋航空公司的竞争对手除了英航之外，几乎在每条航线上都至少有一个强大的竞争者。它们大部分在营业额、员工人数和飞机人数等方面是维珍大西洋航空公司的若干倍。

维珍大西洋航空公司只选定美国与欧洲为主要市场，在全球最有潜力的、人口密度较大的大城市开设长途航班，如洛杉矶、迈阿密、奥兰多、纽约、波士顿、东京、旧金山、新加坡、悉尼、华盛顿和芝加哥等。但是，维珍大西洋航空公司灵活地采用多种手段进行扩张。1994 年，维珍大西洋航空公司与德尔塔航空公司（Delta Air Lines）开展联合。这次联合，一方面使得维珍大西洋航空公司的营业额增长了 1.5 亿美元，同时也使得德尔塔航空公司得以进入荷塞雷机场。从 1995 年起，维珍大西洋航空公司与马来西亚航空公司（Malaysia-Continetal Hotel）、英国内陆公司（British Midland）等国际公司共同推出了免费之行常客惠赠（Freeway Frequent Travelers）活动，以吸引顾客。里程赠送给乘坐维珍大西洋航空公司上等舱、中等舱或使用上述其他公司服务的顾客。

4．服务和价格策略

维珍大西洋航空公司并不仅仅是以价格来竞争，它提供了许多创新服务与强大的竞争对手抗衡。维珍大西洋航空公司在提供优质服务方面不遗余力，不断推出新的服务，往往超出顾客的期望。1990 年，维珍大西洋航空公司决定将每架飞机减少 50 个座位，为顾客提供比其他竞争对手更为宽敞的腿部活动空间，虽然这一决定使公司蒙受了 120 万英镑的短期利益损失。从 1992 年开始，公司把舱位分为 3 种类型：上等舱（Upper Class）、中等舱（Mid Class）、经济舱（Economy Class）。这与一般航空公司的头等舱（First Class）、商务舱（Business Class）、经济舱（Economy Class）的分类不同。在与竞争对手相对应的每一类舱位上，维珍大西洋航空公司都希望以更低的成本为顾客提供更优质的服务，见表 1-3。

表 1-3　维珍大西洋航空公司各种舱位服务一览表

服务流程	上等舱	中等舱	经济舱
订票	优先选择座位	优先选择座位	预先选择座位
到机场	起始免费专车接送 免费停车（该服务在盖特维克机场价值 28 美元，在荷塞雷机场价值 26 美元） 盖特维克机场旅客获赠该机场快航公司的一等舱机票	无	无
在机场	优先登机、取行李和下机 免费携带行李 提供上等舱候机室及商业中心等设施，可参加维珍俱乐部和荷塞雷机场俱乐部	单独登机 快速行李检查	无
飞行中	一流睡椅，55 英寸的腿部活动空间 服务人员与顾客比例为 1 : 7 舱内设置酒吧 32 个频道电视娱乐节目，个人音响，每一座椅都配有电视屏幕 特别菜肴、各种饮料 部分航班有美容美发专家服务 夜间提供休息，有羽绒枕头、睡椅和眼罩	单独机舱 舒适座位，38 英寸的腿部活动空间 全程提供饮料 优先用餐 14 个频道电视娱乐节目，部分收取低额费用 优先选择各种免费赠品 提供各种便利配套设施 提供报纸	舒适座椅 全程提供饮料 16 个频道电视娱乐节目，每一座椅都配有电视屏幕，部分收取低额费用 提供儿童食品 提供各种便利配套设施 提供本公司自办的航空杂志《热情之旅》

（续）

服务流程	上等舱	中等舱	经济舱
在美国、东京转行	专用豪华轿车送旅客到各指定城市 免费租用汽车（往返旅客 4 天，单程旅客 2 天） 提供由波士顿到罗斯福码头的短程火车 提供到东京市区或羽田机场的豪华大巴 提供免费运货进出成田机场和其他城市服务 免费乘坐成田机场捷运公司的头等厢至东京市中心的火车	无	无
其他额外优惠	获维珍免费之行成员资格 作为免费之行成员首次乘坐上等舱的往返旅客获增 4 万英里（1 英里=1609.344 米）的免费旅行机票（东京和香港 6 万英里） 其后每次乘头等舱将获双倍飞行距离的免费经济剩余机票	获维珍免费之行成员资格 起飞前提供饮料	无

另外，维珍大西洋航空公司还对 10 人以上的团体提供以下服务。

1）盖特维克机场的团体登记服务。

2）提供机场外办理登记手续服务。

3）各类舱都提供印花头垫和毛毯。

4）有关欢迎乘坐航班的致词。

5）预先座位分配。

6）经济舱内提供上等舱标准的便利设施。

7）荷塞雷机场候机使用室使用权，收取最低费用。

5．公司业绩

维珍大西洋航空公司自成立以来，已发展成为继英航之后的英国第二大长途运营航空公司，从英航攫取了大量的市场份额，并在服务质量和创新方面享有盛誉，为业界创造了新的标准。它曾因其上等舱的优质服务，而 3 次获得了 14 亿美元的营业额，盈利 1.26 亿美元，现金流入量几乎达到 3.4 亿美元，成为全球资金状况最健康的航空公司之一。

问题：1．从维珍大西洋航空公司的发展来看，企业如何进行市场细分、市场定位？

2．这一案例给物流公司进行市场细分、市场定位和目标市场营销带来了什么启示？

二、实践部分

1．实训项目：市场细分实训。

2．实训内容：

1）假设给你一笔资金投资建立第三方物流公司，你将如何确定项目，开展投资？

主要内容：

① 将按照什么标准对即将进入的市场进行市场细分。

② 谈谈自身的假设优势，选择目标市场。

③ 确定自己在目标市场的位置，如何进行市场定位。

2）考查实训同学市场细分知识的掌握程度。

3）观察模拟表演者的表情、表达和对现场气氛的控制能力。

3．实训组织：

1）组织分组，把实训人员按每组 6～8 人分为若干组，指定小组组长。

2）各小组在组长带领下，讨论实训的内容。

3）展开实训，由组长作好记录，以便总结。

4）各小组交流，讨论，并总结汇报。

4．实训考核：本项实训要求各组组员分别撰写和设计以下内容。

1）各小组讨论活动的细节内容，设计投资方案。

2）每位组员撰写实训总结，其主要内容为：实训项目、实训要求、实训内容、本人承担的实训任务、完成情况、实训的过程及实训小结。

学习评价

被考评人					
考评地点					
考评内容					
考评标准	内　　容	分值/分	自我评价/分	小组评议/分	实际得分/分
	投资方案	40			
	项目介绍	30			
	表达能力	20			
	现场控制能力	10			
合　　计		100			

注：1. 实际得分 = 自我评价 40% + 小组评议 60%。

2. 考评满分为 100 分，60 ~ 74 分为及格；75 ~ 84 分为良好；85 分以上为优秀（包括 85 分）。

第二单元　物流营销策略

本单元学习导引图

物流营销策略

- **物流产品策略**
  - 物流产品概述
  - 产品生命周期
  - 品牌策略
  - 包装策略
- **物流产品定价策略**
  - 物流产品定价
  - 物流产品定价的基本方法
  - 物流产品的定价技巧
- **物流企业分销渠道策略**
  - 物流企业分销渠道的基本模式
  - 物流企业分销渠道的设计与管理
- **物流企业促销策略**
  - 物流企业促销概述
  - 物流企业促销的策略
  - 物流企业促销组合
  - 物流企业识别系统
  - 物流企业促销活动方案的制定

学习目标

通过本单元的学习，了解物流产品、物流产品生命周期、物流品牌的相关概念、特点及策略，物流企业的定价目标、影响因素，物流企业分销渠道的概念；理解物流产品的定价技巧、物流企业分销渠道的基本模式及类型；掌握物流产品定价的基本方法，物流企业如何选择、管理分销渠道，以及促销活动方案的制定。

综合知识模块一

物流产品策略

能力知识点 1　物流产品概述

一、有关产品的几个概念

1. 产品的含义

所谓产品，是指一切能满足人们某种消费需要的东西，它包括有形的实体，也包括无形的服务。这意味着，产品不完全都是有形的实体，无形服务也是产品。例如，律师提供的法律服务、会计师提供的财务服务、咨询师提供的咨询服务、第三方物流供应商提供的物流服务等都是产品项目。物流是一种帮助生产和销售实现有形商品实体流动的服务。因此，根据产品的概念，物流服务也是一种产品，它属于服务类产品。

什么是产品？“产品都是有形的实体”这种说法对吗？

2. 整体产品的概念

在市场营销领域，营销者将产品整体分为 3 个层次，即核心产品、形式产品和附加产品。核心产品是指顾客真正所需购买的产品，即能给人们带来基本功用和利益的产品；形式产品是指体现产品核心利益基本形式的产品，即将产品核心利益转化为某种形式的产品；附加产品是指附加在产品形式上的额外服务或利益。整体产品示意图，如图 2-1 所示。

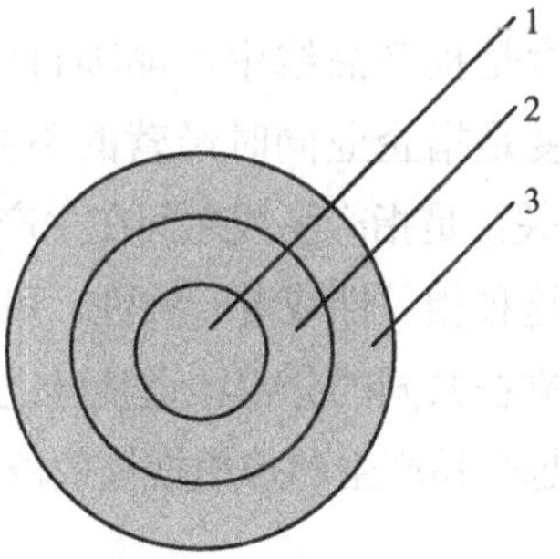

图 2-1　整体产品示意图

1—核心产品层　2—形式产品层　3—附加产品层

物流服务产品也可以从整体上划分成 3 个层次。物流服务的核心是帮助顾客实现实体商品（货物）有计划的流动，以实现生产、销售和回收等目的；物流服务的形式是多种多样的，具体来说，物流产品的形式表现为仓储、运输、装卸、搬运、分拣、加工、配送等环节和方式的组合；物流产品的附加表现为物流信息的交换、商品交易结算的代理、物流与生产之间的衔接、物流与销售之间的衔接等，这些协助物流服务的购买者完成其他相关工作的物流服务内容，都属于物流服务项目的附加内容。

3. 产品组合的概念

产品组合是指企业根据市场需求、资源条件、能力状况和竞争态势等内外因素，有意识、有目的地向市场提供的产品系列及其状况。产品组合概念包含 5 个方面的内容，即产品线、产品项目、产品线深度、产品线宽度和产品线相关性。产品组合示意图，如图 2-2 所示。

	← 产品线宽度 →				
产品线	电冰箱	洗衣机	空调机	电视机	产品线
产品项目	冰王子	小神童	小元帅	探路者	↑ 产品线深度 ↓
	大王子	小丽人	金元帅	丽 达	
	双王子	小神功	小状元		
	帅王子	小神泡	小公主		

图 2-2　产品组合示意图

（1）产品线：产品线是指本企业生产和经营的不同规格、型号和形式的产品类别和类型。

（2）产品项目：产品项目是指本企业生产和经营的功能及功能产生方式相同，但规格、型号和形式不同的一组产品，或者是功能及功能产生方式不同，但功能和作用密切相关、相互配套的一组产品。

（3）产品线深度：产品线深度是指产品线中产品项目的数目。

（4）产品线宽度：产品线宽度是指企业同时经营的不同产品线的数目。

（5）产品线相关性：产品线相关性是指产品线之间在生产、分销、技术、顾客以及其他方面的相互关联程度或者一致性程度。这种相关性或者一致性，可以建立在共同的市场基础之上，或建立在共同的技术基础之上，或建立在共同的分销渠道基础之上，或建立在共同的生产线基础之上。产品线的关联性越大，企业就越容易产生和形成规模效益，规模生产效益也就越容易实现。

二、物流产品的类型

物流产品的种类繁多，从物流活动的主要内容和物流服务的侧重点上来看，可以分成运输型物流服务、仓储型物流服务、配送型物流服务和整合型物流服务。

（1）运输型物流服务：主要是以提供各种长短距离的运输服务为主要内容，同时也附带提供其他物流服务。例如，铁路公司、船运公司、汽车运输公司主要是提供运输服务，同时也附带着仓储和装卸等业务。

（2）仓储型物流服务：主要是以提供货物的存放、保管、进出记录服务为主要内容，同时也附带提供装卸和搬运等服务。例如，在市场中，有许多大型仓库专门从事仓储型物流服务。许多大型仓库都配有专用码头和铁路专线，辅助仓储服务业务。

（3）配送型物流服务：主要是以提供商品的短期存放、分拣、加工以及商品的短距离分拨和运送服务为主要内容，同时也附带着信息服务或者结算服务等功能。例如，在市场中，有各种专业化配送中心专门负责对各零售店的配送，将商品从配送中心仓库中分拣出来，按照零售商店要求的品种和数量，按时送到指定零售商店。

（4）整合型物流服务：主要是指将仓储运输和配送等物流服务整合在一起，提供综合性物流服务。这种物流服务不一定有自己的仓储运输和装卸设备设施，但有能力将这些物流服务资源整合在一起，提供综合性服务。例如，在市场中，有各种物流服务代理公司，有些较小的代理公司仅整合较少部分的物流资源，有些较大的代理公司能整合较多的物流资源，向不同的顾客群体提供不同的物流服务。

三、物流产品的特点

物流产品属于服务类产品，但物流服务与实体产品相比较，既有共性，也有个性。共性是物流服务有对其功能、质量、成本的要求；个性是物流服务是服务类产品，具有服务类产品的特点。

1. 物流服务作为一般产品的特点

物流服务产品与有形实体产品一样，也有功能、质量和成本方面的要求。

（1）物流服务产品在功能方面的要求：所谓功能，就是产品所要完成的工作任务及其给顾客所带来的利益。不同的顾客群体对产品的功能要求是不同的。对于物流服务产品来说，不同的顾客群体也会有不同的功能要求。

（2）物流服务产品在质量方面的要求：包括对物流服务的速度、数量、货损和差错的要求等。物流服务要求在这些代表物流服务质量的方面，保持稳定性、可靠性和一致性。

（3）物流服务产品在成本方面的要求：对于物流服务成本要求的原则是以最低的成本，实现最优化的物流服务活动。

2. 物流服务作为服务产品的特点

物流服务作为服务类产品具有4个主要特点，即无形性、不可分离性、可变性和易消失性。

（1）无形性：服务是无形的，服务类产品与有形产品不同，在被购买之前是看不见、尝不到、摸不出、听不到和闻不出的。顾客在购买物流服务之前，并不知道所购买的物流服务的质量状况，只能依据物流服务提供者的场所、人员、设备、口碑和宣传资料等，作出其服务质量的判断。这要求物流企业将无形的物流服务有形化，通过有形的设备、设施、人员形象等，向顾客展示物流企业的服务质量。

（2）不可分离性：一般来说，服务的产生和消费是同时进行的，这与有形产品不同。有形产品是先被创造出来，然后才用于消费的，有形产品的提供者不构成产品的一部分。服务产品是由人及其所借助的设备、设施提供的，服务的提供者就是服务的一部分。在服务的过程中，服务提供者和顾客相互作用，共同对服务的结果产生影响。

现代物流服务强调服务提供者与顾客之间信息的即时沟通与交换，双方即时地相互作用，共同实现物流活动的精确化要求，从而提高物流活动的效率，降低物流活动的成本。如果把二者分离，则很难实现这种要求。这要求物流服务企业必须与顾客保持密切的、直接的、及时的沟通与联系。

（3）可变性：服务具有高度的可变性，这是因为服务品质取决于由谁来提供服务，以及在什么样的条件下提供服务。由不同的人在不同的条件下提供服务，其结果会产生很大的差别。物流服务的提供者不同，在不同的条件下提供物流服务，对物流服务的结果都会产生很大的影响。为了控制物流服务的质量，可以采取以下 3 个方面的措施：①挑选优秀的物流服务从业人员，并投资加以培训。②在企业内部将物流活动的实施过程标准化，以加强对构成物流服务的具体项目的控制。③建立顾客建议和投诉系统，对顾客的满意度进行跟踪、调查和比较，使质量较差的服务项目能被识别出来，并设法改正。

（4）易消失性：服务的价值仅存在于顾客在使用这项服务的消费过程中。也就是说，在顾客不消费或者不使用某项服务的时段里，服务项目的价值就不存在，企业也就没有服务收益了。有形产品则不同，在顾客不消费或者不使用它的时段里，它可以被储存起来，其价值也会储存起来，以备顾客随后消费，这相当于把企业的收益暂时储存起来。物流服务经常会面临服务产品价值易消失的问题，在需求高峰时会造成物流服务无法满足需求的问题；在需求低谷时会使物流资源闲置浪费，不能利用物流资源创造价值。物流服务企业可以采用以下两种办法，应对物流产品价值消失的问题：①可以采用差别定价的方法，使某些物流需求从最高峰转移到非高峰时期，把高峰时期不能满足的需求吸引到低峰时期，使物流服务企业在低峰时期也能创造物流产品价值。②可以开发非高峰需求，在低峰时期也能提供足够的物流服务，使物流企业能充分利用物流资源，创造物流服务价值。

能力知识点 2　产品生命周期

一、产品生命周期的含义

产品生命周期是指产品从进入市场到最后被淘汰的全过程。理论上这个过程一般分为 4 个阶段：导入期、成长期、成熟期、衰退期。4 个阶段的销量情况，如图 2-3 所示。

> **想一想**
>
> 人的一生能否将其划分成婴儿期、成长期、成熟期和衰老期呢？在不同的时期，人的特点和需求一样吗？如果同意这种划分方法，能不能也把这种划分方法应用到一个产品在市场上从“生”到“死”的过程呢？

（1）投入期：投入期是指产品刚刚投入市场，销售增长缓慢的阶段。

（2）成长期：成长期是指产品渐渐开始被市场接受，市场潜力开始显现，销量和利润大幅度增长的阶段。

（3）成熟期：成熟期是指产品已被大多数潜在购买者所接受，市场潜力已被挖掘殆尽，销售增长缓慢或者停滞的阶段。

（4）衰退期：衰退期是指产品有了新的替代品，消费者和潜在顾客转向购买新的替代品，销量和利润不断下降的阶段。

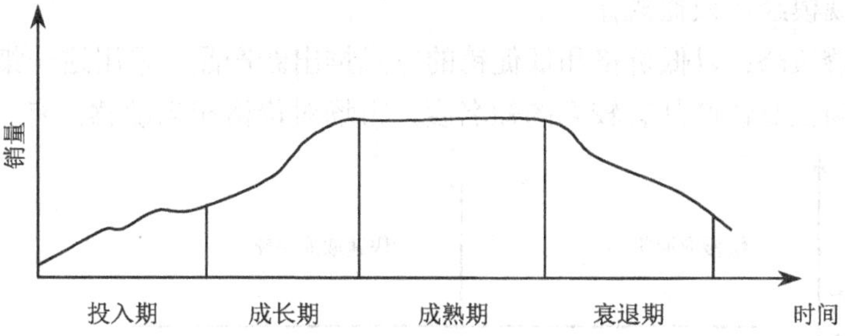

图 2-3　产品生命周期示意图

在理论上，一个完整的产品生命周期是由投入期、成长期、成熟期和衰退期 4 个阶段构成的。但在现实中，产品生命周期不一定完全经历这 4 个阶段，也不一定经历这 4 个阶段之后就宣告产品的市场生命终结。例如，夭折型产品和重生型产品就不是按照上述 4 个阶段走完它们的生命周期的，它们发展和衰败的轨迹分别如图 2-4、图 2-5 所示。

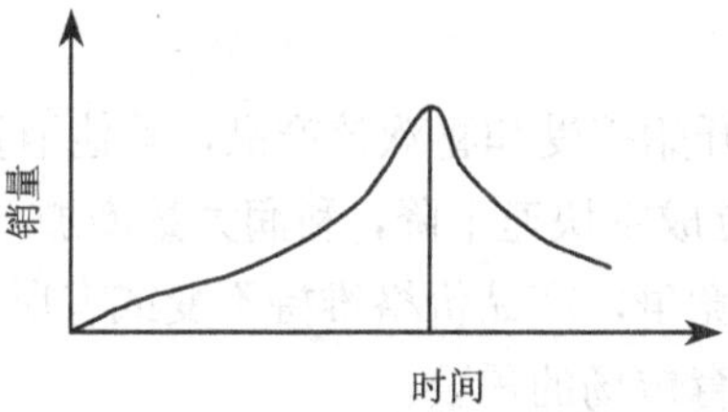

图 2-4　夭折型产品生命周期示意图

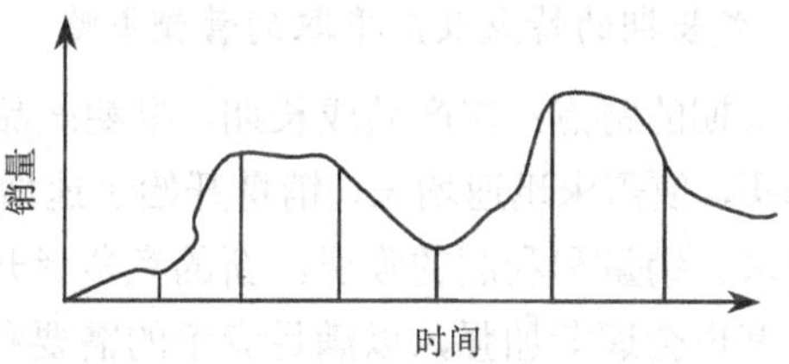

图 2-5　重生型产品生命周期示意图

二、产品生命周期各阶段的特点和策略

1. 投入期的特点及应采取的营销策略

投入期的特点：在产品或服务的投入期，企业需要用较长的时间和较大的费用与顾客或者消费者进行沟通，向顾客或消费者介绍新的产品及其特点，引导他们购买或者尝试新产品或新服务。这使该阶段的销量及其增长速度都不是很高，利润几乎不存在，甚至存在亏损。

> **想一想**
>
> 人生的各个不同阶段是否具有不同的特点？在人生的婴儿期、成长期、成熟期和衰老期，人的特点和需要是不一样的。在婴儿期需要照料，在成长期需要学习，在成熟期需要工作，在衰老期需要关怀。那么，产品在不同的市场生命阶段又有哪些特点？又应该对产品做些什么呢？

投入期应采取的营销策略：在产品投入期，有 4 种策略可供企业选择。产品投入期策略示意图，如图 2-6 所示。

（1）快速取脂策略：以高价格和高促销方式推出产品。采用这一策略的条件是：在潜在市场中，大部分人还没有意识到该产品的存在；知道该产品的人渴望得到该产品并有能力照价付款；企业面临着潜在的竞争者，想尽快建立起自己的品牌形象。

（2）缓慢取脂策略：以高价格和低促销的方式推出新产品。采用这一策略的条件是：市场规模有限，大多数人已经知晓该产品；购买者愿意出高价；潜在竞争者不会马上跟进。

（3）快速渗透策略：以低价格和高促销的方式推出产品。采用这一策略的条件是：市场规模较大，但人们对该产品不了解；大多数潜在顾客对价格敏感，潜在竞争很激烈；产品的生产和销售符合规模经济效益规律。

（4）缓慢渗透策略：以低价格和低促销的方式推出新产品。采用这一策略的条件是：市场规模较大，市场上对该产品有较高的知名度，市场对价格相当敏感，有一定的潜在竞争。

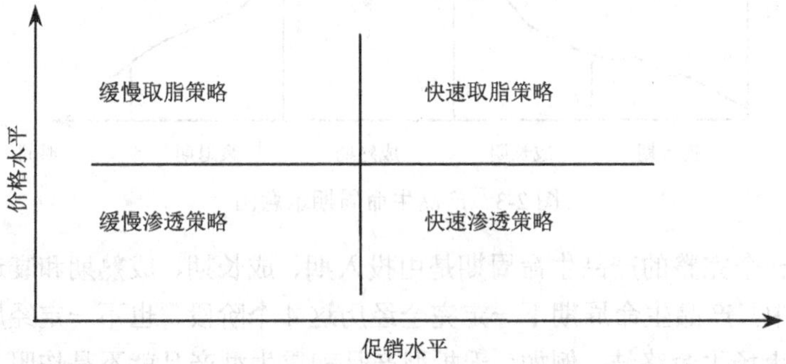

图 2-6　产品投入期策略示意图

2. 成长期的特点及应采取的营销策略

成长期的特点：在产品成长期，早期产品使用者开始接受和喜欢该产品，其他消费者也开始购买，使需求迅速增长，销量开始迅速增加，单位成本快速下降，利润大量增加。同时，由于需求、销量和利润的吸引，新的竞争者开始加入竞争，产品价格维持不变或有所下降，促销力度也会逐渐加强，以满足竞争的需要和继续培育市场的需要。

成长期应采取的营销策略：在成长阶段，企业为了尽可能地维持市场增长，一般会采取以下几个方面的策略。

（1）改进产品策略：包括改进产品质量、增加产品特色、丰富产品式样。

（2）挖掘市场策略：寻找对该产品有特殊要求的顾客群体，开发适应这一群体需要的产品。

（3）拓展渠道策略：寻找新的销售方式和渠道，扩大分销范围和分销密度。

（4）改变广告策略：从导入期以建立产品知名度为目标的广告策略，向成长期以说服顾客购买为目标的广告策略转移。

（5）降低价格策略：在适当的时机降低价格，吸引对价格敏感的顾客购买。

3. 成熟期的特点及应采取的营销策略

成熟期的特点：在产品的成熟期，由于分销饱和，没有新的分销渠道可开辟。由于市场饱和，新的购买者也十分有限。这使销售增长在达到一定程度之后开始放慢步伐，产品进入成熟期，销售增长缓慢，使整个行业生产能力过剩，从而导致竞争加剧。为了维持各自的市场销量和地位，竞争者开始频繁地降低价格、增加广告发布，以扩大和消费者的交易机会。这意味着企业的利润开始下降。一些实力较弱的竞争者开始退出市场，行业中剩下的都是一些市场地位牢固的竞争者，竞争基点是获得竞争利益。

成熟期应采取的营销策略：在成熟期，企业应从市场改进和产品改进两个方面入手，维持市场份额和市场地位。

（1）市场改进策略：增加使用人数和使用频率，为处在成熟期的产品寻找销售机会，扩大市场销售。

1）寻找新市场，即努力寻找新的地理区域市场，把产品从成熟的地理区域市场转向新兴的地理区域市场。

2）寻找新用途，即努力发现产品的各种新用途，并使人们相信产品具有多种用途，以扩展产品的使用范围。

3）寻找新顾客，即努力把产品非使用人群转变成使用人群，或者努力争取竞争对手的客户转向购买本企业的产品。

4）增加使用率，即努力说服顾客在更多的场合下，更加频繁地使用其产品。

（2）产品改进策略：改进产品特性以刺激销售，包括对产品质量、特点和式样的改进。

1）质量改进，即增强产品功能质量，包括耐用性、可靠性、稳定性和一致性等。通过“改进”的产品压制竞争对手。采用这种策略的条件是：质量确实能够改进，买方相信质量被改进的说法，对质量有较高要求的顾客有足够的数量。

2）特点改进，即扩大产品功能，增加产品特点，包括功能、尺寸、重量、材料附件等方面的改进。采用这一策略的条件是：企业想建立和维护领先的地位和形象，赢得顾客及其忠诚。

3）式样改进，即增强产品外观的美学诉求，而并非在质量和特点方面竞争。采用这一策略的条件是：顾客对产品美学方面有强烈的要求，或者产品外观的美学改进能吸引顾客购买。

> **想一想**
>
> 如果说品牌在顾客心目中有特殊的地位和意义，那么品牌在顾客心目中的地位和意义都包括哪些方面的内容呢？

4）营销改进，即改进营销组合要素，以刺激顾客购买，包括改进价格、分销、广告、促销服务和人员。采用这一策略的条件是：考虑改进这些因素会不会吸引新用户，能否增加销售量。如果改进这些因素确实能增加销售，则改进营销组合策略。

4. 衰退期的特点及应采取的营销策略

衰退期的特点：大多数产品和品牌的销售最终都会出现衰退，这种衰退也许很缓慢，也许很迅速。当销售和利润都衰退时，一些企业退出市场，或者开始削减促销预算和进一步降低价格。

衰退期可采取的营销策略：集中策略、收割策略、放弃策略。

（1）集中策略：在衰退期，企业应缩小产品线，将人、财、物相对集中在具有最大优势的细分市场上，从该细分市场获取相对较多的利润。

（2）收割策略：由于产品的销售额和市场占有率都在降低，但市场上仍有一定的消费需求，此时，企业一方面应尽量维持销售，另一方面应从产品或者服务项目中减少成本，以获得更多的现金收入和利润。但是，尽可能不要将这些情况泄露给顾客、员工和竞争者，不让他们知道企业正在逐渐退出该项业务。在时机恰当的时候，可以将业务卖给可能需要的买主。

（3）放弃策略：如果产品无法为企业带来利润，就要及时推出新产品来替代老产品，有计划地把老产品卖给其他企业或放弃该产品项目，把企业的资源、精力转移到其他更有前景的项目上。

能力知识点3　品牌策略

> **想一想**
>
> 许多国际名牌产品都在我国进行贴牌生产。也就是说，把我国企业生产出来的产品，由国际企业贴上自己的著名品牌标识，以远远高于我国本土企业生产加工成本和利润的价格，在世界各地销售。同样的产品，如果不贴上国际知名品牌的标识，根本就卖不了那么高的价格，甚至根本就没人购买。这是为什么呢？

一、品牌的概念

所谓品牌，就是卖者给自己产品规定的商业名称，通常由文字、图形、字母、数字、三维标志和颜色构成或由这些要素组合构成。之所以赋予产品以品牌，其目的是借以识别销售者所出卖的产品和服务，并使之同竞争者的产品和服务相区别。有句话说：“产品在企业的工厂里产生，品牌在人们的心中产生。”也就是说，当某产品的某些独特之处被顾客和潜在顾客广泛接受和认可的时候，就拥有了品牌。这样，顾客在购买时，才会考虑把该产品作为首选，并愿意支付比一般产品更高的价格。

物流服务产品有品牌吗？有！比如，需要国内特快专递服务的顾客都知道 EMS 是首选的服务提供者；需要国际特快专递业务的顾客都知道 UPS 和 FedEx 的快捷、安全和可靠。

二、品牌的内涵

品牌不仅仅是指人们常常看到的品牌名称和标识，品牌还包涵着至少以下几个方面的内涵。

（1）属性：属性是指一切属于一个产品所具有的各个方面的性质和特征。比如，产品的功能、形状、颜色、工艺、质量、产地以及所使用的原材料和零部件等，这些都是产品在不同方面所具有的性质和特征，都可以称为产品的属性。

在这些属性当中，有些属性对顾客有特别意义，或者说对于有些属性，我们可以赋予它对一些顾客可以接受或愿意接受的特别意义。只有那些对顾客有特别意义的属性，以及顾客可以接受或愿意接受有特别意义的属性，才能构成品牌的内涵。

例如，在历史上，浙江金华地区出产火腿，由于其质量好、味道美，广受消费者喜欢。现在许多地方都能生产出同样质优味美的火腿，但是在火腿生产行业中，金华火腿最有名，也最为广大消费者所喜欢。“金华”这个产地属性就赋予了火腿这种产品以特别意义，对消费者也产生了特别的意义，从而也就构成了一个品牌的内涵。

另一方面，火腿的原料主要是猪的后腿，这种原料对于消费者没有什么特别意义（因为几乎所有火腿的主要原料都是猪的后腿），也就无法构成火腿品牌的内涵。但是，如果研制出一种牛肉火腿，并被喜欢吃牛肉的多数消费者所喜欢，那么“牛肉”这种原料属性就对消费者产生了特别的意义，就构成了品牌的内涵。

（2）利益：顾客购买的不是产品的属性，顾客购买的是产品属性所带来的独特利益，产品的属性必须转化成独特的利益。这种独特的利益可以是产品功能产生的利益，也可以是与顾客情感共鸣产生的利益。只有独特的利益，才能构成品牌的内涵。

所谓独特的利益，就是只为本品牌或者少数几个品牌所具有的，不是所有竞争者具有的属性和利益。只有这样的顾客利益，才能构成品牌的内涵，才能在顾客心目中把自己与竞争者真正区分开来。

例如，在对高级汽车的社会评价中流传着一个“坐奔驰，开宝马”的说法，这个说法充分说明了品牌在人们心目中利益的体现。“奔驰”汽车具有价格昂贵、工艺精良、车体宽大、气派等属性，这些属性给“奔驰”汽车带来了“乘坐舒适，身份高贵”的顾客利益。“宝马”汽车具有车型优美、动力强劲、操纵灵敏和精确等属性，这些属性给“宝马”汽车带来了“优异的驾驶性能”的顾客利益，所以开“宝马”汽车灵活、安全。

（3）顾客：品牌应体现购买和使用产品的是哪一类消费者，以在人们的心目中形成消费群体的定位。

（4）价值、文化和个性：从长远来看，一个品牌的内涵还应该包括品牌所追求和体现的价值、文化和个性，这些内涵要素是使品牌长盛不衰的根本所在，社会越进步，经济越发达，这些因素对品牌的意义和作用就越大。

三、品牌的名称与标识

1. 品牌名称和品牌标识

无论是一个人、一个产品，还是一家企业，总有个可供称呼或区别于其他同类的名称。品牌名称是品牌可读出声的部分，如中远物流。除了品牌的名称外，人们还使用一些图形或者图案来表示自己的品牌，这些图形和图案就是品牌的标识。品牌标识是品牌的可识别但读不出声的部分，如麦当劳的金色拱门、希尔顿的字母H等。

2. 品牌名称和标识的作用

无论是品牌名称，还是品牌标识，使用它们的原因只有一个，那就是让顾客记住自己、认识自己。要让人一看到这个名字或者标识，就会想到有关这个品牌的一切，而不是其他竞争者的品牌，从而在顾客心目把自己的品牌与其他竞争者的品牌区分开来。

议一议

品牌的名称和标识是怎样对品牌发挥作用的呢？

EMS 和 FedEx 这些快递服务公司的名字，就像人们的名字所使用的文字一样，本身没有任何意义，而是这些字母和文字所代表的独特的服务和对服务的特别感受产生了意义和作用，并把这些意义和作用与品牌的名字画上了等号。反过来，带有某些特定含义的文字所构成的名字，又可以引导或者加深顾客对公司的理解。

比如说，在当前的社会环境下，“物流公司”比“运输公司”让人感觉更加现代化和时代化；“经济学校”比“物资学校”对考生更加具有诱导力。

由此可见，品牌的名称对于在顾客心目中形成品牌的概念和印象，具有重要的作用。

3. 品牌命名的原则

给一个品牌命名，应遵循以下几个原则。

（1）易读：品牌的名称应该让人们读起来朗朗上口，以便于人们传播。

（2）易懂：品牌的名称应该让人们一看就知道它的含义，知道它代表着什么意义，而且不产生歧义，以便于理解。

（3）易记：品牌的名称应该让人们一看就能记住。

（4）简洁：品牌的名称应该避免过于冗长，因为不便读就不便于记忆。

（5）独特：品牌的名称应该拥有自己的特色，不与其他品牌雷同，不易为竞争对手效仿。

4. 品牌与商标

商标是指受到法律保护的整个品牌或品牌中的某一部分。商标的种类分为文字商标、图形商标、记号商标和组合商标。

在我国，“商标”与“品牌”是通用的，没有什么大的区别；但商标有“注册商标”和“非注册商标”的区分，注册商标受法律的保护。

四、品牌策略

1. 主品牌策略

所谓主品牌策略，就是企业无论生产什么产品，都使用同一个品牌名称。主品牌策略也叫品牌延伸策略，意思是产品线延伸到哪里，品牌名称也就延伸到哪里。

> **想一想**
>
> “UPS”和“次晨达”都是快递物流服务产品的名称。在中国，这两个名字哪个更加适合特快专递业务？哪个更加易读、易懂和易记？看到或者听到“次晨达”时，你马上明白这是第二天早上到达的意思。看到或者听到“UPS”时，也知道它是什么意思吗？

例如，在电子消费品行业中，一些强大的品牌经常采用这种策略，利用主品牌在市场上固有的影响力，推出所生产的各种产品。又如，“SONY”这个品牌名称就被应用到所有它所生产的产品上，不再重新命名。

2. 分品牌策略

所谓分品牌策略，就是企业推出不同的产品时除了使用主品牌外，再给产品另起一个品牌名称加在这个品牌之后。

在家电行业中经常会看到采用分品牌策略的例子，这样的策略主要是为了针对不同的消费群体，用不同的品牌满足不同的需求。同时，也兼顾考虑了主品牌在市场中具有强大的市场地位，更能体现分品牌的出身和血统。如海尔小丽人洗衣机、长虹红太阳电视机都是在主品牌名称之后加上分品牌名称，以针对不同的细分市场。

3. 族品牌策略

所谓族品牌策略，是指同一条产品线采用同一个品牌，不同的产品线采用不同的品牌。在各产品线相互关系不大的情况下，为了在不同的产品线经营领域中树立起自己的品牌形象，采用该策略比较合适。

例如，日本松下公司，其音像产品的品牌名为Panasonic，其家用电器的品牌名为National，其高保真音响的品牌名为Technics。

4. 双品牌策略

所谓双品牌策略，是指将两个比较知名的品牌名称合在一起，来重新命名产品品牌。这种策略通常在企业合并、合资或者合作中使用，因此也称合作品牌。

例如，美国通用电器公司和日本日立公司合资生产日光灯，所采用的品牌名称是通用电器/日立。这种品牌策略往往给人强强联合的感觉。又如，索尼公司与爱立信公司合作生产的手机取名为索尼爱立信，也是这种策略的应用。

5. 多品牌策略

所谓多品牌策略，就是企业中的任何一种产品都有一个属于自己的品牌名称和内涵，以满足经过严格细分的不同市场的需求，并在各自的细分市场领域树立起强大的市场地位。

例如，宝洁公司长期坚持采用多品牌，它们洗发水的品牌有飘柔、海飞丝、潘婷等。它们都有自己的品牌名称，也都有各自的品牌属性。如飘柔使头发柔顺，海飞丝能去头皮屑等。

能力知识点4　包装策略

一、包装的定义

包装是指物品在运输、保管、销售和使用时，为方便运输、保管、销售和使用，以及保持物品的价值和形状，使用适当材料及容器对物品进行保管的技术和使物品维持被保管的状态等。

二、包装的种类

根据包装所发挥的主要作用的不同，可将包装分为销售包装和运输包装两种。

（1）销售包装：销售包装又称内包装或小包装，是直接接触商品并随商品进入销售网点，和消费者或用户直接见面的包装。精美的包装可以美化商品，提高顾客的购买欲望，从而促进销售。例如，一双袜子包装在一个透明的包装袋里、330mL 的啤酒装在一个易拉罐里，这些都属于销售包装。

（2）运输包装：为了便于运输和保管商品，通常需要将一定数量的销售包装产品集中，归并成一个较大的单位，再次装在一个较大的包装里，这种包装的主要作用是方便运输和保管，因此叫做运输包装。例如，24 罐啤酒装在一个纸制包装箱内、12 双带有销售包装的运动鞋装在一个纸制包装箱内，这些都属于运输包装。

在物流服务过程中，包装的使用情况比较复杂，采用哪种包装形式，完全依据商品的性质和市场的情况来确定。有些物品既有运输包装也有销售包装，如罐装啤酒的包装。有些物品只有运输包装，没有销售包装。例如，一些设备类产品因体积比较大，一般装在木箱里运输，顾客收到设备后拆开木箱即可安装或使用设备。有些物品的销售包装和运输包装是合在一起的，如粮食类产品，通常都是装在包装袋内，出售时连同包装袋一起出售。

三、包装的功能

在物流服务产品中，包装主要是指运输包装。它是物流服务产品的一个构成部分，对物流服务的效率和质量有着直接影响。运输包装在物流服务中的主要作用有：保护功能、定量（单位化）功能、便利功能、效率功能。

（1）保护功能：可使物品避免搬运过程中的脱落、运输过程中的振动或冲击以及保管中由于承受物品重量所造成的破损；避免异物的混入和污染；防湿、防水、防锈、避光，防止因化学作用或细菌的污染而出现的腐烂变质；防霉变、防虫害。

（2）定量功能：可使物品形成基本的交易单位，整理成为适合搬动、运输的单元，整理成适合使用托盘、集装箱、载重汽车、货运列车等运载的单元。

（3）便利功能：可使物品形状便于运输、搬动或保管；便于实施运输、搬动或保管等物流作业；便于生产、废弃物的处理。

（4）效率功能：可使物品有利于提高生产、运输、搬运、销售、配送和保管等效率。

四、包装的基本策略

（1）统一包装：企业对自己生产经营的产品采用统一的包装模式，即在颜色、图案、造型等方面具有相似的特征，使人一见就知道是某企业的产品。

（2）配套包装：把几种功能上相关联的产品放在一个特制的包装物中集中销售，如化妆品系列套装。

（3）分档包装：为适应消费者不同的购买力或不同的购买目的，对同一种产品采用不同档次的包装。

（4）再使用包装：将某些产品的包装设计成产品使用完后还可作其他用途的包装。例如，糖果瓶用完后可用作花瓶。

（5）附属品包装：在包装物中附送小礼品，以促进消费者重复购买。

小知识

日本神奈川大学的唐泽丰教授将包装的功能分为以下7种：①保护功能，保持物品质量、价值和性状。②定量功能，形成基本的交易和物流作业单位或与此目的相适应的单件。③标识功能，在商品的包装上一般印有厂商标识和物流标识，便于销售和物流作业识别。④商品功能，构成商品的一部分，塑造商品形象。⑤便利功能，方便商品在运输、保管、销售过程的处理。⑥效率功能，提高商品在运输、保管、搬运和配送等作业中的效率。⑦促销功能，具有广告效力，唤起购买欲望。

举一反三

一、理论部分

简答题

1．名词解释：物流产品、产品生命周期、品牌、包装。

2．物流产品有哪些类型？

3．物流产品有哪些特点？

4．比较产品生命周期各个阶段的特点及营销策略。

5．企业比较常用的品牌策略有哪些？

6．简述包装的种类及功能。

7．简述包装的基本策略。

二、实践部分

1．实训项目：产品生命周期实训。

2．实训内容：

1）模拟物流公司的营销分析活动，把产品生命周期的概念运用到一个物流企业当中，讨论公司应该怎样做才能避免使产品走向衰退阶段。

2）设计物流企业各阶段的产品与服务，考查实训同学的水平。

3）观察模拟表演者的表情、表达和对现场气氛的控制能力。

3．实训组织：

1）成立筹备组，把实训人员分为拜访组、被访组、观摩组，筹备组成员任各小组组长。

2）各小组在组长带领下，讨论拜访的内容。

3）展开实训，由观摩组作好记录，以便总结。

4）各小组交流讨论，并总结汇报。

4．实训考核：本项实训要求各组组员分别撰写和设计以下内容。

1）各小组讨论拜访活动的细节内容，设计演练方案。

2）每位组员撰写实训总结，其主要内容为：实训项目、实训要求、实训内容、本人承担的实训任务、完成情况、实训的过程及实训小结。

学习评价

被考评人					
考评地点					
考评内容					
考评标准	内　　容	分值/分	自我评价/分	小组评议/分	实际得分/分
	产品生命周期分析	30			
	各阶段营销策略	50			
	现场表现	20			
合　　计		100			

注：1．实际得分 = 自我评价 40% + 小组评议 60%。

2．考评满分为 100 分，60～74 分为及格；75～84 分为良好；85 分以上为优秀（包括 85 分）。

综合知识模块二

物流产品定价策略

价格是营销组合中一个重要的因素。价格是否合理，对物流产品和服务的销路、物流产品和服务在市场中的竞争地位及其市场占有率、物流企业的营业额和利润等都会产生极大的影响。因此，价格历来是经济生活中最敏感的问题。然而，制定正确的价格决策却不容易。西方营销人员常说：在各种经营决策中，价格是最令人捉摸不定的。更何况物流产品向客户提供的是劳务服务，产品是无形的，相对于有形的产品的定价就会更复杂。虽然一般情况下有形产品的定价概念和方法均适合于物流产品定价，但要求物流营销人员对物流产品定价的依据、方法、策略与技巧必须有更深刻的了解，这样制定的价格才会合理。

能力知识点1　物流产品定价

一、价格的含义

产品的价值是价格形成的基础。那么，什么是价格呢？产品的价值是指凝结在产品中的一般人类劳动。产品中一般人类劳动量的多少决定了产品中价值量的大小。而衡量产品价值量的大小是由计算产品中所包含的社会必要劳动时间决定的。所以，生产某产品所使用的社会必要劳动时间就代表着该产品的价值。企业产品制造过程结束后，使用价值就产生了，但并不意味着产品价值的同时实现。产品价值的实现必须通过产品交换来完成。在市场上发生的商品交换，受到多种因素的影响和制约，如供求关系及其变动、竞争状况及政府干预等因素，这些有时致使价格与价值发生背离，价格高于或低于价值。但从一个较长的时期观察，价格总以价值为中心并围绕着价值上下波动，这就是价值规律的表现。价值规律是反映商品经济特征的重要规律，是研究价格形成的理论指导。

> **资料卡**
>
> 价格：是产品价值的货币表现，是产品同货币交换比例的指数。

二、物流企业常见的定价目标

定价目标是指企业通过定价产生的效应所要达到的预期目的。物流企业在实际定价之前，必须依据企业对整个市场的营销目标拟订定价策略。通常，企业会选择以下几种定价目标。

1. 投资收益目标

投资收益目标也称为投资回报目标，即企业定价以达到其预期的投资收益为目标。企业在投入一定的资金后，希望得到一定比例的报酬。因此，在定价时会在产品或服务成本之外加入预期利润。这种定价目标适合于在行业中占主导地位、具有较高的威信和影响力的物流企业。

> **议一议**
>
> 为什么不是所有的企业都可采用投资收益目标？

2. 市场占有率目标

市场占有率目标也称为市场份额目标，即把保持和提高市场占有率作为一定时期的定价目标。在许多情形下，市场占有率的高低比投资收益率更能说明企业的经营状况。有时，由于市场的不断扩大，一个物流企业可能获得可观的收益，但相对于整个市场来看，所占比例可能很小，或企业的市场占有率正在下降。因此，无论大、中、小企业，都希望用低价策略来扩充目标市场，尽量提高市场占有率。

资料卡

市场占有率分为相对市场占有率和绝对市场占有率两种。前者是企业产品的销售量（或销售额）与竞争者同类产品的销售量（或销售额）之比；后者是企业产品的销售量（或销售额）与整个市场同类产品的总销售量（或销售额）之比。

3. 利润最大化目标

获取最大利润是市场经济条件下企业共同的、最重要的目标。但最大利润并不意味着最高价格，因为高价、高利会遭遇各方面的对抗行动，如需求的减少、替代品的盛行、竞争者的加入和政府的干预等。利润最大化目标应是长期的、整体的利润最大。有时为了确保此目标，有些品种产品的价格可能会定得很低，甚至亏本出售。

想一想

实现利润最大化的商品有哪些？

4. 防止竞争目标

防止竞争目标是指主动应付和避免市场竞争的目标。这种定价主要以对市场价格有影响的竞争者的价格为基础，一般分为3种：①略低于竞争者的价格。②与竞争者同等的价格。③略高于竞争者的价格。竞争者在成本和需求变动下，价格不变，实行此目标的物流企业也维持原价，竞争者的价格或涨或跌，此类物流企业也相应地调整价格。一般情况下，中小物流企业的产品定价采取第①或第②种。只有企业具备特殊优越的条件，才可能采用第③种。

资料卡

企业具备的特殊优越条件包括：

1）拥有特殊技术，产品质量优良。

2）能为顾客提供较多的服务，使顾客愿意支付较高的价格。

3）物流企业资力雄厚，有条件扩充市场占有率。

5. 稳定价格目标

稳定价格即以保持价格相对稳定，避免正面价格竞争（是指企业间以竞相削价为压倒对方的手段）为目标的定价。稳定价格常被作为达到投资报酬的途径。当企业拥有充分的后备资源，打算长期经营、巩固市场阵地时，宜采用此策略。通常，稳定价格是由一种行业的领导者企业所决定，故又称为领导者价格或者领袖价格制。在市场供求与价格时常发生波动的行业中，特别需要稳定价格来增强市场安定性。某些行业由于采取稳定价格制度，在社会需求潜力骤然下降时，价格不会发生大波动，可避免不必要的价格竞争。当然，在稳定价格制度下，并非所有企业均采取领导者价格，而是与领导者价格保持一定的比例关系。小企业往往为维持本身利益，而愿意长期追随领导者价格。领导者也不可能将价格任意提高，以免引起公众的不满与政府的干预。

三、影响物流企业定价的主要因素

价格形成及运动是商品经济中最复杂的现象之一，除了价值这个形成价格的基础因素外，现实中企业定价还受多方面因素的影响和制约。

1. 市场需求

一般情况下，商品的成本影响商品的价格，而商品的价格影响商品的需求。经济学原理告诉我们，如果其他因素保持不变，消费者对某一商品需求量的变化与这一商品价格变化的方向相反。如果商品的价格下跌，需求量就会上升；如果商品的价格上涨，需求量就会相应地下降，这就是需求规律。需求规律反映了商品需求量与商品价格变化之间的一般关系，是物流企业产品定价时所必须考虑的一个重要因素。比如，某一时期市场上对物流企业运输的需求量增加时，就可以适当地提价，以获得较多的利润；反之，适宜采取降价措施。

2. 需求的价格弹性

需求的价格弹性是指因商品的价格变动而相应引起的需求变动的比率，反映了需求变动对价格变动的敏感程度。其计算公式为

需求的价格弹性（E）=需求量变化的百分比/价格变化的百分比

通过分析可知，不同产品的需求弹性是不同的。有的产品的需求数量对价格变化的反应很敏感，价格稍有变动就会引起需求数量很大的变化，即需求量变化的百分比大于价格变化的百分比（$E>1$），这种情形叫做产品富有弹性；有的产品的需求数量对价格变化的反应不敏感，即使价格有较大的变动也不会引起需求数量大的变化，即需求量变化的百分比小于价格变化的百分比（$E<1$），这种情形叫做产品缺乏弹性；有的价格弹性等于 1，即需求量变化的百分比等于价格变化的百分比，这叫单位弹性。一般来说，在各种产品中，必需品或非常容易形成供不应求状况的产品的价格弹性较小。如某家物流咨询公司，在物流设计方案和策划方面已形成了竞争优势，那么其需求的价格弹性就小，因为同行的竞争者的质量远低于该公司的产品质量。对于有需求的顾客来说，物流设计方案和策划关系到其自身的利益，所以即使该咨询公司的要价提高，顾客多数情况下也不得不购买其产品。而非必需品或非常容易形成供大于求状况的产品的价格弹性较大，如节假日的航空运输，如果降价的幅度比较大，票价几乎与火车差不多，那么需求的价格弹性就相对较大。

弄清楚不同产品需求具有不同弹性后，在对不同产品进行定价时可以作出更科学、更合理的决策。

3. 成本因素

物流成本是指在物流过程中，为提供服务所花费的活劳动和物化劳动的总和。换句话说，就是提供物流服务过程中的人力、物力和财力的总和。物流成本是物流产品价值的基础，决定着物流产品价格的最低界限。如果低于它，物流企业就无利可图。物流产品的成本分为两种：①固定成本，如物流设施的折旧、管理人员的工资和维修成本等，这些成本不随产出的变化而变化。②变动成本，如燃料费、搬运费和邮寄费等，这些成本随着产出的变化而变化。

4. 竞争因素

市场竞争状况直接影响着企业定价策略的制定。物流企业定价时，要分析竞争对手的价格和产品，并将这些信息作为制定自己产品或服务价格的基点。如果本企业的产品或服务质量与竞争对手大体一样，定价就可以和竞争对手相似；如果产品或服务质量比竞争对手好，则产品价格可以高一些；如果产品或服务质量与竞争对手比较后，发现较差，那么产品价格就应定得低一些。

5. 国家有关的方针和政策

因为价格关系到国家、企业、个人三者之间的物质利益，所以国家常常会通过制定物价工作的方针和政策来进行价格的管理控制。

（1）经济手段：经济手段是指国家采取财政、利率、汇率、税收等手段间接影响物价。例如，国家对于物流企业的国际运输业务在税收方面实行减免政策，这样物流企业的运费价格就可以定得较低，就可以提高国际物流运输的竞争力；反之，国家为了控制物流企业的国际运输业务，可以通过增加税收，来提高物流企业的运费价格。

（2）行政手段：行政手段是指国家通过行政规定和行政制度等手段来促进相应行业的有序发展。比如，物流行业协会或政府有关部门为防止物流企业的不正当竞争，可以采用规定收费标准的行政手段，限制物流行业定价过高或过低的现象出现，进而使物流业健康平稳地发展。

（3）法律手段：法律手段是指国家通过制定法律、法规来维护相关行业的健康发展。如《中华人民共和国公司法》、《中华人民共和国反不正当竞争法》、《中华人民共和国企业法》、《中华人民共和国消费者权益法》等，用法律形式约束了物流企业的价格，如果物流企业不遵守相关的法律，就会受到法律的制裁。

能力知识点 2　物流产品定价的基本方法

不同企业、不同产品、不同时期的产品定价考虑的因素有所不同，因而采用的定价方法也各不相同。一般而言，物流企业产品定价要考虑成本、需求、竞争等主要因素，这样，定价也就有了成本导向定价法、需求导向定价法和竞争导向定价法等 3 种主要定价方法。

一、成本导向定价法

这是一种以成本为中心的定价方法，也是传统的、运用较普遍的定价方式。

1. 成本加成定价法

成本加成定价法是产品或服务的单位总成本加上预期的利润率构成的单价，计算公式为

$$p=c\,(1+r)$$

其中，p 为单位产品价格，c 为单位产品成本，r 为成本加成率。

例如：某企业单位产品的总成本为（由单位劳动力成本、原材料成本、电力消耗和工具成本等组成）120 元，加成率为 50%，该产品的单价应是多少？

$$p=c(1+r)=120\text{元}\times(1+50\%)=180\text{元}$$

这种定价方法简便明确，比较容易掌握，是较理想的定价方法，但在激烈的竞争环境下，这种定价缺乏灵活性。

2. 目标利润定价法

目标利润定价法是根据企业所要实现的目标利润来定价的方法。与成本加成定价法不同的是，企业更侧重于利润目标。其计算公式为

$$p=(f+v+m)/q$$

其中，p 为单位产品价格，f 为固定成本，v 为变动成本，m 为目标利润，q 为预计销售量。

例如：企业 5 月计划周转量 4 000kt · km，变动成本为 20 万元，固定成本 16 万元，目标利润 20 万元。单位运价应定为多少？

$$p=(160\,000+200\,000+200\,000)\text{元}/4\,000\text{ kt}\cdot\text{km}=140\text{元/kt}\cdot\text{km}$$

这种定价方法有利于加强企业管理的计划性，可较好地实现目标利润，但要求对销售量估计准确，否则将达不到预期利润。

3. 变动成本定价法

这种定价方法只以单位产品的变动成本作为定价的基础，只要是高于或等于单位产品的变动成本的价格，都是可以接受的价格。其计算公式为

$$p\geqslant v/q$$

其中，p 为价格，v/q 为单位产品的变动成本。

例如：企业 5 月计划周转量 4 000kt · km，变动成本为 20 万元，固定成本 16 万元。企业单位运价应定为多少？

$$v/q=200\,000\text{元}/4\,000\text{ kt}\cdot\text{km}=50\text{元/kt}\cdot\text{km}$$

企业定价时，单位运价 p 大于或等于 50 元/ kt · km 就可以。

而企业保本的单位运价为 $p=(160\,000+200\,000)\text{ kt}\cdot\text{km}/4\,000=90\text{元/ kt}\cdot\text{km}$。可见，$p$ 在 50～90 元/kt · km 之间的价格都是亏本的，只有 p 大于 90 元/kt · km 才是盈利的。

变动成本定价法是企业在某种特殊情况下采用的一种定价方法。这里所说的特殊情况主要有以下 3 种。

1）在企业产品或服务已进入成熟期，企业生产能力大、技术熟练、产品或服务急需扩大市场占有率。

2）企业产品生命周期长，固定成本的补偿期也长。

3）企业产品线多，固定成本已在其他产品或服务中得到补偿。

在上述情况下，为了应付市场的激烈竞争，提高竞争能力，物流企业经常采用变动成本定价法。

二、需求导向定价法

需求导向定价法是以市场需求为中心的企业定价方法。

1. 习惯定价法

习惯定价法是企业依照长期被顾客接受的价格来定价的一种方法。有些产品或服务，顾客已习惯于按某一习惯价格购买，即使成本降低，也不能轻易减价，否则容易引起顾客对服务质量的怀疑；反之，服务成本增加，也不能轻易涨价，那样将影响其销路。例如，当每公里的运输价格确定后，即使燃料的价格发生变动，其运输价格也不要轻易发生变动。

2. 理解价值定价法

理解价值定价法是企业按照顾客对产品或劳务的价值认识程度和感觉来定价的方法。这种定价不是以卖方的成本为基础，而是完全依赖顾客对产品或服务的需求和价值认识，所以对于物流企业，应运用营销组合中的非价格因素来影响顾客，使顾客形成一种价值观点，然后据此制定价格。

例如：卡特匹勒是生产建筑机械设备的一个公司。该公司在对拖拉机定价前，针对自己的产品在顾客心目中的印象进行了市场调查，获知顾客对该公司的产品质量反映较好，企业信誉也很高。于是尽管竞争对手的拖拉机售价为 9 万美元，卡特匹勒公司还是决定定价为 10 万美元，结果卡特匹勒公司的拖拉机仍然畅销。其原因是由于该公司进行了如下的宣传。

1）90 000 美元是拖拉机的价格，与竞争者的拖拉机价格相等。

2）+7 000 美元是最佳耐用性的价格加成。

3）+6 000 美元是最佳可靠性的价格加成。

4）+5 000 美元是最佳服务的价格加成。

5）+2 000 美元是零件较长保用期的价格加成。

6）总价格为 110 000 美元。

7）−10 000 美元的价格折扣。

8）100 000 美元是最终价格。

这样，顾客们惊奇地发现，虽然购买卡特匹勒公司的拖拉机需多付 10 000 美元，但拖拉机的质量高，而且还得到了 10 000 美元的价格折扣。

可见，理解价值定价法的关键在于企业对顾客理解的价值有正确的估计和决断。这个价值是顾客宁愿付款而不愿失去这次购买机会的价格最高限度，估计过高或过低对物流企业都是不恰当的。

3. 区分需求定价法

区分需求定价法又叫差别定价法，这种定价方法的特点是：物流企业提供同种产品或劳务，针对不同的顾客在不同的时间或在不同的地点制定不同的价格。例如，波音公司曾经接到意大利某航空公司的紧急订单。该公司的一架飞机在地中海失事，急需一架新的飞机保证现有航线的

议一议

采用理解价值定价法的物流企业产品或服务应具备怎样的条件？

正常运行。按照惯例，波音公司在接到订单后，最早也要 2 年后才能交货，况且公司正在进行其他订单的生产。但波音公司考虑到这种特殊的需求，在不影响其他订单交货的情况下加班加点，于一个月内为这家航空公司送去了所订机型的飞机。虽然成本相对较高，但定价并不高。波音公司很快得到了回报，该航空公司主动取消了与其他公司的订货合同，为波音公司送去 9 架大型客机的订单，成交额高达 5.8 亿美元。

三、竞争导向定价法

竞争导向定价法是以竞争为中心、以竞争对手的定价为依据的定价方法。

1. 随行就市定价法

随行就市定价法是根据同行业的平均价格水平或市场主导者的价格来定价的方法。这种定价法在以下几种情况下可以考虑采用。

1）企业产品难以估算成本。

2）企业打算与同行和平共处。

3）如果企业另行定价，会很难了解顾客和竞争者对本企业价格的反应。

具体地说，当企业产品或服务与本行业中大多数企业相比较没有较大的差异时，无论此时是存在较多的企业生产该类产品或提供相似的服务，还是由于专利权、特许经营等限制导致只有几家企业允许生产该类产品或提供相似的服务，在这种情况下，企业就可以按照同行业的平均价格水平来制定本企业的产品价格，这就是随行就市定价法。此时，企业产品的价格与大多数同行的产品价格保持一致，不过高或过低，企业在和谐气氛中获得平均利润。像客运航空公司，每当劳动节、国庆节和春节等假日时，为避免竞争就采用随行就市定价法。

当企业产品或服务在质量、销售条件等因素与本行业中同类企业的相同因素相比较有较大的差异时，企业定价的自由度大大增加。企业可以采取上述的随行就市定价法，与同行竞争者和平共处；可以采用低价，主动竞争，提高企业的市场占有率；也可以提高价格。因为企业产品差异化的存在，购买者对价格的变化不太敏感，而且正符合其“高价优质”的购买心理。

另外，如果企业的产品或服务是垄断经营时，由于没有竞争对手，此时企业的产品或服务定价就不能用竞争导向定价法，垄断企业就要从自身的定价目标来确定价格。

2. 投标定价法

投标定价法的买方通过刊登广告或发送函件等形式，说明采购商品的品种、数量和价格等要求，邀请卖方在规定的期限内投标。买方在规定的时间内开标，选择报价较低的卖方成交，签订物流服务合同。这种定价对买方非常有利，是卖方的竞卖，适合于产品供大于求的买方市场情况。

对于投标的企业，为了能以合理、科学的价格中标，必须认真选择和确定投标的价格。大致步骤为：①分析招标条件和企业的主、客观情况及能否适应招标项目的要求。②计算直接成本，拟定报价方案。③分析竞争者的特点和可能报价，估计中标概率。④计算每个方案的期望利润，并据此选择投标价格。一般来说，期望利润与报价成正比，与中标概率成反比。

其计算公式为

期望利润=（报价－估计成本）×中标概率

例如：某物流企业参加某项投标，其投标分析见表 2-1。

表 2-1 投标分析表 （单位：万元）

投标报价	估计成本	可获利润	中标概率（%）	期望利润
（1）	（2）	（3）=（1）－（2）	（4）	（5）=（3）×（4）
500	500	0	90	0
600	500	100	80	80
700	500	200	50	100
800	500	300	20	60
900	500	400	0.1	0.4

可见，企业较有利的报价是 700 万元，可获利润为 200 万元，但中标概率较高（50%），期望利润可达 100 万元。如果企业报价 900 万元，可获利润为 400 万元，但是中标概率太低（0.1%）。

能力知识点 3 物流产品的定价技巧

物流产品的定价技巧就是把物流产品的定价与企业营销组合的产品、渠道、促销 3 个要素巧妙地结合起来，使制定出的价格既让顾客易于接受，又能为企业带来比较多的收益。

一、新产品的定价技巧

新产品是最初上市的产品或服务。新产品定价的合理与否关系到新产品能否顺利进入市场、打开销路以至于取得较好的经济效益。

（1）取脂定价：也称为高价定价，是指企业的新产品一上市，就把价格定得较高，尽可能在产品生命周期的初期收回研制开发的成本及费用，并赚取最大的利润。这种定价技巧主要是为了快速回收投资，并预料在价格下降前，只要顾客未产生反感与抵制，就可以维持一段时间，获得可观的盈利；如果高价招来竞争或者影响了销售量，则可降低价格，其着眼点是降价容易、涨价较难。

> 小知识
>
> 取脂定价：寓意为从鲜奶中提取乳脂，取其精华。

实行取脂定价必须具备一定的条件：①新产品比市场上现有产品有显著的优点，能使顾客“一见倾心”。②在产品上市阶段之初，产品的需求价格弹性较小或者早期购买者对价格反应不敏感。另外，短期内由于仿制等方面的困难，类似仿制产品出现的可能性小，竞争对手少。

此种定价技巧的优点是：尽早争取主动权，达到短期最大利润目标，有利于企业的竞争地位的确定。但缺点也很明显，即由于定价过高，有时消费者不认可。同时，高价厚利极易诱发竞争，潜在的竞争者会极力钻进市场，迫使价格惨跌，可能会造成好景不长甚至失败的结果。

（2）渗透定价：也称为低价定价。与高价定价相反，它是在向市场推出新产品时，尽量把价格定得低一些，采取保本低利、薄利多销的方法。企业的目标不是争取短期更大利润，而是尽快争取最大可能的市场占有率。应用此技巧的产品上市后以较低价格在市场上慢取利、广渗透，故又称为“渗透法”。

采用渗透定价法的条件是：①产品的市场规模较大，存在着强大的竞争潜力。②产品的需求价格弹性较大，稍微降低价格，需求量便会大大增加。③通过大批量生产能降低生产成本。

渗透定价法的优点是：可以占有比较大的市场份额，通过提高销售量能获得企业利润。同时，低价、低利对阻止竞争对手的介入有很大的屏障作用。其不利之处在于定价过低，一旦市场占有率扩展缓慢，收回成本速度也慢。有时低价容易使顾客怀疑产品的质量保证。

（3）中间定价：是介于高价定价和低价定价之间的定价，即按照本行业的平均定价水平或按当时的市场行情来制定价格，是一种随大流的定价技巧。企业制定的产品价格被顾客认可，企业可以在不承担较大风险的情况下，获得比较稳定的市场。同时，从企业自身来看，可以有计划地在不太长的时间内收回企业的研制成本。这种定价技巧使顾客、中间商及企业自身都满意，故又称为满意定价法。

中间定价的最大优点是稳。通过对前两种定价技巧的调和及折中来避免前两者的明显缺点，但同时也在很大程度上将两种定价技巧的优点抹杀。采用此技巧最应注意的问题在于避免产品没有特色，而打不开销路。

物流企业新产品具体采用哪种定价方法，需根据企业综合情况而定。例如，企业的新产品是新技术，可以采用取脂定价；如果企业生产能力大，宜采用渗透定价或中间定价，以尽快占领市场，获得长期利润。

议一议

为什么企业的新产品是新技术，就可以采用取脂定价？

二、地区定价技巧

地区定价技巧是指企业定价时，对于提供给位于不同地区顾客的同种产品，分别制定不同的价格。

由于顾客所处地理位置不同，物流企业的产品或服务提供给顾客时发生的运输费用、装卸搬运费和仓储费等也就不同，定价则有差异。例如，本地的顾客，运输费用、装卸搬运费和仓储费等费用就少，物流企业的产品或服务定价应低些；如是外地的顾客，包括国外顾客，运输费用、装卸搬运费和仓储费等费用就多，物流企业的产品或服务定价应高些。

资料卡

物流企业把产品卖给外地顾客，有关费用包括运输费用、装卸搬运费和仓储费用。

（1）运输费用包括：①工资、福利费、奖金、津贴和补贴等人工费用。②营运工具的燃料费、轮胎费、折旧费、维修费、租用费、运输工具牌照检查费、工具清理费、养路费、过路费、保险费和公路运输管理费等运输费用。③差旅费、事故损失和相关税金等其他费用。

（2）装卸搬运费包括：①工人工资、福利费、奖金和津贴等人工费用。②固定资产折旧费、维修费、能源消耗费、材料费和设备维修费等营业费用。③装卸搬运中发生的货物破损、散失、损耗、混合等装卸搬运合理损耗费用。④办公费等其他费用。

（3）仓储费用包括：①仓储设备折旧、维修费用、仓库职工工资、仓储商品的毁损变质损失和挑选整理费等仓储持有成本。②处理订货的订货成本。③库存供应中断造成的停工损失等形成的缺货成本等。

三、折扣、折让定价技巧

折扣、折让定价技巧是物流企业为鼓励顾客提早付款、大量购买或高峰期以外的消费等采取的定价方法，实质上是降低价格、让利给顾客的营销手段。

1. 数量折扣

数量折扣也称为批量折扣，即根据顾客需要服务的数量大小给予不同的折扣。其中，一次折扣是物流企业为鼓励顾客多购买，根据一次性购买数量的大小给予不同的折扣。多购，折扣就大；少购，折扣就小。累计折扣是物流企业为了建立稳定的购销关系，而将一位顾客在一定时间内从本企业购买的数量进行累计，根据累计购买量的不同给予不同的折扣。

2. 现金折扣

现金折扣也称为付款期折扣，是物流企业对以现金付款或提前付款的顾客给予一定比例的价格折扣，目的是加快物流企业的资金周转。例如，交易条款中注明“2/10 净价 30”是指顾客如果在成交后 10 天内付款，按照原价给予 2%的现金折扣，超过 10 天要付全价，但最迟不能超过 30 天。

3. 季节折扣

季节折扣也称为季节差价，是物流企业为鼓励顾客在淡季消费采取的价格折扣。如顾客对冷冻车的需求，冬天就与夏天不同。冬天的价格折扣大，价格低；而夏天的价格折扣小，价格高。

四、心理定价技巧

心理定价技巧是物流企业针对顾客心理活动和变化来定价的方法与技巧。

1. 声望定价

声望定价是物流企业利用顾客对企业的良好声望所产生的心理来制定商品的价格，一般是制定高价。如美国联合包裹运送服务公司（UPS）的国际快件服务确保3日内送到，国内快件1小时取件等。这些优质服务和它的知名品牌，在顾客心里已形成了最佳的印象，所以UPS公司对它的服务定价时就可以借助声望制定高价，符合顾客的优质高价心理。

2. 招揽定价法

招揽定价法是物流企业利用顾客求廉的心理，将某些服务价格定得较低，以此来吸引顾客消费。如美国的全国机械公司为提高配送服务，在全国主要市场设有50多个仓库，以低储存费吸引顾客就近储存，并使顾客及时收到配件。该公司年配送费用高达2 600万美元，为销售额的16.25%。但如果撤销20个仓库，顾客不能就近储存、及时收到配件，将会失去20%的销售额，所以美国全国机械公司为了招揽顾客，仍保留原来的50多个仓库，从整体上使企业的经济效益最大。

五、差别定价技巧

差别定价技巧就是根据交易对象、交易时间和地点等方面的不同，制定出不同的价格以适应顾客的不同需求，从而扩大销售，实现营销目的。

1. 按不同的顾客差别定价

这种定价是物流企业把同种商品或服务按照不同的价格卖给不同的顾客。例如，物流企业针对顾客是长期固定顾客还是一次性顾客、是新顾客还是老顾客，在运输、仓储和包装等服务收费时，采用不同的价格。长期固定顾客或老顾客收费就低，一次性顾客或新顾客收费就较高。

2. 按运输线路差别定价

这种定价是物流企业根据提供的运输线路服务的不同制定有差别的价格。运输线路包括空运线路、海运线路和陆地运输线路等。一般情况下，海运线路的价格相对低廉，约为铁路运费的1/5、公路运费的1/10、航空运费的1/30。

资料卡

实行差别定价的企业必须具备以下条件。

1）市场可以细分，而且各个市场表现出不同的需求程度。例如，运输市场可以分为汽车运输市场、火车运输市场、飞机运输市场、轮船运输市场等。不同的物流企业根据自身的实力及特点，选择一个或多个细分市场作为目标市场开展业务。

2）价格歧视不会引起顾客反感而放弃本企业的产品或服务，从而影响销售。

3）竞争者不可能在本企业实行高价销售产品的市场上以低价竞销。

4）实行价格歧视的额外收入要大于细分市场及控制市场的成本费用，反之就会得不偿失。

5）采取的价格歧视形式不能违法。

六、产品组合定价技巧

产品组合定价技巧是指物流企业提供的某种产品或服务成为某一产品或服务组合的一部分时，为了保证物流企业的最大整体利益采用的定价方法。如物流企业的服务有产品运输、包装、装卸搬运、配送、仓储等，如果顾客需要的是其中的一项或几项服务，定价就不同，即将单项服务价格定高一些，几个单项服务价格之和比这几项服务的组合价格要高一些，目的是吸引顾客购买产品组合，以获得更多的利润。

总之，在物流企业实际定价时，定价技巧并不一定局限在所列举的这几种中。随着管理科学的发展，物流企业的管理方法和管理经验的丰富，必然会产生更科学、更符合实际的定价技巧。而且，在运用定价技巧时，综合分析产品或服务的本身特点及相关因素，可以把几种定价技巧综合使用。

举一反三

一、理论部分

（一）简答题

1. 物流产品定价的基本方法有几种？
2. 新产品的定价技巧有哪些？
3. 心理定价技巧包括哪些？
4. 物流企业常见的定价目标有哪些？
5. 需求导向定价法有几种？
6. 影响物流企业定价的主要因素是什么？
7. 竞争导向定价法的方式有几种？

（二）案例分析

德克斯在日本的奇迹

德克斯酿酒厂在美国分销德克斯拉格，虽然在美国它还没有确立起一种国家名牌，但在日本却已为其创建了一个每年200亿美元的市场。

德克斯酿酒厂向日本出口的啤酒是通过航空运输的，当时这种做法是一个令人感兴趣的营销战略，而且也是一种独一无二的物流作业。因为成本高，还没有哪家酿酒厂通过航空运输将啤酒空运到日本。德克斯酿酒厂于1989年11月装运了第一箱德克斯拉格到达日本，并通过广告宣传其啤酒具有独一无二的新鲜度，这样第一年德克斯酿酒厂获得了50万美元的销售额。在最初的几个月里，使用了各种航空承运人，最后，日本金刚砂航空公司被选为德克斯酿酒厂惟一的航空承运人。金刚砂公司之所以被选中，是因为它向德克斯酿酒厂提供了增值服务。金刚砂公司在其J.F.K.国际机场的终点站交付啤酒，在飞往东京的商务航班上安排运输，并通过其日本报关行办理清关手续。这些服务有助于保证产品完全符合新鲜度的要求。

德克斯拉格的高价并没有阻碍啤酒在日本的销售。1990 年，德克斯拉格的销售额增加到 100 万美元，1991 年为 130 万美元，出口总量占德克斯酿酒厂总销售额的 10%。德克斯酿酒厂又改变包装，通过装运小桶啤酒，而不是瓶装啤酒来降低运输成本。虽然小桶重量与瓶装啤酒相等，但减少了玻璃破碎而使啤酒损毁的机会。此外，小桶啤酒对保护性包装的要求也较低，这进一步降低了装运成本。

德克斯酿酒厂的啤酒之所以能达到新鲜要求，是因为这样的物流作业可以在啤酒酿造后的一周内，将啤酒从酿酒厂直接运达顾客手中，而海外装运啤酒的平均订货周期为 40 天。啤酒的新鲜度使之能够超过一般啤酒的定价，高于海运装运的啤酒价格的 5 倍。虽然德克斯拉格在美国是一种平均价位的啤酒，但在日本，它却是一种高价产品，获得了极多的利润。

问题：1. 德克斯酿酒厂的啤酒在日本采用了哪些定价技巧？

2. 德克斯酿酒厂的成功给物流企业带来了哪些启示？

二、实践部分

1. 情景体验：陈莹是一名国家公务员，周末去住所附近的某商业大厦购物。当她排队付款时，发现收款员问自己前面的每一个顾客一个同样的问题：“你有积分卡吗？”她非常好奇。当等到她付款时，收款员也问了同样的问题：“你有积分卡吗？”又是一次周末购物，陈莹去了某大型连锁超市，付款时收款员也问了她一个相似的问题：“你有会员卡吗？”陈莹满腹疑问。

问题：1. 你遇到过类似的问题吗？

2. 结合本模块内容，说说推广“积分卡”和“会员卡”运用的是什么定价技巧？

2. 实战练习：陈晶到某物流公司应聘，公司人力资源部的工作人员发给她一张考卷，陈晶阅读之后陷入了思索。考卷具体内容是：物流企业下月计划周转量为 5 000kt• km，变动成本为 30 万元，固定成本 20 万元。请计算：①如果本企业成本加成率为 30%，价格如何制定？②如果本企业目标利润为 10 万元，价格应为多少？③如果本企业计划保本，价格如何制定？④如果本企业在竞争中处于不利地位，为了生存，价格应如何制定？。

角色演练：学生自己充当陈晶的角色，完成上述考卷上安排的练习。

学习评价

被考评人					
考评地点					
考评内容					
考评标准	内　容	分值/分	自我评价/分	小组评议/分	实际得分/分
	从陈莹购物体验中得到的启示	40			
	陈晶的应聘角色演练	60			
合　计		100			

注：1. 实际得分 = 自我评价 40% + 小组评议 60%。

2. 考评满分为 100 分，60 ~ 74 分为及格；75 ~ 84 分为良好；85 分以上为优秀（包括 85 分）。

综合知识模块三

物流企业分销渠道策略

能力知识点 1　物流企业分销渠道的基本模式

一、物流企业分销渠道的概念

商品或服务要从生产企业通过销售环节转移到消费者手中，并最终满足消费者的需要，必须借助一定的通道，这个通道就是通常所说的分销渠道。它由一系列的中介机构和个人组成，而这些中介机构或个人在分销渠道中的位置以及发挥的作用各不相同，使得分销渠道表现为不同的结构层次，这些中介机构或个人也表现为不同的类型。而物流企业为生产型企业的产品销售和为流通企业、甚至个人的产品进行配送服务，也需要通过分销渠道来实现物品的转移。通道有长短、宽窄之分。物流企业分销渠道的基本模式，如图 2-7 所示。

资料卡

物流企业的分销渠道：也称为物流企业的营销渠道或贸易渠道，是指物流服务从物流企业向顾客转移的过程中帮助物流服务有效转移的一整套相互依存的组织（即中间环节）。

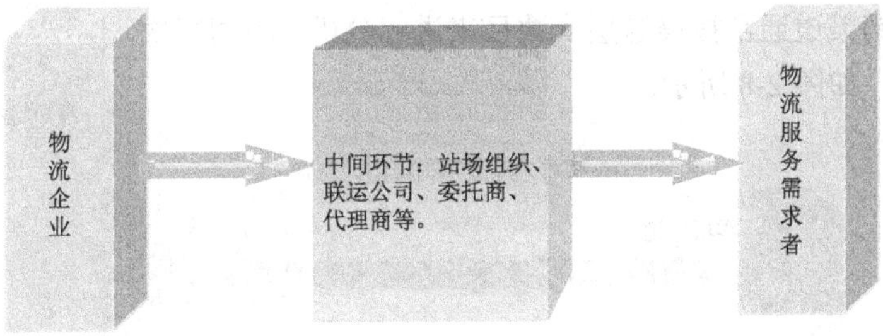

图 2-7　物流企业分销渠道的基本模式

小知识

分销渠道：是指“当产品从生产者向最后消费者或产品用户移动时，直接或间接转移所有权所经过的途径”。

——肯迪夫·斯蒂尔

分销渠道是指某种货物或劳务从生产者向消费者移动时取得这种货物或劳务的所有权或帮助转移其所有权的所有企业和个人。因此，分销渠道主要包括商人中间商（因为它们取得所有权）和代理中间商（因为它们帮助转移所有权）。此外，它还包括作为分销渠道的起点和终点的生产者和消费者，但是它不包括供应商、辅助商等。

——菲利普·科

资料卡

（1）代理商：代理商是指直接受物流企业或顾客的委托从事物流服务购销代理业务的中间商。代理商只在物流企业与顾客之间起媒介作用，通过提供服务来促成交易，并从中赚取佣金。

（2）货运代理：货运代理是指接受货主的委托，代表货主办理有关货物报关、交接、仓储、调拨、检验、包装、转运和订船业务的人。

（3）船务代理：船务代理是指接受承运人的委托，代办与船舶有关的一切业务的人。

（4）联合运输方式：联合运输方式是指包括空运在内的两种以上运输方式的联合运输。具体的做法有陆空运输（Train-Air，TA）、陆空陆联运（Train-Air-Truck，TAT）等。

物流企业分销渠道的起点是物流企业，终点是物流服务的需求者，中间环节即中间商。物流企业的中间商一般是指代理商，主要包括车站、码头和机场等站场组织，航运代理、货运代理、航空代理、船务代理以及受物流公司委托建立的售票点、揽货点等代理商，铁路、公路、水路和航空运输公司等联运公司。

小知识

中间商：主要包括商人中间商（取得商品或服务的所有权）和代理中间商（帮助商品或服务所有权的转移）。商人中间商包括批发商和零售商，代理中间商包括代理商和经纪商。

二、物流企业分销渠道的类型

1. 分销渠道的层次

物流企业分销渠道通常按渠道层次数目来进行分析。不同层次的分销渠道模式，如图 2-8 所示。

想一想

你所知道的代理商有哪些？

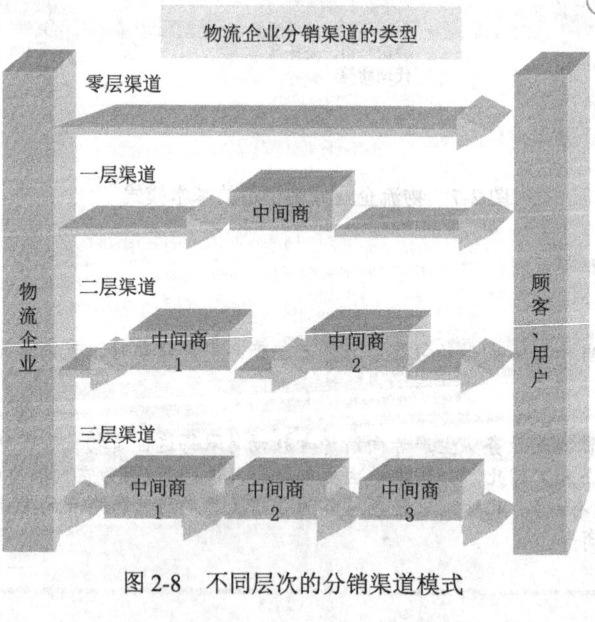

图 2-8　不同层次的分销渠道模式

2. 分销渠道的分类

物流企业的分销渠道可以按不同的标志划分为不同的类型。

（1）按物流企业的分销活动是否有中间商参与来划分：可分为直接渠道与间接渠道。

资料卡

零层渠道：没有中间机构，由物流企业直接到顾客（用户），也称为直接分销渠道。

资料卡

直接渠道即零层渠道，是指物流企业不通过中间商环节，直接为顾客（客户）提供物流服务。

直接渠道是目前绝大多数物流企业首选的渠道模式。物流企业通过推销人员、广告、邮购、电话及电视销售和互联网销售方式拓展业务，大大促进了直销模式的发展。例如，美国的联邦快递公司（FedEx）在1994年架设了自己的网站，与顾客之间进行互动，其中包括顾客服务在线作业系统数据库。它还在亚太地区推出其首项WAP功能货件追踪服务。用户可突破时间及地域限制，于一年365日、一日24小时，透过其装设WAP的流动电话合作此项服务，在亚洲快捷方便地阅览大量有关联邦快递的资讯，并借此使用各项不同服务。服务内容包括追踪付运的货件、联络服务热线、查询收件箱地点及服务中心地理位置、阅览有关联邦快递的最新消息等。

想一想

直接分销渠道有哪些优越性？

资料卡

一层渠道：含有一个中间机构，即物流企业→中间商→顾客（用户）。

二层渠道：含有两个中间机构，即物流企业→中间商1→中间商2→顾客（用户）。

三层渠道：含有3个中间商，即物流企业→中间商1→中间商2→中间商3→顾客（用户）。

更高层次的分销渠道较少见。

小知识

戴尔计算机公司是全球领先的计算机系统直销商。戴尔的模式习惯上被称为直销，在美国一般被称为直接商业模式（Direct Business Model）。所谓戴尔直销方式，就是由戴尔公司建立一套与顾客联系的渠道，由顾客直接向戴尔公司发订单，订单中可以详细列出所需的配置，然后由戴尔公司按单生产。

传统物流的中间环节较多，在国外从产品生产到销售的环节很多是由专业物流公司（第三方物流）帮助厂家解决的，工厂只负责生产、销售产品，中间的配货、运货、实施等环节都交给物流公司完成。作为物流业的新兴领域，第三方物流在国外的物流市场上已占据了相当可观的分量，欧洲目前使用第三方物流服务的比例约为76%，美国约为58%，日本约为80%。美国IDC公司进行的一项供应链和物流管理服务研究表明：全

资料卡

间接渠道：一、二、三层渠道统称为间接渠道，是指物流企业通过一层或一层以上中间环节向顾客提供物流服务。

球物流业务外包将平均每年增长17%。

在全球经济一体化影响下，我国正在成为第三方物流发展最迅速的国家之一。根据有关分析，预计2011年中国第三方物流市场将达到53亿美元，年均复合增长率达到27%。物流外包方式能够减少企业负担，使企业可以更加关注主业，关注核心竞争力，把核心业务做得更好。例如，广东科龙电器股份有限公司2001年与广东中远、小天鹅公司共同出资成立了广州安泰达物流公司。科龙电器股份有限公司控制本企业的物流价格资源，管理业务统一外包给安泰达物流公司，同时与小天鹅公司形成互补型战略合作关系，充分利用三家企业的物流业务规模、物流网络优势，共同经营，共同发展，遍布全球的强大的物流网络提供了专业高效的物流解决方案。

想一想

传统物流的分销渠道要经过哪些中间环节？为什么要发展第三方、第四方物流？

（2）按中间环节的多少来划分：可分为长渠道和短渠道。

可见，零层渠道最短，三层渠道最长。

（3）按渠道中每个层次的同类中间商数目的多少来划分：可分为宽渠道与窄渠道。

小知识

第三方物流：英文为Third-Party Logistics，简称3PL或TPL，在国外又称为契约物流（Contract Logistics），是20世纪80年代中期在欧美发达国家出现的概念。国家标准《物流术语》中第三方物流的定义是：由供方与需方以外的物流企业提供物流服务的业务模式。据预测，未来几年，我国的第三方物流将以每年16%～25%的速度发展。

第四方物流：是指全程供应链管理。如世界最大的包裹递送公司以及专业运输、物流服务供应商美国UPS公司，其业务已扩展到以物流、快递、金融、供应链咨询为核心的全方位第四方物流管理。

三、分销渠道功能

分销渠道的功能主要包括如下5个方面。

（1）整理：由中间商负责完成的整理功能是指中间商将不同产品分类、集合、分配、组合，使所提供的产品能够配合顾客的需求。

（2）大量分销：大量分销可以达到成本的规模经济效益，从而才有可能盈利。

（3）联系顾客：是指与消费者的接触和沟通，可发生在销售前（寻找目标顾客）、销售中（销售演示）及销售后（售后服务）。

（4）信用：是指资金的取得及周转，以满足销售工作的各项成本。

（5）市场调查：是指搜集与传递有关营销环境的各种信息，以供规划和促成交易。

资料卡

短渠道：通常是指一层渠道。

长渠道：通常是指多层渠道。

资料卡

宽渠道：是指物流企业同时选择两个以上的同类中间商向顾客实施物品分销服务。

窄渠道：是指物流企业在某一地区或某一产品门类中只选择一个中间商为自己实施物品独家分销服务。

能力知识点 2　物流企业分销渠道的设计与管理

每一个物流企业都需要设计自己的分销渠道去销售物流服务。例如，麦当劳为了开拓我国市场，首先考虑在我国设置的配送中心、采购、加工、储存的地点选择及连锁店供应等。如果没有物流分销渠道的策划和设计，盲目地去开拓市场，结果市场是有了，但是原材料供应不上，产品供应不上，或者供应上来，却成本高。所以在设计分销渠道时，必须要综合分析多方面的因素，以便做出科学的决策。

一、物流企业分销渠道的设计

1. 物流企业分销渠道设计的含义

渠道设计是指物流企业为实现分销目标，对各种备选渠道结构进行评估和选择，从而开发新型的营销渠道或改进现有营销渠道的过程。

2. 渠道设计决策的基本步骤

渠道设计决策的基本步骤，如图 2-9 所示。

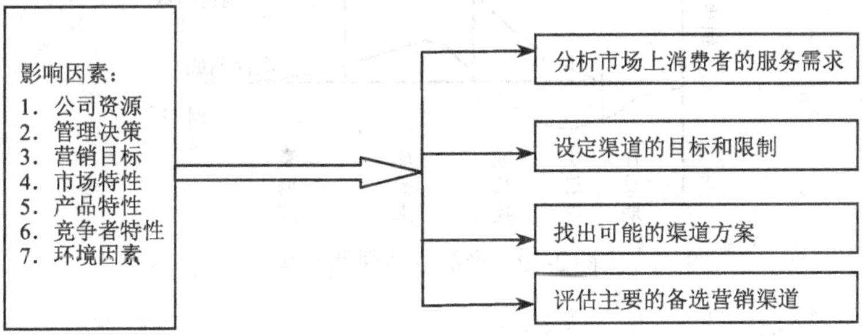

图 2-9　分销渠道设计决策的基本步骤

二、影响物流企业分销渠道选择的因素

1. 综合分析各种影响渠道选择的因素

（1）产品因素：物流服务主要是借助运输工具和信息技术帮助顾客实现货物在空间上的位移。不同种类、不同品种、不同包装的产品以及在产品生命周期的不同阶段，都需要给予不同的物流服务。物流服务一般采用直销的方式，许多时候也会采用中介机构。常见的有代理、代销、经纪等形式。

小知识

物流配送：目前尚无统一定义。一般是指按顾客定货要求，在配送中心或其他物流结点进行货物配备，并以最合理方式送交顾客。

配送中心：英文为 Delivery Center，其含义尚未规范化。一般是指从事货物配备（集货、加工、分货、拣选、配货），组织对顾客的送货，以高水平实现销售或供应的现代流通设施。

物流企业要根据所运产品的特性来选择分销渠道，主要考虑以下几个方面因素。

1）产品的大小和重量。体积过大或过重的产品应选择直接渠道或中间商较少的间接渠道。

2）产品的单个价值。一般而言，产品单个价值越小，渠道越多，路线越长；反之，单价越高，渠道越少，路线越短。

3）产品的耐腐性。对式样、款式变化快或容易腐烂、容易损坏的产品，应多利用直接营销渠道，避免不必要的损失。

4）技术性和售后服务。具有高度技术性或需要经常服务与保养的产品，如大型机电设备、现代办公用品等，分销渠道要短。

5）产品的数量。产品数量大往往要通过中间商销售，以扩大销售面。

6）产品生命周期。产品在生命周期的不同阶段，对分销渠道的选择是不同的。如新产品，为了较快地把新产品投入市场、占领市场，应采用直接渠道或利用原有渠道，而在衰退期的产品就要压缩分销渠道。产品生命周期曲线图，如图 2-10 所示。

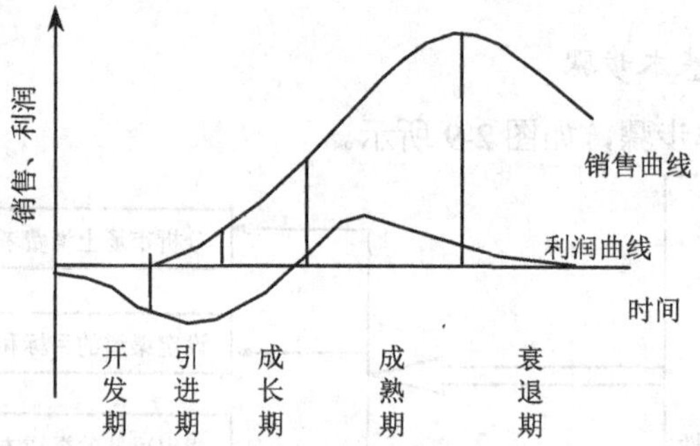

图 2-10　产品生命周期曲线

小知识

产品生命周期：英文为 Product Life Cycle，简称 PLC，是把一个产品的销售历史比作人的生命周期，要经历出生、成长、成熟、老化、死亡等阶段。就产品而言，也就是要经历一个开发、引进、成长、成熟、衰退的阶段。

（2）市场因素：

1）目标市场的分布。任何企业的资源都是有限的，如何使用有限的资源进行有效组合，为顾客提供服务关系到物流企业经营的成败。通过市场细分，物流企业可以认识到每个细分市场上物流需求的差异、物流需求被满足的程度以及物流市场的竞争状况。物流市场在我国的发展，需要整合和完善的问题还很多，那些未得到满足或满足程度较低、竞争者未进入或竞争对手很少的市场是客观存在的市场机会。抓住这样的市场机会，结合企业资源状况，从中形成并确立适合自身发展和壮大的目标市场，并以此为出发点设计相应的营销组合策略，就可以夺取竞争优势，在市场占有较大的份额，为下一步的发展打下良好的基础。如果目标市场规模较大且分布集中，则适宜采用直接渠道；反之，则利用直接渠道和间接渠道相结合，以间接渠道为主。例如，7-Eleve 是一家于 70 多年前发源于美国的商店，在全球 20 多个国家拥有 2.1 万家左右的连锁店。从一开始采用的就是在特定区域高密度集中开店的策略，在我国台湾地区就有 2 690 家、美国 5 756 家、泰国 1 521 家，日本是最多的，有 8 478 家。在物流管理上也采用集中的物流配送方案，这一方案每年大概能为 7-Eleve 店节约相当于商品原价 10%的费用。

2）目标顾客的习惯。顾客是物流企业服务的对象，是物流企业一切营销活动的出发点和最终归属。物流企业必须坚持以顾客为中心，识别当今物流市场上各种顾客的特征，以便为顾客提供优质、高效、便捷的物流服务。在设计分销渠道时，必须要了解所选定的目标顾客购买什么产品、在什么地方购买、为何买、何时买及如何买，同时还要弄清楚顾客在购买产品时想要和所期望的服务类型和水平。例如，宝供物流集团为宝洁、飞利浦、雀巢、沃尔玛和联想等 40 多个跨国公司和国内企业提供国际性物流服务，宝供已在澳洲、泰国及国内主要城市设有 40 多个分公司或办事处，构筑起覆盖我国并已跻身于国际市场的物流运作网络。

3）销售的季节性。物流服务会随着某些产品生产和消费的季节性，而出现淡季和旺季之分，如水果、冰淇淋等。一般来说，在销售的旺季，物流企业可采取间接渠道，而在销售的淡季，则可采用直接渠道。

4）竞争者的渠道选择。一般来说，物流企业要尽量避免和竞争者使用一样的分销渠道，即使不得已使用和竞争者一样的渠道模式，也要创造出自己的服务特色，以在竞争中取胜。物流企业的竞争者包括 3 类：①品牌竞争者，它们与本企业以相近的价格、同样的顾客群提供相同的物流服务。②行业竞争者，如从事保税仓的所有企业，它们会把经营保税业务的企业归入此类竞争者。③形式竞争者，如航运企业会把所有从事运输服务的企业归入形式竞争者。物流企业要分析竞争对手，取长补短，争取竞争优势。企业的生产及销售模式不同，对物流服务的需求也各异。例如，宅急送市场定位为快递，如果把整个物流市场比作“蛋糕”的话，那快递则是蛋糕上的奶油。快递服务运送的物品体积小、重量轻、科技含量高、附加值高，在物流领域中傲视群雄。为避免在激烈的竞争中被淘汰，宅急送打造了 3 件法宝：一是不言实行，意为少说多做，不过早地把自己暴露给竞争对手，埋头把企业做大、做强；二是避实就虚，跨国物流企业的强项是国际快递，宅急送避其锋芒，专攻国内快递；三是合纵连横，为了迅速占领市场，扩大企业规模，宅急送广泛吸收物流企业加强联盟与合作。

想一想

你身边有哪些有特色的分销渠道模式？

（3）物流企业自身的因素：

1）经营实力。物流企业如果拥有雄厚的资金实力和良好的声誉，就可以根据自身发展的要求，自由地选择分销渠道，采用间接渠道或建立直销渠道。而资金实力比较弱、名声不大的物流企业，则适宜采用间接渠道，依靠中间商的力量来开拓市场。

2）营销能力。物流企业的营销能力强，营销人员的经验丰富，就可以依靠自身的实力，采用直接渠道；反之，则利用间接渠道。

3）对渠道控制的愿望。物流企业如果希望加强对分销渠道的有效控制，就应建立直接渠道，但是这对物流企业的要求较高；如果物流企业不具备控制渠道的能力，则适合采用间接渠道。例如，自建配送中心可以从批发商手上夺回配送的主动权，能随时掌握在途商品、库存货物等数据，对财务信息和供应商的其他信息也能掌握。

（4）环境因素：对于物流企业而言，其市场营销环境一般可分为宏观环境与微观环境。

宏观环境是指给物流企业造成市场机会和环境威胁的主要社会力量，包括政治法律环境、经济环境、社会文化环境、科技环境和自然环境等。宏观环境的变化非物流企业所能控制，它常常给企业带来机遇和挑战。影响渠道的环境因素既多又复杂，但可概括为社会文化环境、经济环境、法律环境等。例如，受 2008 年国际金融危机的影响，国际、国内物流业需求规模大幅度减少，物流服务价格呈下降趋势，这对物流服务提出了更高的要求；2009 年 1 月 1 日中国正式实施成品油价格和税费改革，这将使企业更加重视节能减排，符合行业结构调整趋势；《物流业调整和振兴规划》和《中华人民共和国邮政法》这两项法律法规的出台和实施将对物流业产生深远的影响。

> **资料卡**
>
> 选择性分销策略指公司在一定的市场范围内，通过少数几个经过挑选的最合适的中间商销售其产品，如特约代理商或特约经销商。

微观环境是指物流企业在目标市场上开展营销活动的因素，包括物流企业、供应商、营销中介、竞争者、顾客和社会公众等。这些因素与物流企业紧密相连，直接影响物流企业为顾客服务的能力。例如，日本的手表开始打入美国市场时，一反欧美手表通过百货商店、珠宝商店销售的传统渠道，而是采用由众多杂货店、折扣商店这种面向广大低收入阶层的销售渠道，从而取得了成功。日本的小型载货汽车、家用电器、照相机、复印机之所以能成功地打入欧美市场，与日本企业采取让中间商先富起来的渠道策略是分不开的。

2. 明确渠道目标，确定中间商的数目

明确渠道目标是物流企业选择中间商的前提之一，主要有两个层次的目标：①基本目标，即选择中间商，建立分销渠道要达到什么分销效果。②手段目标，即要建立怎样的分销渠道，它在实现第一层目标的过程中应当发挥什么作用。例如，渠道目标因产品特性而异，生鲜易腐商品要求较直接的营销过程，减少存货，加快运输；体积庞大的笨重商品要求运输距离短、搬运次数少的渠道布局。

> **小知识**
>
> 分销渠道设计的目标主要包括以下几方面：①渠道的销量最大。②渠道的成本最低。③渠道的信誉最佳。④渠道的控制最强。⑤渠道的覆盖率最高。⑥渠道的冲突最低。⑦渠道的合作程度最好。

物流企业明确了渠道目标，就要根据目标决定中间商的数目。物流企业分销渠道中的不同层次使用中间商数目的多少就决定了分销渠道的宽度。物流企业

> **资料卡**
>
> 集中性分销策略：也称为独家分销策略，是一种窄渠道分销策略，是指物流企业在一定的市场区域内仅选择一家某种类型的中间商为本企业完成物流服务活动，如独家代理商或独家经销商。

按在每一渠道层次中使用中间商数目的多少可以形成 3 种可供选择的分销渠道策略：集中性分销渠道、选择性分销渠道、密集性分销渠道。

（1）集中性分销渠道：如对于技术性强、专业化程度高的产品可以选择独家配送渠道。这种策略的特点是物流企业对渠道控制力强，但竞争程度较低、市场覆盖面有限，同时物流企业对中间商依赖性较强。

> **资料卡**
>
> 密集型分销策略：也叫广泛分销策略，是一种宽渠道策略，是指物流企业尽可能地通过大量的中间商来完成物流服务活动。

例如，广州迪辰物流成为安利（中国）在北京及东北地区惟一的物流服务供货商，为其在北京地区提供更多、更全面的仓库管理及物流配送服务。至此，安利（中国）在北京地区提供的仓库面积已增加到 16 500 平方米，在迪辰物流投入的物流费用每年已逾千万元人民币，占安利（中国）年物流总支出的 1/10。

（2）选择性分销渠道：选择性分销策略是指物流企业在一定的市场范围内，通过少数几个经过挑选的、最合适的中间商销售其产品，如中国国际海运集装箱集团公司在集装箱设计方面将干货箱技术中心设在深圳，将冷藏箱技术中心设在上海，其他地区还分布着不同的技术中心；在市场方面，香港市场部负责集装箱业务，深圳以及其他地区负责车辆业务的市场；在生产方面，集团的 13 个生产基地分布在沿海各地。这种策略的特点是：物流企业对渠道的控制较强、竞争程度扩大，相应地市场覆盖面也在扩大。鉴于物流企业的特点，这种策略较多的被采用。

（3）密集性分销渠道：需求量大的百货、标准件、通用工具等一般采用这种策略。如目前海尔物流在全国建设配送中心已有 40 多个，产品送达国内任何一个城市的配送时间都不超过 4 天，每天能向 1 550 多个专卖店和 9 000 多个网点配送超过 5 万台产品。但海尔并非完全自建所有的物流设施网络，除了在青岛自建立体仓库取代大量外租仓库满足生产物流及制造需要外，其他的 42 个地区配送中心基本上是租用地方仓储企业的仓库；运输车辆除少部分自给外，绝大部分是利用运输企业的运力。这种策略的特点是：物流企业对渠道控制力弱，竞争激烈，但市场覆盖面广泛，分销越密集，销售的潜力越大。

3. 明确各渠道成员的合作方式及权责

物流企业把中间商作为分销渠道的成员，各成员之间是通过一定的方式联系在一起的，这就形成了物流企业的分销渠道系统。分销渠道系统是指渠道各成员之间相互联系形成的一种体系。物流企业渠道成员是指为物流企业推销服务产品的中间商。例如，宝供集团已开始企业的改制工作。由于宝供以前是一个家族控股企业，要向股份制企业转型难度大，第一步是实施管理层持股计划，目前已完成。第二步是引入战略合作伙伴。第三步是实现刘氏控股、合作企业参股、职工持股的股份制公司，并全力谋求上市。

> **资料卡**
>
> 垂直营销系统：是指由物流企业及其代理商所组成的一种统一的联合体，由具有实力的物流企业作为领导者。

目前，物流企业的分销渠道系统大致有以下几种结构。

（1）垂直营销系统：这种结构有利于控制渠道各方的行动，消除渠道成员为追求各自利益而造成的冲突，进而提高各方的效益。其主要类型有公司式、管理式和合同式3种。

1）公司式垂直营销系统是由同一家物流公司拥有，并统一管理若干个分公司和中间商来控制整个分销渠道。例如，嘉里物流公司目前在全球14个国家设有自己的分公司，在50多个国家的140多个城市开展了业务，管理超过74万平方米的分销中心，能够提供包括合约物流、国际货运等综合性物流服务。货品种类包括化学物品、工业产品、电器产品、高科技产品、食物饮品、著名消费品品牌及零售货品等。

2）管理式垂直营销统是由两个或两个以上的物流企业横向联合，利用各自的资金、技术、运力、线路等优势共同开发和利用市场机会的营销系统。如Panalpina是世界上最大的货运和物流集团之一，在65个国家及地区拥有312个分支机构。Air Sea Broker是Panalpina集团的全球性货运“批发商”，同时它也协调Panalpina集团的海运系统与世界各地的定期联系，还为联合运输提供新型服务。

3）合同式（契约式）垂直营销系统是指为了取得单独经营时所不能得到的经济利益或销售效果，物流企业与其渠道成员之间以合同、契约等形式结合形成的营销系统。比较典型的有特许权、代理权的授予和买卖等。例如，Exel与Amey铁路维修公司签署了一份价值2 000万英镑的合同，Amey公司将所有物流业务交给Exel来管理。Exel以3.31亿美元购买了美国的一家物流公司，该公司主要为汽车行业提供物流和货代服务，这次收购加强了Exel在北美的业务。

（2）水平营销系统：水平营销系统是指两个或两个以上的物流企业横向联合，利用各自的资金、技术、运力、线路等优势共同开发和利用市场机会的营销系统。这些公司或因资本、技术、运力、营运线路不足，无力单独开发市场机会；或因惧怕承担风险；或因与其他公司联合可实现最佳协同效益，因而组成共生联合的渠道系统。这种联合可以是暂时的，也可以组成一家新公司，使之永久化。如联邦速递公司分别收购了法国一家零配件物流服务供应商以及位于亚洲和拉丁美洲的两家物流公司，开展零配件物流服务，未来还要在世界范围内建立零配件物流服务网络的基础设施。该公司还与美国一家半导体公司联合在新加坡开设了一家环球配送中心。目前，该公司在美国境外拥有约140座仓库和仓储设施。仅此一项业务，在未来7年里，其收入预计将会超过10亿美元。

（3）多渠道营销系统：“宅急送”在提供送货到家的国内速递业中位居老大地位，其物流服务体系是以网络化为特征的。网络化是宅急送物流服务的基础，宅急送建立了4级网络结构，即子公司、分公司、营业所和营业厅。子公司按中国行政大区设立，分公司设在省级行政城市，营业所和营业厅设在城市繁华地段。在建立业务网络的同时，宅急送综合运用各种交通工具，将航空、公路、铁路相结合，在物流重要的中转城市建立物流中心，同时还开通了物流班车，实现地面物流干支线的有效对接。

资料卡

多渠道营销系统：也称物流网络，是对同一或不同的细分市场，采用多条渠道的分销体系，而且渠道之间往往会形成一种网络关系。

物流企业不管选择哪一种渠道系统与中间商建立合作关系，都必须明确规定双方的权利和责任。最好是签订合同，将渠道成员之间达成的交易协定书面化，以在法律上确认渠道成员的责任和义务关系，避免日后发生纠纷时无所依据。

> **小知识**
>
> 中间商不属于由制造商所铸成的锁链中被雇用的一个环节，而是一个独立的市场，并成了为一大群客户购买的焦点。
>
> ——菲利普·麦克威

4. 评估各种备选渠道方案

物流企业如果有几个渠道方案可供选择，就必须根据某些标准来评价每一个渠道方案，从中选出最佳方案。一般来说，渠道方案的评价标准有 3 个。

（1）经济性标准：以利润最大化为标准，比较每一条渠道可能达到的销售收入和销售、成本、费用，从而确定选择采用哪种渠道方案。

（2）可控性标准：①衡量物流企业自身对中间商有无控制能力。②考虑中间商是否愿意接受物流企业的控制。

（3）适应性标准：物流企业选择分销渠道，既要考虑到近期的最佳渠道的选择，也要兼顾长期分销渠道的适应性和灵活性。尤其是长期渠道的选择，一旦选定了代理商，签订了合同，物流企业是不能随意更改的，必须要慎重考虑。

> **小知识**
>
> 一个分销系统是一项关键性的外部资源。它的建立通常需要若干年，并且不是轻易可以改变的。它的重要性并不亚于其他关键性的内部资源，诸如制造部门、研发部门、工程部门、区域销售人员以及辅助设备等。对于大量从事分销活动的独立公司以及它们为之服务的某一个特定市场而言，分销系统代表着一种重要的公司义务的承诺。同时，它也代表着构成这种基本组织的一系列政策和实践活动的承诺，这些政策和实践将编织成一个巨大的长期关系网。

三、分销渠道的管理

物流企业在选择了合适的分销渠道模式和确立了具体的中间商后，为了保证渠道的通畅，需要对分销渠道进行管理，必要时还要进行适当的调整。

1. 加强与中间商之间的信息交流

物流企业要加强与中间商的沟通，定期拜访中间商，其作用为：①加深私人感情，加深中间商与制造商的感情。②使中间商对物流企业的政策更加理解，减少对一些问题的分歧，并通过中间商了解市场信息。③对中间商进行业务指导，及时为中间商提供各类支持和服务。④加强对中间商的控制，增大中间商进入其他物流企业分销渠道的壁垒。

2. 渠道成员的选择

物流企业必须为其所设定的分销渠道寻找合适的中间商。合适的中间商应具备以下几个条件。

（1）服务对象应与物流企业的目标顾客基本一致：这是确定中间商最基本的条件。要把分销渠道延伸至目标市场，应当注意所选择的中间商是否在目标市场拥有分销通路（如是否有分店、子公司、会员单位或忠诚的二级中间商），是否在目标市场拥有销售场所（如店铺、营业机构）。尤其在建立短分销渠道时，需要对中间商的经营特点及其能够承担的分销功能严格掌握。一般来说，专业性的连锁销售公司对于那些价值高、技术性强、品牌吸引力大、售后服务较多的商品具有较强的分销能力。各种中、小中间商在经营中、低档次的服务产品方面力量较强。只有那些在经营方向和专业能力方面符合建立分销渠道要求的中间商，才能承担相应的分销功能，组成一条完整的分销通路。

（2）地理位置合适：中间商的位置应能方便本企业顾客购买，有利于产品的分销、储存和运输以及降低产品的销售成本。

（3）产品选择：中间商的经营业务中应不包括竞争者的产品，或者其所经营的竞争产品对本企业产品不具有明显的竞争优势。

（4）有相应的储存和运输能力：有些产品的经营对储存和运输能力有特殊要求，如经营冷饮产品需要有冷藏车和冷库。

（5）财务状况良好：有偿付能力，甚至能预付货款或分担部分促销费用。

（6）为顾客提供必要的服务：如送货上门、技术培训、换配零件、维修保养等。

（7）管理水平高，经营能力强：例如，拥有强有力的管理班子、训练有素的销售队伍、良好的商业信誉和经营业绩等。

按照条件经过对中间商的了解，企业可以从中得到候选人名单，然后对各个候选人进行评价。在现实市场环境中，有多种类型的中间商，各个中间商对选择原则的满足程度是不一样的。不同的物流服务产品有不同的分销要求，不同中间商具有不同的物流服务产品分销优势与劣势。必须经过考察和评价环节，把各个中间商的优势与劣势弄清楚，以便于选择。

3. 定期评估中间商，激励渠道成员

评估的目的是为了发现分销中存在的问题，以便对中间商进行有效的监督和控制，巩固和加强合作关系，提高分销渠道的效率。物流企业要定期做好中间商的评价工作，定期按一定的标准衡量中间商的表现。例如，销售配额完成情况、用户服务的态度和能力、用户的满意度、服务定价、向顾客交货的时间和速度、对损坏和遗失品的处理以及与公司促销和培训计划的合作情况。对业绩良好的中间商要采取一定的激励措施，而对业绩欠佳的中间商进行分析、诊断，甚至淘汰较差的中间商。

激励渠道成员的方式有正面和负面两种。正面激励的方式包括销售奖金、交易折扣折让和销售竞赛等奖励的方式；负面激励包括提高产品售价、减少销售优惠和终止合作等惩罚的方式。物流企业要想使中间商有出色的表现，应尽力了解各中间商的不同需求和欲望，不断激励中间商，促使其尽全力开发市场。在处理与中间商的关系时，既要坚持政策又要灵活，以此建立长期稳固的合作关系。

4. 处理渠道冲突

渠道冲突包括渠道的横向冲突、纵向冲突和交叉冲突。由于市场的激烈竞争，分销渠道

之间有合作，也有冲突。物流企业的目标应该是通过有效的沟通和协调管理，加强合作，降低或减少冲突的发生。因为任何渠道间的冲突最终都会使公司的利益在一定程度上受损。

（1）横向冲突：也称为水平渠道冲突，是指某渠道内同一层次成员之间的冲突，如同级代理商之间的冲突。其表现形式为跨区域销售、压价销售、不按规定提供售后服务或提供销售促销等。

（2）纵向冲突：也称为垂直渠道冲突，是指同一渠道中不同层次成员之间的冲突，如制造商与分销商之间、总代理与批发商之间的冲突。其表现形式为信贷条件的不同、进货价格的差异及提供服务（如广告支持）的差异等。

（3）交叉冲突：也称为复杂渠道冲突，是指不同渠道形式不同成员之间的冲突，如直接渠道与间接渠道形式中成员之间的冲突、代理分销与经销分销形式中渠道成员之间的冲突。其表现形式为销售网络紊乱、区域划分不清、价格不同等。

那么如何才能解决渠道冲突呢？处理方法是明确各渠道成员的权利、职责，协调好各成员之间利益分配问题。最重要的是渠道成员之间要建立一种长期合作伙伴关系，形成一个整体，真正实现效益共享、风险共担，有效地缓解渠道冲突。

四、分销渠道调整

为达到对营销渠道管理和控制的目的，物流企业有时还要根据企业经营目标的变化和渠道成员的表现，适时地对分销渠道进行必要的调整，争取渠道主动权和控制权。渠道调整的方式主要有以下 3 种。

（1）调整个别渠道成员：从现有渠道中剔除个别经营不善、效率低下的中间商，或者根据业务发展的需要，增选合适的中间商进入渠道。

> **资料卡**
>
> 渠道冲突：是指分销渠道中渠道成员之间利益的暂时性矛盾。

（2）调整某一分销渠道：当发现某种产品的分销渠道业绩不理想时，可以考虑在整个市场上或在某个地区市场上撤销该产品的分销渠道；或者为了将新产品打入市场，开辟新的分销渠道。

（3）调整整个分销渠道：对原有的分销渠道进行全面调整。例如，采用直接分销渠道取代原有的间接分销渠道。

举一反三

一、理论部分

（一）简答题

1．什么是物流企业的分销渠道？有哪些基本模式？

2．物流企业分销渠道的设计应考虑哪些因素？

3．简述物流企业分销渠道的设计步骤。

4．如何切实有效地解决渠道冲突的问题？

5. 分销渠道管理的内容有哪些？

（二）案例分析

A物流企业分销渠道布局

“点、线、面”是分销渠道布局的普遍方法。A公司的国际战略，正是这一方法应用的极好实例。A公司的国际战略思想是，先在海外市场建立营业据点并用线把据点连成渠道，最后用线围成一定的势力范围，并使之充实扩大。具体实践这一战略又可分为3个阶段。

第1个阶段：从公司成立到20世纪50年代初期。这一阶段经营的重点是向海外扩大营业据点。在公司创始人的领导下，A公司以美国母公司为中心，向欧洲扩充营业据点，确立未来海外经营的基础。

第2个阶段：从20世纪50年代初期至20世纪70年代中期。在这一阶段中，A公司致力于将海外营业据点连成线，形成海外地域性经营渠道，实现高效的规模经济。这一阶段的主要特征是：已经壮大的海外经营企业一律分设自主独立的海外子公司，如日本的A子公司、法国的A子公司等。公司总部成立了WTC（World Trade Company，世界贸易公司），统一管理海外一切资产（包括海外当地法人）。这一时期，A公司的竞争战略采取了海外市场渗透战略，即当地化。在各地的“点”（子公司）的基础上逐步伸展，形成互为依托的经营渠道。利用规模经济所产生的优点，以定价策略为武器，从而击败当地的竞争对手。

第3个阶段：从20世纪70年代中期开始至今。这一阶段是A公司国际化进入世界战略的展开时期，它将地域性渠道连成片，构成全球性的经营网络。以WTC为中心的A公司的世界战略以当地的高度融合战略为基础，从全球观点出发，向当地传递世界情报，形成世界市场的统一战略。A公司还对公司的组织机构进行调整，划分出美国、欧洲圈、亚太圈3个部分。同时，为了保持企业活力，A公司积极推动分权化。

A公司在向世界性企业成长的进程中，正是通过了建点、连线和布面3个阶段，实现了在地区化经营基础上的全球统一战略。

问题：1. A公司分销渠道的特点是什么？

2. A公司采取了什么样的分销渠道系统？

3. A公司是如何进行分销渠道设计、管理和调整的？

李宁物流的组合拳

李宁的物流策略在物流运输服务、仓储配送、物流信息化上擅长组合拳。

一、科学选择

在挑选物流公司时，李宁公司不找最大的物流公司，而是只找最适合的。

1. 招标选择最合适的承运商

李宁公司认识到，大的物流公司可能存在更大的顾客，如果自己在行业里排第二，那么会有更大的顾客排在前面，自己受重视的程度就会减轻。有了这种新的思路之后，李宁公司开始选择一些中等规模的物流运输公司作为合作伙伴。结果，李宁公司的货物备受重视，物流公司在服务上尽心尽力。而且李宁公司在物流承运合同上加上了一条：无论什么情况，李宁公司的货物首先发。李宁公司在招标选择承运商时，非常重视招标的流程，注重控制招标的过程。

2. 加强对承运商的动态管理

在选定承运商之后，公司还非常重视承运商的动态管理，对承运商连续进行绩效考核、末位淘汰与追踪控制。

李宁公司的承运商和物流代理公司都必须接受严格的绩效考核。公司共有5个考核指标，分别是准时提货率、及时正点率、货损货差率、服务态度以及完美回单率。针对专线承运商，物流总监亲自监控每一个指标的完成情况。而对于代理公司，则作整体考评。所有物流承运商都要把它们的信息管理系统与李宁公司的物流部进行对接，及时反馈运输监控信息。它们必须每天做报表，包括货单号、提货时间、发货时间、在途时间、长途运输中不同地点的报告和事故分析原因。与此同时，李宁公司有运输追踪部专门负责电话追踪经销商、专卖店，把自己得到的信息与承运商反馈的数据统一做成一个文件。参照这些程序，李宁公司每个月都会给承运商打分，每个季度集中一次，把数据报表向承运商公布，针对其不足，限期整改。依靠这种严格的末位淘汰制度，承运商的服务水平不断提高，现在与李宁公司合作的承运商不仅有招标入围的，还有曾经被淘汰后又提高自身水平得到李宁公司认可的。而李宁公司的货物运输在业内也受到广泛的好评，赢得了广大经销商的信赖：只要货款到账，货物就一定会安全、正点送到。

二、整合储运

李宁公司在全国共有两个一级配送中心，一个位于北京五里店，总面积为25 000平方米，负责长江以北的地区；另一个在广东三水，面积为12 000平方米，负责长江以南的地区。全国共有13个分公司，各自下辖的仓库是二、三级配送中心。集中起来，李宁公司的仓储面积共约50 000平方米。

为了集中网络优势促进销售，李宁公司一边把全国13个分公司的物流部整合起来，由物流中心进行统一管理，一边推行按销售地入仓的做法，即产品出厂后直接送到相应销售地的配送中心，然后通过分析，分销出去，而不再像以前通过生产地的仓库，再进入配送中心的路线。

这种新做法试行以来，已经达到了3个目标。

1）在广东生产的，一部分发北京，一部分发到三水，分拨距离短、速度快。

2）由于减少了运送环节，不仅成本降低了，而且在接到订单后，货物在36小时内可到达所有的门店，非常及时。

3）整车运输的成本小于零散车的成本，按销售点入仓所耗费的运输力实际上等同于做批发的车辆运输力。大部分里程都是长途干线运输，整车价格比小批量送到门店的成本要低得多。

三、改造仓储

减少库存要在保证安全库存量的前提下，配送中心必须有一定的储存量。现阶段门对门的配送还不能完全实现，不能要求经销商和专卖店担负起仓储的责任。若是在中心城市一、二类街区设销售店，不允许再增设大面积仓储。此外，城市对交通运输的管制，使大型车辆在特定时间内不能直接配送到门店。

因此，李宁公司在可控的时间和库存范围内，以即时生产、没有原料库存为目标。在反思了整个物流过程的各个指标之后，李宁公司发现货物捡配时间还比不上第三方物流公司。其中主要原因是由于李宁牌的产品在国内市场上推出新产品频率很高，现在已有 2 万种不同款式的服装、鞋、帽等。在货物捡配时，要首先分清产品大类，然后根据不同的款式上架；而且配送中心既做批发又做零售。这些都给货物捡配带来了难度。因此，公司投入巨资改造了仓库，并且非常注重细节。比如，为了选择合适的货架，相关人员几乎考察了所有的货架类型。他们先对货品进行了 EIQ（属性分析），然后请来 5 家货架厂家，根据货品属性做出不同的方案，前后修改了一个月。

为了加速物流运输，李宁公司实施了新的信息系统，以实现 3 个目标：加快物流分拨和配送速度，降低成本；使分拣准确性更高，从交订单到货物出库的时间大幅度压缩；进一步节省仓储面积、增加库容，不再租用更大的仓库。现在公司的发行基础已经可以满足需求，以后的运输控制也依靠信息系统电子化的手段来完成。

问题：1．李宁公司是如何选择中间商的？

2．李宁公司的分销渠道有何特色？

3．李宁公司的成功给物流企业有何启示？

二、实践部分

1．选择某一物流服务产品，自行设计它的分销渠道，并在班级内评选出最佳方案。

2．访问当地一家物流企业，了解其物流分销渠道的设计并利用所学知识进行评价，在班级内进行交流。

学习评价

被考评人					
考评地点					
考评内容					
考评标准	内　　容	分值/分	自我评价/分	小组评议/分	实际得分/分
	掌握物流企业分销渠道的基本模式	40			
	掌握物流企业分销渠道的设计	30			
	掌握物流企业分销渠道的管理	20			
	了解物流分销渠道的调整	10			
合　　计		100			

注：1．实际得分=自我评价 40%+小组评议 60%。

2．考评满分为 100 分，60～74 分为及格；75～84 分为良好；85 分以上为优秀（包括 85 分）。

综合知识模块四

物流企业促销策略

市场竞争日益激烈，如何提高业务量成为每一个物流企业最为关键，也是最为头痛的问题。物流企业设计和选择了分销渠道之后，如何才能向顾客传递有关信息，吸引顾客来选择或购买企业的物流服务呢？各个物流企业都使尽了浑身解数，接连不断地推出各种促销活动。促销手法层出不穷，但促销效果有得有失。

能力知识点 1　物流企业促销概述

一、物流企业促销的概念

1. 促销的含义

促销（Promotion）即促进销售，是指企业通过各种方式把产品信息传递给顾客，促使顾客了解本企业产品，引起其注意和兴趣，激发其购买欲望和购买行为，以达到扩大销售为目的的营销活动。

小知识

趣味促销：纽约市郊一名叫雷克斯的展品推销商想出了一个办法，顾客只需向电子游戏机投进 5 美分，便可摸一个号码牌，摸奖中彩者获得奖励，奖品相当可观，极具诱惑力，而摸奖不中者则罚买一件儿童食品。据推销商介绍，摸奖者投放的分币基本可抵奖金支出，而罚买商品所得利润为纯利。

色彩促销：美国一家饭店老板为招揽顾客，将墙壁涂上幽雅舒适的淡绿色，引来很多顾客就餐。虽然顾客盈门，但营业额却不高。后来，他按色彩专家的意见，将餐厅颜色改为粉红色。此举立竿见影，客人不仅食量大增，而且吃完就走，老板大喜。这是巧妙使用色彩促销产生的奇效。

2. 物流企业促销的含义

物流企业促销是指物流企业通过一定的有效途径向顾客传递物流服务提供的方式、内容、信息等，加深及引起顾客购买或使用本企业物流服务的兴趣和欲望，激发其购买行为，以达到提高企业业务量和盈利为目的的营销活动。

议一议

列举你所知道的比较成功的企业促销活动或方式，说说这些企业通过促销活动取得的效果。

二、物流企业促销的作用

物流企业开展促销活动，可以起到以下几个方面的作用。

1）传递信息，提供情报。

2）增加需求，说服购买。

3）突出特点，树立形象。

4）增强偏好，稳定销售。

5）抢占份额，扩大销量。

能力知识点2 物流企业促销的策略

物流企业要想方设法吸引顾客，可以选择的促销方式很多，一般包括人员促销和非人员促销两大类，具体分为人员推销、广告宣传、营业推广和公共关系4种主要策略。

资料卡

人员推销：又称为揽货，是指物流企业派出推销人员或委派专职推销机构寻找现实的和潜在的顾客，通过面对面的方式，运用一定的推销方法和技巧接近顾客、与顾客面谈、处理异议以至最终成交的活动过程。

一、人员推销策略

对物流企业而言，虽然人员推销耗用的工资成本比较高，但却是一种不可缺少的促销方式。

1. 人员推销的任务

推销人员（销售代表）是物流企业人员推销活动的关键，他们为物流企业完成一个或多个任务。

想一想

推销人员常用的推销技巧有哪些？

（1）推销自己：推销产品前先推销自己。顾客首先是接受推销人员，才会接受他所推销的物流服务。推销人员要永远站在产品或服务的前列，必须做好充分的准备。成功的推销自己之后，产品或服务推销就向前迈了一步。

（2）推销企业：推销人员是顾客和物流企业之间联络的桥梁。从某种意义上说，推销人员就代表着企业形象。推销人员推销前先要向顾客介绍他所代表的物流企业，所以推销人员要熟悉企业的发展历史、企业规模、经营理念、经营目标、企业的优势、发展规划以及获得荣誉等，取得顾客的信任和支持。

小知识

每一个业务员都应以自己的职业为傲，业务员推动了整个世界。

——乔·吉拉德

（3）推销服务：推销人员要向顾客详细介绍物流企业的服务项目、服务种类、服务承诺、服务标准、服务收费、交货时间、交货方式、交货地点、付款条件及其方式等，吸引顾客购买或使用本企业的服务。

（4）信息沟通：推销人员是物流企业通往市场的桥梁，一方面要向顾客推销企业的产品和服务信息，另一方面要帮助企业收集和反馈市场信息，包括顾客信息、市场供求信息和竞争对手信息等，使物流企业提供更能贴近市场、贴近顾客的服务，在竞争中立于不败之地。

2. 人员推销的过程

（1）推销准备：推销准备的好坏直接关系到推销活动的成败。推销人员在推销前，一般要做好 3 个方面的准备。

1）准备自己。第一印象是非常重要的，它决定了顾客对推销人员的态度是欣赏、信任还是厌恶，而且这一印象往往不容易扭转。良好的第一印象往往来自于推销人员的外表、服饰、举止、表情等。除了个人形象之外，推销成功和失败的最大分别在于心态的不同，因此推销人员还要做好心理上的充分准备。

2）准备产品或服务。推销人员要想成功打动顾客，再好的口才也比不上优质的服务。所以推销人员出发前要好好研究企业的物流服务，仔细准备相关材料。

3）准备顾客。推销人员在接触顾客前，要收集顾客的相关资料，了解顾客的购买动机、购买需求、购买力、购买的决策权以及顾客的信用等，并建立一个顾客档案。在此基础上，针对顾客的不同情况，采取不同的推销策略。

（2）寻找顾客：推销过程的第一步就是寻找潜在顾客。潜在顾客是指对产品或服务有需求或购买欲望的个人或公司。寻找潜在顾客如同操作一个“费氏转轮”：在游乐园里，一个大转轮旁边等着想要上去的人。操作者每隔一段时间停下转轮，让一些人从转轮上下去，并让另外一些人上来。好的推销员必须用类似的方式一方面要维系老顾客，另一方面要不断寻找新顾客以代替失去的老顾客。

想一想

如果你是物流公司的推销人员，你会采用什么方法去寻找潜在顾客？

（3）访问顾客：推销准备工作完成后，就进入推销活动过程的第二个阶段——访问顾客。访问顾客一般包括拟定访问计划、约见顾客、接近顾客、推销洽谈、处理异议、达成交易和售后服务等。

1）拟定访问计划。“凡事预则立，不预则废”。为了顺利开展访问，推销人员需要制定周密的访问计划。一般来说，具体的访问计划应该包括 5W1H，即 Who（访问谁）、Why（为什么访问）、What（推销什么）、When（在什么时间访问）、Where（在什么地点访问）、How（用什么方式访问）。

2）约见顾客。约见就是推销人员采取一定方法与潜在顾客预约见面。所谓“见面三分情”，约见可以拉近与顾客的距离，向顾客更深入、更清楚地当面介绍产品、服务等情况，推销效果会更胜一筹。

想一想

除了电话、写信等，还有哪些方式可以成功地约见顾客？

3）接近顾客。根据销售心理学的分析，最好的吸引顾客注意力的时间是，你在开始接触对方的前 30 秒。只要你能够在前 30 秒内完全吸引住顾客的注意力，那么以后的推销活动就会变得非常轻松。为了吸引顾客的注意力，在面谈的时候，设计一个独特而且吸引人的开场白可以更好地接近顾客，激发顾客的购买欲望。

议一议

跟陌生人接触，你一般会用什么样的开场白来拉近双方的距离？

4）推销洽谈。推销洽谈是推销活动过程中的一个关键环节。当顾客对所推销的产品或服务产生注意和兴趣时，推销人员要针对不同类型的顾客、不同顾客的需求、不同的产品或服务，采取不同的策略，创建良好的开局气氛，运用各种推销技巧来说服顾客购买。

5）处理异议。异议是指推销人员在推销过程中，顾客用语言或行动打断推销人员的介绍或改变话题，以表示不明白、不同意或反对。常见的异议有："我不需要"、"我没钱"、"我回家跟家里人商量了再说"、"万一出了什么问题，你们公司会负责任吗"等。异议是成功推销的阶梯，突破异议是成功的关键。因此，不管是哪一种异议，推销人员都要积极面对，想尽一切办法，灵活巧妙地将顾客的异议化解，促成交易。

小知识

一旦遇到异议，成功的业务员会意识到，他已经到达了金矿；当他开始听到不同意见时，他就是在挖金子了；只有得不到任何不同意见时，他才真正感到担忧，因为没有异议的人一般不会认真地考虑购买。

6）达成交易。推销活动的最终目标是要达成交易。在整个推销的过程中，随时随地都会出现成交信号。成交信号稍纵即逝，推销人员要善于捕捉，及时促成交易。

小知识

德国大众有句营销名言："一家人的第一辆车是销售人员推荐的，可第二、第三辆车是售后服务人员推荐的。"

所谓成交信号，是指顾客在推销过程中通过表情、体态、语言及行为等表现出来的各种成交意向。例如，以各种理由要求降价、对推销的内容感兴趣、要求详细说明情况、表示对其他企业产品或服务不满等。推销人员要及时判断，把握时机建议成交，促使顾客签订相关的服务合同。即使交易不成功，推销人员也要做到"买卖不成人情在"，和顾客保持良好的关系，以备下次推销。

7）售后服务。双方达成交易，并不意味着推销过程结束。推销人员要善始善终，继续向顾客提供优质的售后服务，促使顾客重复购买。

3. 人员推销的模式

目前比较常用的推销模式主要有以下几种。

（1）埃达（AIDA）推销模式：埃达模式是将推销活动分为4个步骤，即引起顾客注意（Attention）→唤起顾客兴趣（Interest）→激发顾客购买欲望（Desire）→促成消费者购买行为（Action），因为这4个英文单词的第一个字母分别是A、I、D、A，故称为埃达（AIDA）推销模式。这种模式适用于新推销员或面对陌生推销对象的推销。

资料卡

推销模式：是根据推销活动的特点对顾客接受推销过程各阶段的心理演变应采取的策略，而归纳出的一套程序化的标准推销模式。

（2）迪伯达（DIPADA）推销模式：迪伯达模式是国际推销大师海因兹·姆·戈德曼根据自身推销经验总结出来的新模式，主要分为以下6个步骤。

1）准确发现顾客的需要与欲望。

2）把要推销的产品与顾客的需要及愿望结合起来。

3）证明所推销的产品正是顾客所需要的。

4）促使顾客接受所推销的产品。

5）刺激顾客的购买欲望。

6）促使顾客作出购买与成交的决定。

这种模式适用于对老顾客及单位购买者的推销，尤其适用于对物流产品或服务的推销。

（3）埃德伯（IDEPA）推销模式：埃德伯模式是取其英文单词 Identification、Demonstration、Elimination、Proof 和 Acceptance 的第一个字母。这种模式的步骤如下。

1）把所推销的产品与顾客的愿望结合起来。

2）向顾客示范产品。

3）淘汰不合适的产品。

4）证实顾客的选择是正确的。

5）促进顾客接受产品。

这种模式适用于向熟悉的中间商或主动上门购买的顾客推销。

4. 人员推销的设计与管理

（1）人员推销的设计

1）设立推销队伍的组织结构。常见的推销队伍结构模式有 4 种。

① 区域式组织结构是指物流企业将目标市场划分为若干个销售区域，每个区域由专人负责全部销售活动的推销组织结构形式。例如，宝供物流企业集团公司下设北京、上海、广州、成都、武汉、合肥、沈阳等 7 家分公司，每个分公司负责相关地区的销售活动。其组织结构如图 2-11 所示。

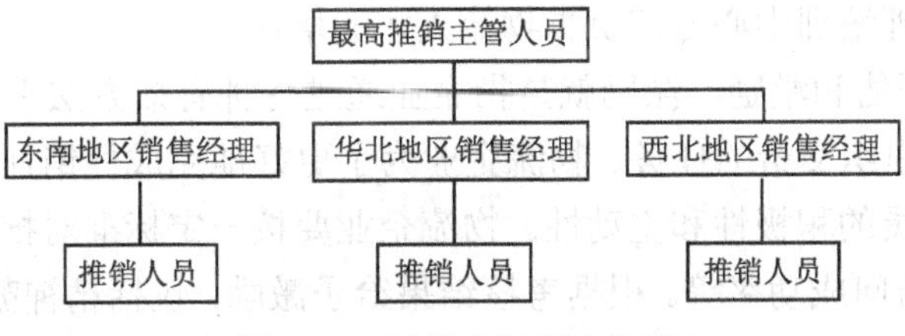

图 2-11　区域式组织结构图

② 产品式组织结构是指物流企业将其服务分成若干类，专人负责销售其中一种或几种产品的推销组织结构形式。其组织结构如图 2-12 所示。

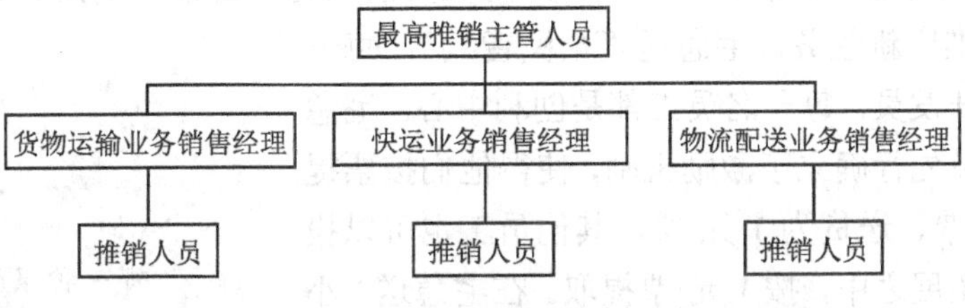

图 2-12　产品式组织结构图

③ 顾客式组织结构是指物流企业将其目标市场按顾客的属性进行分类，不同的推销人员负责向不同类型的顾客推销的组织结构形式。其组织结构如图 2-13 所示。

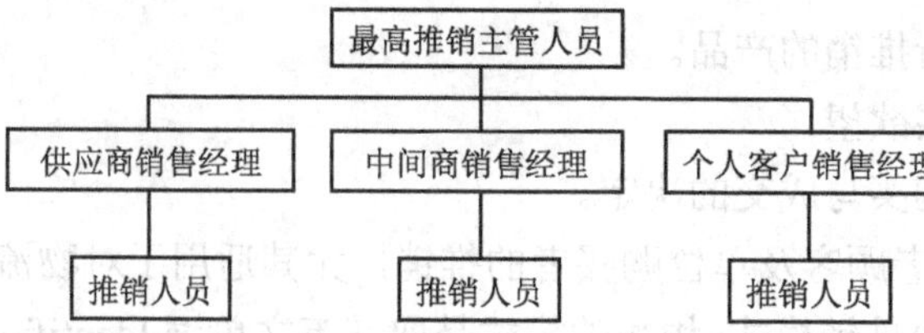

图 2-13　顾客式组织结构图

④ 复合式组织结构是指当物流企业提供的服务种类多，顾客类别多，而且分布区域广泛时，就要综合考虑区域、产品、顾客 3 种因素，按区域—产品、区域—顾客、产品—顾客、区域—产品—顾客等组织形式建立的推销组织结构形式。

2）确定推销队伍的规模。物流企业确定所需推销人员的数量，要根据推销人员的成本、推销人员的推销能力与企业推销工作的负荷量来确定。

（2）推销队伍的管理

1）推销人员的选聘。推销人员素质的高低直接决定了推销活动的成败，关系到物流企业的促销目标能否实现。因此，物流企业在选聘推销人员时，要重视对其综合素质的考核，主要包括思想素质、身体素质、心理素质、业务素质和知识素质等，向全社会公开考核，择优选用。

2）推销人员的培训。物流企业要做到人尽其才，必须加强对新进推销人员和现有推销人员的培训，培训内容包括职业道德、企业知识、业务知识、推销技能、谈判艺术、法律法规、公关礼仪等。可以聘请人员进行培训，也可委托专业院校或培训机构培训。如宝供物流企业集团有限公司与珠海清华科技园教育中心共同组建的专业物流培训机构——珠海市清华科技园宝供物流管理培训中心专门负责物流人才的培训。

3）推销人员的评估和激励。激励就是指企业通过各种有效方法去调动员工的积极性和创造性，努力去完成组织交给的任务。物流企业为了更好地完成促销任务，要建立一定的激励机制去调动推销人员的积极性和主动性。物流企业要按一定标准对推销人员进行评估，如销售额、访问次数、访问成功率等。根据考核结果给予激励，包括精神鼓励和经济激励两种。经济激励主要体现在推销人员的报酬上，目前企业常用的报酬形式有 3 种。

① 固定工资制，即不论推销人员的业绩如何都按固定的工资标准支付报酬。

② 佣金制，即根据推销人员的业绩，乘以一个百分比（佣金率）来支付报酬。

③ 固定工资加佣金混合制，即在支付固定工资的同时，还按一定比例支付佣金。

例如，为了推广新业务，宅急送“全民皆兵”：每一名员工都是市场开发员，每一名员工都是创利中心。宅急送不仅给快递人员先行确立了激励机制，使得他们按票提成，提货为 2 元/票、送货为 1 元/票，其他员工也可以投入到小件业务的拓展之中，按 1 元/票提取。在宅急送“小件快递全国门到门服务卡”中，预留了服务专员空格，由司机、快递员等人员自行填写姓名、联系方式，方便提成兑现。

议一议

哪一种报酬形式更能提高推销人员的积极性，为什么？

小知识

奔驰汽车公司有一个完整而方便的服务网。这个服务网包括两个系统，其中之一是推销服务网，分布在德国各大、中城市。在推销处，人们可以看到各种车辆的图样，了解到汽车的性能特点。在订购时，顾客还可以提出自己的要求，如车辆颜色、空调设备、音响设备、乃至保险式车门钥匙等。服务网中的第二个系统是维修站。奔驰公司非常重视这方面的服务工作。公司在德国有1244个维修站，有工作人员5.6万人。在公路上平均不到25千米就可以找到一家奔驰车维修站。在国外的171个国家和地区，奔驰公司设有3 800个服务站。维修人员技术熟练、态度热情、车辆检修速度快。奔驰车一般每行驶7 500千米需换机油一次，每行驶1.5×10^4千米需检修一次。这些服务项目都能在当天办妥。在换机油时，如发现某个零件有损耗，维修站还会主动打电话通知车主征求是否更换的意见。如果车子意外地在途中发生故障，开车人只要向最近的维修站打个电话，维修站就会派人来修理或把车拉回去修理。

二、广告宣传促销策略

1. 物流广告的含义

物流广告是指由物流企业支付费用，通过各种传播媒体，旨在宣传推销产品或承揽服务以达到增加了解和信任，乃至扩大销售的一种促销形式。

2. 广告的作用

人们把广告比作信息传播的使者、促销的催化剂、企业的介绍信、产品的敲门砖，甚至有人认为在今后的社会里，没有广告就没有产品，没有广告就没有效益，没有广告的物流企业将寸步难行。这就是说，广告是企业促销必不可少的手段。广告在促销中有着特殊的作用。

（1）广告是最大、最快、最广泛的信息传递媒介：通过广告，物流企业能把企业、产品或服务的特性、承诺、优势等信息传递给顾客，沟通供求双方的联系，引起顾客的注意及兴趣，促进购买。

议一议

列举一个你印象最深的广告实例，并分析它的成功之处？

（2）广告能激发和诱导消费：顾客对某一产品或服务的需求往往是一种潜在的需求。这种潜在的需求与现实的购买行动，有时是矛盾的。广告造成的视觉、感觉、影像以及诱导往往会勾起顾客的现实购买欲望。另外，广告的反复渲染、刺激，也会扩大产品的知名度，甚至会引起一定的信任感，导致购买量的增加。

（3）广告能较好地介绍产品或服务知识，指导消费：通过广告可以全面介绍物流服务的承诺和兑现情况，消除顾客的疑虑和后顾之忧，从而产生购买欲望。

（4）广告能促进新产品、新技术的发展：当物流企业使用新技术提供新的服务项目时，通过广告直接与广大顾客见面，能使新服务项目迅速在市场上站稳脚跟，获得成功。

3. 广告策略的制定

要制作一则独特而又吸引人的广告，需要有一个完整的广告策略。

例如，DHL推出的广告是一个正在热播的电视版本，描述一只鸟快递了一个箱子到某户人家，打开箱子，里面竟然是只活生生的狗，这场景吓得户主的猫飞奔出去——其用意是告诉消费者 DHL 连动物都可以送，希望借此消除母公司德国邮政只送信件的刻板印象。FedEx 的广告也有好几个版本，其中令人印象最深刻的是请一个在各行业都很棒的漂亮女孩来做其收检员——直接诉求美轮美奂、服务至上的原则。UPS 有一个叙事式的广告，呈现一些商务人士，或者行色匆匆地踏出电梯口，或者神情悠然地坐在办公桌前，想要的东西总是神话般如期而至，所有的场景背后都有一个时钟，原来早就有人为他们算准了时间同步递送东西——这是 UPS 最新的口号——“实现同步化商业”。

广告策略一般包括 5 个主要步骤，可以简称为 5M：①广告目标是什么？（Mission）②广告费用是多少？（Money）③传递什么广告信息？（Message）④利用什么广告媒体？（Media）⑤怎样估计广告效果？（Measurement）。

（1）确定广告目标：广告目标是物流企业通过广告活动要达到的目的。物流企业广告一般有 3 种目标。

1）创造品牌目标。在新的物流企业成立或推出新产品、新服务项目，开拓新的市场时，可以以此作为广告的目标。其作用是通过广告让顾客加深印象，尽快接受新的品牌。

2）保牌广告目标。当物流企业要保住原有的市场并深入开发时，可以以此作为广告的目标。其作用是通过连续广告的方式，加深对企业、产品、服务的认识，保持顾客的忠诚度。

3）竞争广告目标。当物流企业要显示竞争优势时，适合以此作为广告的目标。其作用是显示本企业产品或服务的优胜之处，帮助顾客增强对本企业的偏好，并选择本企业的产品或服务。

想一想

如何准确地确定广告预算？

（2）确定广告预算：通常可供企业选择的确定广告预算的方法有 4 种：①根据物流企业本身经济方面的承受能力来选择。②按照物流企业的销售额提取一定比例作为广告费。③参照竞争对手的广告投入来确定本企业的预算。④按每次做广告要实现的目标进行预算。

（3）确定广告信息：主要是确定广告鲜明的主题，针对性强。如宝供物流企业集团有限公司的一则广告主题是：铁运旗舰宝供号—— 连接“珠、长三角洲”的黄金通道。

（4）确定主要的广告媒体：物流企业广告媒体除了采用传统四大媒体广告，即报纸、杂志、广播和电视外，还可采用被人们称为第 5 大广告媒体的互联网。根据行业的特殊性，可供选择的有户外广告、墙体广告、车身流动广告、横幅广告和招牌广告等。

（5）估计广告产生的效果：广告的传播效果主要从两方面来体现：①广告本身能给顾客留下深刻的印象，成功诱导顾客去购买。②物流企业业务量的增长。如果能实现这两种效果，就可认为广告是成功的。

小知识

满足购物者心理需求的广告规律如下。

第 1 阶段：从杰出的创意出发（Idea）。

第 2 阶段：使其能给人以直接的刺激（Immediate Impact）。

第 3 阶段：使对其内容感兴趣（Interest），愿意阅读。

第 4 阶段：向顾客提供充分的信息（Information）。

第 5 阶段：运用能激发顾客冲动（Impulsion）的力量。

三、营业推广策略

1．营业推广的含义

营业推广是指物流企业在特定的目标市场中，为迅速刺激需求和鼓励消费而采取的各种促销形式。

2．营业推广的作用

现代营销理论认为，营业推广与人员推销、广告、公共关系有异曲同工之妙，是现代促销的四大手段之一。

营业推广在引起顾客尝试反应、改变购买习惯、刺激购买数量、刺激潜在购买者、增强经销商接受程度、引入新产品、宣传附送品、防范竞争者、提高广告效果、巩固品牌形象等方面作用显著。

3．营业推广的基本步骤

1）建立营业推广的目标。企业营业推广的目标有4类：①对消费者的营业推广，其常用工具有：赠送样品、提供各种价格折扣、消费信用、赠券、印花、服务促销、演示促销等。②对中间商的营业推广，包括批量折扣、现金折扣、特许经销、代销、试销和联营促销等。③对推销人员的营业推广，如销售员培训、推销员竞赛、红利提成和特别推销金等。④对供应商的营业推广，基本方式是租赁促销、类别顾客折扣促销、订货台和服务促销等。

物流企业的营业推广方式一般有：①提供免费试运行。②免收物流增值服务费用。③给顾客提供价格折扣，如数量折扣、季节性折扣等。对推销员进行营业推广的方式一般有：①给予推销人员一定的奖金或佣金。②给予成绩突出的推销人员一定的物质或精神奖励等。

2）确定营业推广方案。

3）试验、实施、控制营业推广方案。

4）评估营业推广效果。

小知识

会员营销：又称俱乐部营销，是指公司以某项利益或服务为主题，将人们组成一个俱乐部形式的团体，开展宣传、促销等营销活动。假如俱乐部的条件是缴纳一笔会费，或购买一定量的产品等，成为会员后便可在一定时期内享受到会员专属的权利。这种方式的最大益处在于能通过俱乐部这种团体形式将消费者集合在公司的周围，与他们直接沟通，使之成为忠实的顾客。

四、公共关系促销策略

1．公共关系的含义

公共关系（Public Relations，PR），是指一个公司为了谋求社会各方面的信任和支持、树立企业信誉、创造良好的社会环境而采取的一系列措施和行动。

2. 公共关系的作用

1）参与决策，制定发展目标。

2）处理纠纷，协调各方关系。

3）传播沟通，树立良好关系。

4）促进销售，创造良好效益。

小知识

美国人爱德华·伯内斯因首先提出公共关系咨询而被称为公共关系之父。伯内斯在1919年成立了美国第一家公关公司。

3. 物流企业开展公关关系活动的基本步骤

（1）进行调查研究：调查是企业公关成功的法宝，没有调查就没有发言权。通过调查，物流企业可以了解有什么样的阻力在阻挡企业发展目标的实现，了解什么样的人购买企业的产品或使用企业的服务，了解这些人在购买产品或使用服务时会有什么样的疑问等问题。然后，物流企业可以把通过调查得到的信息进行总结和归类。

（2）确定公关目标：公关目标是公关人员确定的努力方向，也是形象定位的过程，是公共关系活动的核心。

（3）选择受众目标：就是针对哪些人组织、开展公关活动。

（4）选择公关策略：物流企业的公共关系策略分为3个层次：①公共关系宣传，即通过各种传播手段向社会公众进行宣传，以扩大影响、提高企业的知名度。②公共关系活动，即通过举办各种类型的公关专题活动来赢得公众的好感，提高企业的美誉度。③公共关系意识，即企业员工在日常的生产经营活动中所具有树立和维护企业整体形象的思想意识。

小知识

危机公关：是公共关系活动的一个分支，是指在企业的信誉、形象等遇到突如其来的危机时，作为当事人的企业所应采取的一系列的公关活动。它包括危机事件的发生、处理和消亡3个过程。成功的危机公关可以"扶大厦于将倾"，而失败的公关则可以置企业于倒闭。

物流企业公共关系策略通常采用以下一些手段：与地方政府建立良好的关系、新闻媒介宣传、创造新闻事件、公共关系广告、专题公关活动、公益活动、宣传材料、内部公关、网上公关（如电子邮件、互联网、网上论坛等）、参加与物流有关的各种会议（如物流年会、物流展览会、交流会、研讨会等），以提升自身的知名度与企业形象。促销工具见表2-2。

议一议

你知道有哪些企业采用过危机公关来消除危机吗？

（5）公关费用预算：物流企业开展公共关系活动，必然会产生人员的投入和活动费用的开支，有计划、有目的地做好公关费用预算，可以保障公关活动的顺利进行，建立良好的企业信誉和形象，达到预期目标。

（6）评价公关效果：可以利用以下方法进行评价。

1）民意测验法。选择一定数量的目标公众通过问卷等形式，征求他们对公关活动的意见，并加以分析、统计，说明公关工作的效果。

2）专家评估法。请有关专家对公关工作提出观点和意见，从不同角度来分析公关工作的效果。

3）访问面谈法。由公关人员通过个别交谈或集体访谈的方式，了解公众对公关工作的意见和看法，借以评估公关工作的效果。

4）观察法。公关人员通过观察目标对象对公关工作的反应来评估公关工作的结果。

5）资料分析法。通过对企业生产经营资料、销售数据的变化来征询公关工作的效果。

表 2-2　促销工具一览表

广　告	销售促进	公共关系	人员推销	直　销
印刷	竞赛、游戏	报刊稿子	推销展示	目录
电台广告	兑奖	演讲	销售会议	邮购
电视广告	彩票	研讨会	销售介绍	网络营销
外包装广告	赠品	年度报告	奖励节目	电话营销
包装中插入物	样品	慈善捐助	交易会与展销会	电视营销
宣传小册子	示范表演	捐赠		传真邮购
传单	赠券	出版物		
工商名录	回扣	关系		
广告复制品	款待	游说		
广告牌	折价交易	确认媒体		
陈列广告	折让	公司杂志		
视听材料	商品组合			
标记和标示语				
录像带				

能力知识点 3　物流企业促销组合

物流企业在制定促销策略时，一般会综合运用人员推销、广告、营业推广和公共关系 4 种方式，这就形成了促销组合。

一、促销组合的含义

促销组合是一种组织促销活动的策略思路，是指物流企业应把广告、公共关系、营业推广及人员推销 4 种基本促销方式合理选择、互相配合、协调一致，最大限度地发挥整体效果，从而顺利实现促销目标。

二、促销组合策略

促销组合策略是指物流企业对各种促销方式的选择及在组合中侧重使用某种促销方式的策略。一般来说有 3 种组合策略。

1. 推动策略

推动策略是物流企业以人员推销为主要手段，首先争取中间商的合作，利用中间商的力量把新的产品或者服务推向市场，推向消费者。推动策略的运作程序，如图 2-14 所示。

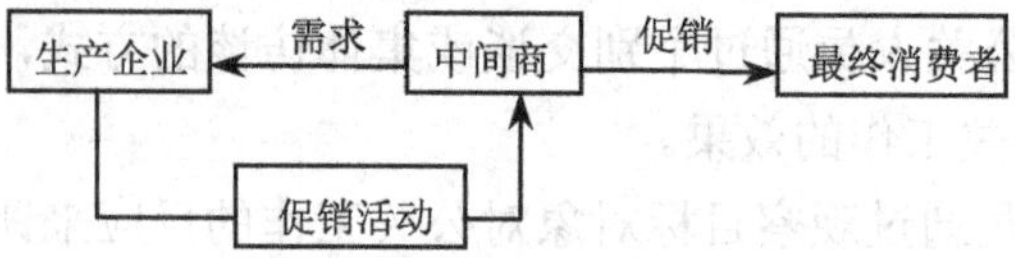

图 2-14　物流企业推动策略示意图

推动策略常用的方式有：派出推销人员上门推销产品，提供各种售前、售中、售后服务等。例如，某公司是全球快递及物流服务商，旗下拥有超过 138 500 名雇员，服务网络遍及 200 多个国家。该公司进入我国后，致力于在物流和快件等方面提供一应俱全的产品和服务。目前，服务已覆盖我国 200 多座城市，网点超过 2 000 个。现正式推出特许加盟项目，由中国总部亲自进行操作，加盟该公司的加盟金为 10 万元、保证金为 10 万元、特许权使用费为营业额的 6%，再加上客户销售及服务费用，大约 2 年左右可收回成本。也就是说，加盟商只需投入 50～100 万元就可以获得该公司 5 年的品牌授权。同时，该公司向加盟商提供一系列配套服务，加盟商可以拥有其独特的经营和运作模式、全球跟踪查询系统以及国际和国内运输网络的支持等。此外，公司还专门针对加盟商提供相关的培训活动，如总部或各站点的完整培训、启动培训（包括营运、销售、客户服务、计算机系统、财务管理等）、日常营运过程中持续的指导与再培训等。

2. 拉引策略

拉引策略就是物流企业先通过广告等直接面向最终消费者的强大促销攻势，把新的商品或者服务介绍给最终市场的消费者，使之产生强烈的购买欲望，形成急切的市场需求，然后“拉引”中间商纷纷要求经销本企业的产品或服务。拉引策略的运作程序，如图 2-15 所示。

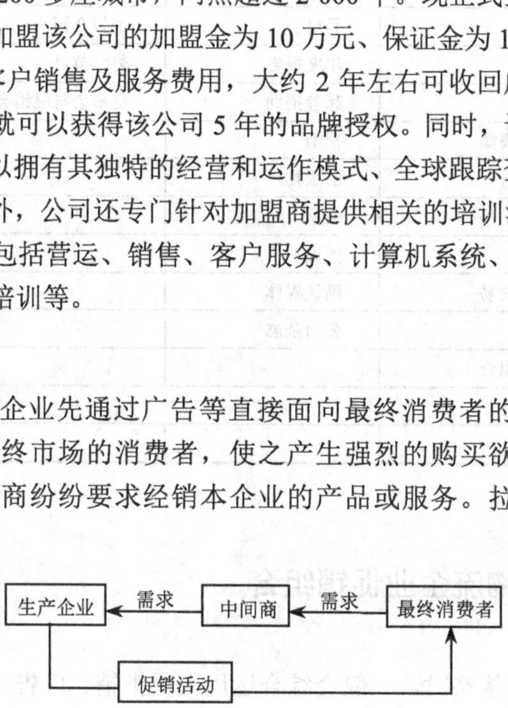

图 2-15　物流企业拉引策略示意图

拉引策略常用的方式有：价格促销、广告、展览促销、代销、试销等。

3. 推拉结合策略

在实际操作中，物流企业也可以把上述两种策略配合起来使用，在向中间商大力促销的同时，通过大量的广告刺激市场的需要。其运作程序如图 2-16 所示。

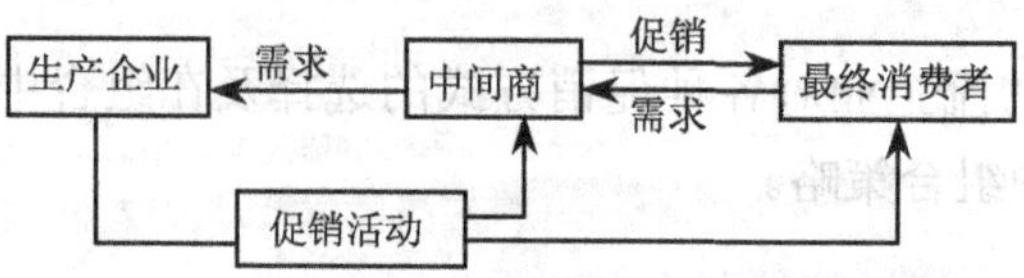

图 2-16　物流企业推拉结合策略示意图

物流企业应根据各自需要选择相关策略。

三、确定促销组合时应考虑的因素

（1）物流服务产品的性质与特点：如果物流企业提供的服务和产品比较专业或比较复杂，如宝供物流企业集团有限公司为顾客量身定做，提供门到门的一体化综合服务以及其他增值型服务，重点提供国内领先的全国联网的物流信息管理系统，使宝供总部、六大分公司、40多个运作点实现内部办公网络化、外部业务运作信息化，并实现仓储、运输等关键物流信息的实时网上跟踪，这些业务最好采用人员推销、网上推销的方式。而对于比较简单的业务，如快运、仓储、运输、配送等，采用广告的方式比较适合。

（2）推拉策略：促销组合在很大程度上受物流企业选择推动策略、拉引策略或推拉结合策略的影响。采取不同的促销组合策略，各种促销方式的比重和搭配也不一样。

（3）市场状况：市场需求情况不同，企业应采取的促销组合也不同。一般来说，市场范围小，潜在顾客较少以及产品专业程度较高的市场，应以人员推销为主；而对于无差异市场，因其用户分散、范围广，则应以广告宣传为主。

（4）促销的对象：对物流供应商，最好以人员推销和公关推销为主；对顾客，可以以广告为主；对中间商，可以以营业推广为主。例如，设立长期年度销售目标奖励，设立旅游奖励，进行销售竞赛活动等。

（5）物流服务产品的经济生命周期：当产品处于介绍期时，人员推销、广告和公共关系效果最佳；在成长期，广告和公共关系仍需加强，营业推广可相对减少；在成熟期，应增加营业推广，削弱广告；在衰退期，某些营业推广仍可适当保持，广告仅仅是提示而已。

一个好的促销活动，绝不是一个单纯的促销工具的运用，而是一个系统工程。只有对促销活动的过程进行有效的管理，才能达到促销的目的。如果忽视某些重要因素或环节，会造成全盘皆输的后果。

能力知识点4　物流企业识别系统

> **资料卡**
>
> 企业识别系统：简称CIS（又称为CI系统），它是英文Corporate Identity System的简写形式。它是现代企业通过企业形式的设计和宣传，树立企业形象，增强企业公众（包括企业员工）归属意识的完整体系。

一、企业形象识别系统的概念

企业识别系统（CIS）起源于美国的公路文化。早先，美国的一些商家为招揽顾客，在公路的两侧树立起企业的宣传牌。起初是长篇累牍的企业介绍，后来这些商家发现，那些简洁明了的标志反而会被大众所熟记，所以纷纷推出自己企业的标志，从而便产生了CIS的雏形。

从20世纪80年代开始，广东的太阳神第一个导入CIS，中国邮政、中国铁路、中国电信、中国移动和中国联通等纷纷推出了自己的VI（视觉识别）战略，乃至CIS战略。这些大型企业在导入自己的CIS战略时，不约而同地选择了最先导入作为企业“脸面”的VI策略。心理

> **小知识**
>
> “现代人在任何领域都能被制造或标榜成名人而身价倍增”这就是著名的皮革马利翁原理。

学研究表明，视觉是人们获得信息的主要窗口。一个人在接受外界信息时，眼睛接受的信息量占全部信息量的 83%，而只有 11%来自听觉、3.5%来自嗅觉、1.5%来自触觉、1%来自味觉。由于人们是凭着五官来接受外界信息，而认知又是接受企业形象的第一步，所以在塑造企业形象的过程中，VI 占有十分重要的地位。

二、企业识别系统的组成

企业识别系统是一个有机的整体，它包括 3 部分：理念识别系统（Mind Identity System，MIS）、行为识别系统（Behavior Identity System，BIS）及视觉识别系统（Visual Identity System，VIS），三者相辅相成、缺一不可，它们是 CI 系统的 3 个层层展开、环环紧扣的基本组成部分。

1. MIS——理念识别系统，企业之“心”

理念是企业的精神和灵魂，理念识别系统是 CIS 战略运作的原动力和实施的基础，属于企业的最高决策层次，包括经营观念、企业文化、精神标语和方针策略等。

2. BIS——行为识别系统，企业之“手”

行为识别系统是企业的一系列对内、对外有目的的活动。对内的活动包括：员工教育（包括服务态度、服务技巧、礼貌用语和工作态度等）、工作环境等项目。对外的活动包括：市场调查、产品销售、公共关系、广告宣传和促销活动等。各企业积极参与社会事件和公益文化活动，也属于行为识别的范畴，其目的主要在于赢得社会公众的认同。

3. VIS——视觉识别系统，企业之“脸”

VIS 是指视觉识别系统，它是理念识别的具体化和视觉化，是通过组织化、系统化的视觉表达形式来传递企业的经营信息。视觉识别的内容较多、涉及面广、效果也最直接。它的基本要素有企业名称、品牌标志、标准字和标准色等，并把它们应用于产品、包装、办公用品和交通工具等处。

只有三者结合才完整，才能塑造出鲜明的企业个性和企业形象。所以 CI 是企业塑造形象、获得竞争优势的有效工具，是社会公众识别企业和企业向外展示风貌的一座桥梁。

三、物流企业 CIS 设计

物流企业 CIS 设计主要包括前面所述的 3 部分内容，下面以宝供物流企业集团有限公司为例加以说明。

（1）企业精神：诚实负责，开拓进取。

（2）企业文化：宝供物流企业集团有限公司就是宝供人为之奋斗、生存和发展，为顾客创造价值的一个团体。

（3）企业管理风格：以人为本。

（4）企业市场战略定位：宝供是 1992 年从广州的铁路货物中转站发展而来的，是全国首家提供送货到门的服务公司。目前，宝供正专注于提供供应链一体化物流服务，其发展路径可以概括为储运—物流—供应链。宝供发展初期，我国的现代物流理念和环境还不成熟，宝供并没有明确的企业发展战略，对物流市场没有明确的定位，宝供的发展是一种摸着石头过河的方法。这种方法使得宝供在不知不觉中懂得了物流，在不知不觉中做物流。就是这样一种最普通的方法，造就了我国最成功的第三方物流企业。这种企业发展战略可以概括为进化型，这种模式的要点在于不断发现市场需求，适应市场变化，不断修正战略目标和市场定位，不断改进服务水平，形成竞争优势，使顾客满意，以获取高额回报。宝供从当宝洁的“学生”到建立信息系统，再到建立物流基地，逐步体会到更准确、更敏捷、更及时、更高效的准时物流服务的精髓。宝供战略定位的变化自始至终都围绕着一个“准”字，从储运、物流到供应链，从货运代理、物流资源整合到物流资源一体化，这种变化源于对“准”字的不断认识、不断理解和不断实践。这样一系列的准确，就使得宝供必须组织所有资源来满足这一要求，而只有建立起一套基于信息系统的物流仓、储、运一体的，集商流、物流、信息流、资金流一体的现代化物流运作网络，才能在战略定位的差异化中取得竞争优势，从而连续保持在中国第三方物流企业中的领先地位。

（5）企业形象设计：企业形象设计主要包括企业标志、企业名称标准字、品牌标准字、企业的标准色、企业标语和专用字体等方面的设计。

1）企业标志是指企业所生产经营的商品商标，包括文字和图形类型的标志。

2）企业名称标准字通常是指公司的正式名称，以中文及英文两种文字定名。以全名表示，还是省略股份有限公司、有限公司等，需根据使用场合来决定。宝供的全称是宝供物流企业集团有限公司，其标识如图 2-17 所示。

图 2-17 宝供物流标识

小知识

1994 年，美国宝洁公司需要物流合作伙伴，刘武成为宝洁的物流供应商，并成立了名为宝供的公司。“宝供”的字面含义是为宝洁提供储运服务。由此可见，宝供并未有意识地将品牌作为企业的发展战略之一。此后，宝供一直作为企业名称和符号与企业一同成长。由于宝供在我国第三方物流领域的卓越实践，使宝供本身赢得了我国 2002 年第三方物流企业认知度榜首的地位。

3）品牌标准字代表本公司产品的品牌，有中文和英文两种设计。如宝供物流 PGL 就是宝供的品牌标准字。

4）企业的标准色是用来象征物流企业的指定色彩，通常采用 1～3 种色彩为主。也有为了区分企业集团与母公司的不同或公司各企业部门、各品牌、产品的分类，采

小知识

一个没有英雄的国度会被征服，一个没有品牌的企业也会被征服。

用多种颜色色彩体系的。企业标准色或辅助色等广泛地应用于标志识别、广告、包装、制服、建筑装饰、展品陈列、旗帜、事务用品等应用设计项目上，是企业视觉识别重要的基本设计要素。宝供物流的标准色是绿色，辅助色有白色、黑色等。

小知识

绿色和平组织以绿色作为组织的标准色，将它统一用在招贴画、宣传车等上面，再加上绿色意味着自然，象征着和平、宁静，给公众留下了很深的印象，形成了极大的号召力。目前，世界上企业的标准色正在由红色系渐渐转向蓝色系，追求一种体现理智和高技术精密度的色彩象征。日本设计界认为："日本企业正一步步向国际化前进，不仅以红色的热情，而且以蓝色的理智作为目标的现象日趋明显。"

不同的色彩代表的含义也有不同。

（1）红色：热烈、辉煌、兴奋、热情、青春。
（2）绿色：春天、健美、安全、成长、新鲜。
（3）蓝色：安祥、理智、科技、开阔、冷静。
（4）黄色：富贵、光明、轻快、香甜、希望。
（5）橙色：华丽、健康、温暖、欢乐、明亮。
（6）紫色：高贵、优越、幽雅、神秘、细腻。
（7）白色：明亮、高雅、神圣、纯洁、坚贞。
（8）黑色：严肃、庄重、坚定、深思、刚毅。
（9）灰色：雅致、含蓄、谦和、平凡、精致。

5）企业标语是指对外宣传物流企业的特长、业务、思想等要点的短句，它经常和企业名称标准字、企业品牌标准字等组合运用。如宝供顺德物流基地项目建设启动、宝供物流企业集团有限公司荣膺中国企业信息化500强等。

6）专用字体是指物流企业主要使用的文字（中文、英文）、数字等专用字体。在标准字的设计中，最主要的是要注意各字体的协调配合、均衡统一，使之具备美感和平衡。

小知识

设计专家们发现：由细线构成的字体易让人联想到纤维制品、香水、化妆品等。圆滑的字体易让人联想到香皂、糕饼、糖果。角形字体易让人联想到机械类、工业类用品。

在整个企业识别设计中，吉祥物设计以其醒目、活泼和趣味性越来越受到企业的青睐。利用人物、植物、动物等为基本素材，通过夸张、变形、拟人、幽默等手法塑造出一个亲切可爱的形象，对于强化企业形象有不可估量的作用。由于吉祥物具有很强的可塑性，往往根据需要设计出不同的表情、姿势和动作，较之严肃庄重的标志、标准字更富弹性、更生动、更富有人情味、更能达到过目不忘的效果。如第25届奥林匹克运动会的科比、麦当劳食品公司的麦当劳叔叔、汉城奥运会的小老虎、洛杉矶奥运会的山姆老鹰等早已成为家喻户晓的标识。

（6）产品形象设计：

1）产品是企业的名片，企业必须以产品为中心，树立良好的产品形象。如宝供的服务项目主要有一站式货物运输、快运业务、物流配送业务等。

想一想

你喜欢的企业有哪些吉祥物？

产品的命名要研究消费者的喜好和禁忌，尤其是对出口商品必须了解消费者所在的国家和地区的习俗，切勿犯忌。

2）商标是用来区别不同企业所提供的商品或服务的标记。商标可能是一个单词、字母、图形或是它们的组合，包括图画、符号等平面形象。我国现行商标法尚未将立体形象列入保护范围。根据《中华人民共和国商标法》规定，我国的商标种类主要包括商品商标、服务商标、集体商标和证明商标。经商标局审核批准注册的商标为注册商标，商标注册人享有商标专用权，受法律保护。如广州至上海特快行邮专列——“宝供号”是由中铁行包公司与宝供集团精心策划打造的物流服务产品，具有安全、准确、快速、可靠、全天候的运作特点，再加上宝供集团多年的一体化服务运作经验、能力和设施，可为广大顾客提供物流策划、储存、分拨、包装、运输、配送和信息服务等。该专列全程按直达特快客车运行等级（120千米/小时）运行，广州发车时间为每天 7:19，上海发车时间为 22:50，单程运行时间不到 23 小时。

> **小知识**
>
> 国际上最早的商标是 1473 年出现在英国街头的印刷标记。著名的美孚石油公司历时 6 年耗费巨资，从 1 万个商标中选出该企业的商标，这算是一枚最昂贵的商标。

3）产品包装被称为是“无声的推销员”，它是消费者在终端所见到的最直接的广告，是产品在货架上的形象代言人。通过包装的改变，也可以带来品牌形象的改变。

（7）质量形象设计：质量是企业的生命，现代企业的质量观念更为广泛。它是指企业全面管理强调的质量，包括产品质量、服务质量和工作质量等方面，这也正是质量形象设计的主要内容。例如，为了规划业务部门的运作标准，宝供建立了系统化、规范化、标准化的各类标准操作程序，即 SOP。对任何岗位上的任何事，SOP 都有详细的规定。通过 SOP 的正确执行，确保业务运作不会因个人的因素造成服务品质的不同，确保 GMP 质量体系的实施和实现。GMP 标准是由美国食品和药物管理局颁布的有关产品生产质量控制的法规性条例。宝洁公司采用的就是 GMP 质量管理体系，它要求所有运作过程必须严格符合 GMP 标准。1996 年，宝供公司以 GMP 标准为蓝本，根据 GMP 的 13 个关键要求制定了一套相应的系列化质量管理标准体系，将每项要素的具体标准及要求汇编成《质量管理手册》，全面施行。同时，在公司总部专门设立质量管理部，具体落实贯彻《质量管理手册》，从而使每一项业务运作从开始就有质量控制和跟踪，充分保证业务运作的质量稳定可靠。此外，在公司内部还大力宣传“重质量，讲管理”的风气，要求每位员工都要树立明确的质量意识，人人都有质量职责，使 GMP 成为宝供的服务标准和品质保证，成为宝供的品牌形象。

多年来，宝供公司的铁路运输货物缺损率控制在万分之一左右、公路运输和仓储缺损率为 0、铁路运输时间达标率在 95%以上，获得了顾客的一致赞许。2001 年初，宝洁严格按照国际标准，对宝供刚刚运行半年的姬堂 2 仓进行了 GMP 评估，最终给出了 96 分的优异成绩。

> **小知识**
>
> 《幸福》杂志每年都从美国全国 30 多个行业的 300 多家公司中评出 10 家最好的公司。评选的标准有 8 项：①管理质量。②产品和服务质量。③创新。④长期投资金额。⑤财务状况。⑥吸收培养人才。⑦对社会和环境所负的责任。⑧财产的使用状况。

能力知识点5 物流企业促销活动方案的制定

任何促销活动的成功实施，都离不开一套有效、可行的方案作为指导。要使促销活动有效，掌握必要的策略及法则是十分必要的。好的方案可以促进销售，差的方案反而会使销售下滑。因此，制定促销方案一定要考虑好以下几个问题。

一、促销目标要明确

物流企业的促销目标是要对市场现状及活动目的进行详细阐述。主要考虑的方面有：市场现状如何？开展这次活动的目的是什么？是处理库存、提升销量、打击竞争对手、新品上市还是提升品牌认知度及美誉度。不同的促销目的运用的工具、创意的主题、使用媒体是不同的。只有目的明确，才能使活动有的放矢。例如，长江三角洲地区是我国经济最发达、最活跃的区域之一，也是我国邮政业务发展的重点区域之一。为了贯彻落实国务院关于长江三角洲地区“突出特色、优势互补、密切合作、共同发展”的16字方针，中国邮政EMS依托信誉、网络、综合实力等众多优势，推出区域限时专递品牌——“次晨达”业务，以高品质的服务、全新的品牌，为社会提供方便、快捷的服务。

二、促销方式要多样

确定促销活动开展的具体方式，要重点考虑如下几个方面。

> **想一想**
>
> 你在日常生活中是否接触过联合促销活动？

（1）确定伙伴：物流企业是单独行动，还是和经销商联手，或是与其他企业联合促销是需要重点考虑的。和政府或媒体合作，有助于借势和造势；和经销商或其他厂家联合，可以整合资源，降低费用及风险。联合促销是指通过两个不同品牌捆绑在一起，联合进行促销的方式。联合促销一般分为两种形式：一种是企业内部自己两个不同品牌的联合促销；另一种是不同企业、不同品牌之间的联合促销。例如，在超市购买某品牌的酱油时，顾客会发现只要比平时多付一点钱，就可以一起获得另外一个品牌的鸡精。又如，当顾客在电器城购买某品牌的电视机的同时购买另一个品牌的DVD，将可以参加某个抽奖或者将获得某种优惠和奖品等。

（2）确定刺激程度：要使促销取得成功，必须使活动具有刺激性，能刺激目标对象参与。刺激程度越高，促进销售的反应越大。例如，为配合限时专递业务的推出，国家邮政局速递局组织了多种形式的宣传促销策划活动，除统一制作了40万份宣传折页、5万份大客户宣传册、1万份招贴画、5万份促销小礼品和1万枚“次晨达”胸牌专门用于本次宣传活动外，还统一安排了“迎新春，送贺礼”的抽奖促销活动。凡在规定期间内交寄“次晨达”邮件的寄件人，均有机会参加抽奖活动，获取数码相机、手机、MP3和U盘等奖品。

三、促销对象要清楚

物流企业界定促销活动向谁开展，是本品牌原有顾客还是其他品牌顾客，是游离群顾客还是潜在大众顾客，是购买者、使用者还是决策者，是经销商、零售店还是消费者？到底希望谁采取行动？希望谁参与关注及评论？不同的促销对象有不同的购买动机，必须区分对待，采取不同的策略，做到有的放矢。例如，“次晨达”业务贯通了我国经济最活跃的“三大经济圈”，使长江三角洲的5个城市、环渤海区域的2个城市、珠江三角洲的6个城市的众多顾客享受到高品质的服务。

四、促销内容要新颖

设计促销内容，主要包括以下两方面。

1. 确定活动主题

主题是促销活动的灵魂和旗帜，只有主题突出、形式新颖活泼，才能从众多的促销活动中脱颖而出，让消费者感到参与促销活动是有趣味、有意义的，激发消费者的消费热情。主题要与品牌形象及个性相符，能提升与巩固品牌形象，并赋予品牌深刻的文化内涵，达到长期积累品牌价值的目的。在确定促销主题时，最好能用一句话表达。例如，中国邮政EMS倾力打造的“次晨达”精品快递服务，其业务促销活动的主题是“全心全速追求卓越”。

2. 包装活动主题

在确定了主题之后要尽可能将它艺术化，淡化促销的商业目的，使活动更接近消费者，更能打动消费者。这一部分是促销活动方案的核心，应该力求创新，使活动具有震撼力和排他性。例如，国家邮政局举行了简朴而隆重的授牌仪式，向我国田径运动史上男子项目第一个奥运冠军刘翔授予中国邮政EMS大使纪念牌。刘翔是奥运会冠军，标志着我国已经在短跑项目上取得了历史性的突破，是中国人的骄傲。他的这种自强不息、奋勇拼搏的精神与邮政EMS的全心、全速、全球—— 追求卓越、服务社会的理念高度一致。邮政EMS将以这种精神自勉自励，以更优质的服务回报社会，和刘翔共飞翔、共辉煌。主题设计的基本原则主要应遵循以下几点。

（1）趣味性：要让消费者感到有趣而参与，而非单纯利用奖品来吸引消费者。

（2）新颖性：基于同行没有做过的活动。

（3）热点性：与社会热点问题相联系，引人注目。

（4）文化内涵及品味：体现民族及地方文化特质及个性，耐人寻味。

（5）符合大众心理：接近大众心理需求，关注消费动机，让消费者有亲切感，使活动有亲和力。

（6）突发性：活动主题带有偶然性、突然性，让消费者感到意外，受到震撼。

（7）深刻性：不要追求表面现象，哗众取宠，要有深度发掘，整个主题要深入提炼。

（8）原创性：不可简单模仿他人的促销活动。

五、促销时间、地点要选好

促销活动的时间和地点选择得当会事半功倍，选择不当则会费力不讨好。在时间上尽量让消费者有空闲参与活动，在地点上也要让消费者方便，而且要事前与城管、工商等部门沟通好。另外，持续多长时间也要深入分析。时间过短，会导致在这一时间内无法实现重复性购买，很多应获得的利益不能实现；时间过长，又会引起费用过高，而且市场热度不够，并会降低顾客心目中的身价。同时，选择促销的时机很重要，因为它会影响促销的效果。有些促销活动必须在旺季开展，有些促销活动必须在淡季开展。企业还要充分考虑竞争对手的举动。有时避开对手促销的时期，会有更好的效果，有时则应借对手促销活动带来的机会促销。

六、促销效果要考评

为了保证促销有始有终，好钢用在刀刃上，一定要对促销效果进行考评。一来督促经销商认真执行，二来从中总结经验教训。促销考评结果要存档备案。在活动之前要预测这次活动会达到什么样的效果，以利于活动结束后与实际情况进行比较，从刺激程度、促销时机、促销媒介等各方面总结成功点和失败点。

例如，“次晨达”业务自2003年12月8日试运行以来，业务量是开办前的4～5倍，社会反响普遍较好。该项业务的成功开办，为EMS在重点区域业务的发展奠定了基础，并将进一步发挥辐射作用，以点带面，为渤海及珠江三角洲重点区域业务的发展积累宝贵的实践经验，带动EMS重点区域业务快速发展，实现对特快专递业务的拉动作用。

七、促销费用预算要合理

没有利益就没有存在的意义。促销预算合理的衡量标准是：是否有足够吸引力的优惠；是否有足够的促销宣传费用确保促销信息的有效传达；是否有足够的费用让相关部门有力量来配合促销。不能单纯地把促销看成一种短期的商业行为，它具有长期的宣传价值，在费用预算上过于计较利益得失，难以达到预期效果。

八、促销活动的管理

促销活动在正常营销工作中占有很重要的位置，无论是物流企业统一组织、统一实施，还是分区组织、分工实施，从提交方案、审批、实施到考评都应当有一个程序，从而确定促销活动的顺利进行。例如，“次晨达”业务的开办，得到了国家邮政局政策的重点扶持，得到了开办省（市）邮政局领导的高度重视和相关部门的通力合作。在“次晨达”业务开办过程中，真正体现了邮政全程全网、协同作战、统一指挥、共促发展的网络优势和工作作风，体现了邮政速递人新的时代风貌。

举一反三

一、理论部分

（一）简答题

1．什么是促销？物流企业促销的策略有哪些？

2．什么是促销组合？物流企业的促销组合要考虑哪些因素？

3．什么是物流企业识别系统？它是由哪些内容构成的？

4．物流企业CIS是如何设计的？

5．如何制定物流企业促销方案？

（二）案例分析

企业促销活动公告

某物流企业发布了关于2010年4月份广西业务促销活动的公告，具体如下。

公司各区域、省区、片区、各网点：

大家好！

由我公司策划、组织和实施的广西壮族自治区业务促销活动于2010年4月1日~4月25日在广西壮族自治区全面开展。现就本次活动的相关内容公布如下。

一、活动方式：用现金返利和赠送礼品的方式拉动营业收入。

二、返利对象：凡在本次活动期间到广西壮族自治区各网点（南宁、桂林、柳州、钦州、合浦、凭祥、弄怀、东兴、贵港、玉林、梧州）提货的顾客（中转顾客），均能享受本公司一定比例的现金返利及本公司赠送的精美礼品一份。

凡在本次活动期间到广西壮族自治区各网点（南宁、桂林、柳州、钦州、合浦、凭祥、弄怀、东兴、贵港、玉林、梧州）发货的顾客（自组顾客），能享受本公司一定比例的现金返利及本公司赠送的精美礼品一份。

三、返利标准：

1. 区域间运作

（1）中转顾客返利标准：广西壮族自治区外发往广西壮族自治区网点的货物，优惠20%，网络平台上的价格不变，只在广西壮族自治区的提货网点现金返利，并赠送公司精美礼品一份。

（2）自组顾客返利标准（广西壮族自治区内网点发到广西壮族自治区以外的网点，不包含广西壮族自治区内物流）：

1）自组业务单票在50元以下的，由网点赠送公司精美礼品一份。

2）自组业务单票在50~100元之间的，优惠15%，网络平台上的价格不变，在广西壮族自治区的发货网点现金返利并赠送公司精美礼品一份。

3）自组业务单票在101~200元之间的，优惠20%，网络平台上的价格不变，在广西壮族自治区的发货网点现金返利并赠送公司精美礼品一份。

4）自组业务单票在200元以上的，优惠30%，网络平台上的价格不变，在广西壮族自治区的发货网点现金返利并赠送公司精美礼品一份。

2. 壮族自治区内运作（仅指广西区域内网点之间的物流）

广西壮族自治区内各网点（南宁、桂林、柳州、钦州、合浦、凭祥、弄怀、东兴、贵港、玉林、梧州）之间的物流业务，优惠40%，网络平台上的价格不变，在广西壮族自治区实际支付运费的网点现金返利。不管付费方式为提付或现付，均赠送本公司的精美礼品一份。

3. 其他规定

所有原文件规定的提成补助不变，公司决定以2009年11月份的自组营收为基础，另外对2004年4月份的自组营收超过2009年11月份自组营收的部分再给予10%的提成奖励，这部分奖励由总公司直接拨付给网点。即现在网点可享受的提成点数至少为8%（自组提成点数）+12%（2009年11月份关于对营收增长的奖励）+10% =30%。

过了这个村，就没有这个店，大家赶快行动吧！

企管部

问题：1．该企业运用了哪些促销方式？

2．该企业促销方案的内容主要有哪些方面？

3．运用所学的知识评价该企业的促销活动方案。

UPS再造公司形象的策略思考

2003年3月25日，UPS沿用了40多年的著名的“盾牌”标志正式变脸，如图2-18所示。UPS原标志是1961年由著名品牌形象设计师保尔·兰德设计的。他曾为IBM、ABC等著名公司设计过形象标志。新标志取消了盾牌上方带蝴蝶结的包裹图案，增加了标志的空间感，以表示UPS当今诸多的业务项目。并且新标志的颜色分布也更为醒目，同时也使“UPS”字样更加突出。UPS形象的改变不仅仅体现在标志的视觉感受上，而且在UPS货运飞机及递送车的设计图案中还增添了“实现全球商业同步化”的词句，新的广告词中也增加了“实现同步化商业”的主题，以提醒顾客：UPS是一个提供广泛经营项目的公司。更换新标志的原因是：公司已经有了大量的环球运输和产品供给服务，甚至正在计划将Mail Boxes Etc.这样的零售店纳入UPS。虽然公司的业务已经全球化，并进入了新的供应链服务领域，此UPS已非彼UPS，但是公众的观念依旧是投送包裹。只有适时改换公司的标志才能与公司的业务发展相符。然而这种更换将涉及公司的一切，从UPS的商标、术语到包装、空运和陆运，甚至内部的业务单据等。

一、盾牌标志

图2-18 UPS新旧标志对比

UPS始建于1907年。在美国，98%的家庭享受过它们的上门服务，其足迹踏遍200多个国家和地区，全球80%的人口都可以在48小时内享受到UPS服务。

二、保持棕色

UPS最初使用载货汽车投送货物，那些载货汽车被漆成不同的颜色以向公众表示公司有不止一辆货车。在1916年棕色被用做公司的制服和货车的颜色，到了1929年，整个UPS系统都使用了棕色。UPS选择的棕色是用于普尔曼式客车厢上的颜色。它代表了典雅和职业化，另一个原因是棕色使制服和货车上的尘土不易显现。UPS曾经注册了两种棕色商标，其中之一是为了防止另一家投送公司将该商标使用在它们的货车和服装上。

在过去许多年里，UPS 的招商董事们曾灵机一动地想到过将巧克力棕色的送货车的颜色改换成黄褐色、青铜色、银色或者五颜六色。但是，在对顾客和 UPS 雇员的民意调查中却表明要使用棕色。

在不改变基色的前提下，UPS 正在给公司的主调色板添加不同的颜色，如红色、蓝色，甚至是鲜绿色。这些新鲜的色彩为一系列的 UPS 商标设计提供了相应的灵活性，能够赋予多种印刷图形的活力。

三、UPS 的含义—— 协调世界贸易

“协调世界贸易”将出现在 UPS 的飞机、货车、包装及其他资产上，它将提醒顾客：UPS 是一个提供广泛经营项目的公司。

四、CIS 再造方案的实施

虽然只是简单地更换商标，可是对于 UPS 来讲，更换商业标志如同涟漪一样会波及上百万元的公司业务项目和全世界上千个营业点。如果没有周密、谨慎的策划，公司将会付出惊人的代价。每一天 UPS 的盾牌将在多少地方或者多少次出现是无法计算的。仅是印有 UPS 商标的内部和对外的表格就有 2 100 种。新的 UPS 标志将出现在全球 88 000 辆递送车、257 架飞机、1 700 家转运枢纽和配送中心、70 000 个投递和零售网点、100 多万件工作制服上以及每年所投递的 30 多亿件包裹上。

一旦高级管理部门作出实施决定，一个强有力的职能班子包括业务专家、机械师、航空技师、财会管理、技工以及通信管理人员便被召集起来以保证计划实施的成功。这个班子要在 6 个月内规划出如何将新商标表现在 UPS 所有的产品上，并且协调、同步地从内到外公布于众。为了明确哪些部门在什么时候进行更换，就需要开展审计工作。需要集中力量解决的核心部门被确定后就会组成专职组着手实施。这些专职组要策划具体的方案怎样将新商标放置在适当的位置，从软件的包装到打印出的单据，以至货车和飞机上。

（1）货车：UPS 的车队包括厢式货车、载货汽车和长途运载挂车等 88 000 多辆。仅此一项就需要车辆管理部门与责任工程师之间进行周密的合作，设法将 1 300 多辆需重新装饰的货车在第一天秘密地送达营业点。

（2）飞机：更新 UPS 飞机的外观需要几个月的喷涂试验，从一架闲置的波音 727 货机开始逐渐使 UPS 的各种机型配上相应的图案。一项艰巨的工作是将新的立体商标图案张贴在机尾部。为了达到立体视觉感，设计者在商标外表敷上了一层蜂巢状面膜，以显示出三维效果。

（3）制服：经过大量的研究和试设计，最终决定还是保持传统的 UPS 制服式样不变。顾客和司机们表示他们喜欢传统的 UPS 棕色式样。因此，制服将保持典型式样，但要配上新商标。

（4）包装：UPS 的快件是全球顾客每天接触最多的业务项目，它可以异常频繁地向外界展现 UPS 的新标志。新的包装经过多彩画板的渲染，加上图形设计更富有活力。

（5）路标：换置路标看起来并不复杂，但是这将影响到 1 700 多处包裹投送车间、飞机库以及办公楼。新的路标系统将明确地指示各地的营业点。第一个换置的路标将位于具有历史意义的纽约市第 43 号大街的营业部。

从 UPS 司机的电子写字夹到计算机打印出的标签，所有列出的项目都将在近几年内更改。每一项更改都将经过同样严格的审查，以保证视觉效果和质量。

问题：1. UPS 为什么要进行形象再造工程？

2. UPS 的 CIS 再造包括哪些内容？

3. UPS 的 CIS 再造的具体实施要解决哪些问题？

二、实践部分

1. 模拟推销实训：以推销一项物流服务产品为例，进行模拟实训。按照推销人员的步骤进行操作，重点掌握推销技巧和方法。

2. 模拟促销实训：选择一种物流服务产品，分组策划促销组合方案，在班级中进行交流，最后评出最佳方案。

3. 企业形象再造实训：了解当地一家物流企业的 CIS，并对其形象进行再造设计，评选出最佳方案。

4. 广告评价实训：找出一些正在播放的你认为特别有效的广告和效果不太好的广告，讨论这些广告的优缺点，并为不太好的广告草拟一份新的方案。

学习评价

被考评人					
考评地点					
考评内容					
考评标准	内　　容	分值/分	自我评价/分	小组评议/分	实际得分/分
	掌握物流促销策略	30			
	掌握物流企业促销组合	40			
	掌握物流企业识别系统	20			
	了解物流企业促销活动方案的制定	10			
合　　计		100			

注：1. 实际得分 = 自我评价 40% + 小组评议 60%。

2. 考评满分为 100 分，60～74 分为及格；75～84 分为良好；85 分以上为优秀（包括 85 分）。

第三单元　物流营销管理

本单元学习导引图

物流营销管理
- **物流营销信息调研与管理**
  - 物流营销信息系统
  - 物流营销信息的调研与管理
- **物流客户服务与关系管理**
  - 物流客户服务概述
  - 物流客户关系管理

学习目标

通过本单元的学习，了解物流营销信息系统的含义、内容、管理策略等基本理论，物流客户服务的概念和特点；理解物流营销信息调研的基本原理、物流客户服务水平的确定和物流客户服务的绩效评价；掌握物流营销信息调研的内容、步骤，物流客户关系管理的含义、意义及内容，以及物流客户关系管理的基本准则和实施步骤。

综合知识模块一　物流营销信息调研与管理

对于现代企业来说，如果把人才比做企业的支柱，信息则可看做是企业的生命，是企业不可须臾离开的法宝。市场营销信息是企业从事营销活动的前提和基础，没有信息，就没有预测、计划、决策等，也就没有了管理。在市场营销中，物流企业必须建立基于计算机和通信技术的市场营销信息系统，只有这样才能及时、准确、全面、可靠地获取信息、传递信息和使用信息，即做好物流营销信息的调研与管理，才能够拥有快速的反应能力，才能及时发现营销机会。

能力知识点1　物流营销信息系统

一、物流营销信息的含义、特点与类型

1. 信息

随着知识经济和电子技术的飞速发展，信息在经济活动中的重要地位日益凸显，信息技

术、信息产业、信息时代等与“信息”有关的新概念不断冲击着人们的耳膜。毋庸置疑，信息是企业经营运作中的一种非常重要的资源。在当前日益激烈的市场经济环境下，哪一个企业能够及时、准确地获取信息并有效地利用这些信息，它就能够在激烈的竞争中取得主动权。

那么，什么是信息呢？

信息不等同于消息。信息与消息是内容与形式的关系。信息是消息的内容，消息是信息的表现形式。信息以消息为载体进行传播，同时，信息具有效用性。以消息为载体所传播的内容中，只有那些对接收者具有一定价值的，能满足接收者的某种特殊需要的部分才是信息。

资料卡

信息（Information）：是指在一切事物运动过程中，通过物质载体表现出来的消息、情报、指令、数据和信号等，它们所包含的一切可以传递和交换的知识内容。

想一想

信息就是消息吗？

2. 物流营销信息

（1）物流营销信息的定义：可以从其发挥的作用角度来理解。

1）市场营销信息是物流企业经营决策的前提和基础。物流企业无论是确定营销目标、发展方向，还是制定营销的产品策略、定价策略、分销渠道和促销组合策略，都必须准确地获取市场营销信息，只有这样才可能作出正确的决策。

2）市场营销信息是制定物流企业营销计划的依据。物流企业在市场营销中，必须根据市场需求的变化，在营销决策的基础上制定具体的营销计划，以确定实现营销目标的具体措施和途径。不了解市场营销信息，物流企业就无法制定符合实际需要的营销计划。

3）市场营销信息是物流企业实现营销控制的必要条件。营销控制是物流企业按照既定的营销目标，对营销活动进行监督、检查，以保证营销目标实现的管理活动。由于市场环境的不断变化，物流企业必须根据信息来修订营销计划并进行有效的控制，使营销活动按预期的目标进行。

资料卡

物流营销信息：泛指与物流企业市场营销活动有关的各种内外环境的状态、特征及其发展变化的各种消息、资料和数据的总称。它涉及到物流企业的各个层面和社会的各个方面。

4）市场营销信息是物流企业进行内外协调的依据。物流企业要想在竞争中取得优势，就必须协调内部条件、外部环境和营销目标之间的关系，而这一切必须依赖市场营销信息的反馈。

可见，物流营销信息是物流企业的重要资源，它极大地影响了企业的营销活动。

想一想

如何理解物流营销信息的含义？

（2）物流营销信息的特点：物流营销信息除了具有信息的所有特征之外，还表现出以下一些特点。

1）物流营销信息的分布具有广域性。供应链的全球化使得物流市场营销的对象广泛，供求分散使得收集市场营销数据较为困难。物流企业需通过先进的通信技术和计算机技术构筑信息系统才能及时地掌握信息资源。

2）物流营销信息具有多样性。物流企业面对的是一个差异程度很大、个性化很强的市场，不仅和商流、运输等本企业内其他部门的关系密切，而且还与企业生产、市场供需情况和顾客要求等各个方面密切相关。服务对象的复杂化导致了信息的多样性，加大了信息收集、分类、筛选和研究工作的难度。

3）物流营销信息具有动态性。由于物流企业所处的特殊服务领域，营销信息所反映的物品总是处于不断的运动变化状态，如物品的物理位移、产权归属的变更、外部形态的变化等，因而物流营销信息实时性高、动态性强、信息价值衰减速度极快。这对信息管理的及时性和灵活性提出了很高的要求。

4）物流营销信息具有双向流动性。市场营销活动实质上是信息输入→分析决策→信息控制→信息反馈→信息输入的循环过程，物流信息具有双向流动性。

（3）物流营销信息的分类：物流营销信息地域广、种类多、动态性强，其运作过程受社会环境、市场环境的影响很大。根据研究的需要，可以从以下几个方面对物流营销信息进行分类。

1）按物流营销信息产生的过程可分为原始信息和加工信息。

原始信息是未被加工过的信息，是最有权威性的凭证性信息，如市场调查中得到的各种问卷答案、数据。原始信息是加工信息可靠性的保证。

加工信息是对原始信息进行分类、汇总、整理、检索等处理后的信息，是原始信息的提炼、简化和综合的结果，如市场调查后的汇总报表、统计资料、信息索引等。加工信息对使用者具有更大的价值。

2）按物流营销信息的来源可分为内部信息和外部信息。

内部信息是指发生在物流企业内部的信息，如运力配置、规章制度、设备状况和人员素质等，包括物流流转信息、物流作业信息、物流控制信息和物流管理信息等，这些信息通常是协调系统内部人、财、物活动的重要依据。

外部信息主要是指市场需求、各类环境方面的信息，如供货人信息、顾客信息、订货合同信息、交通运输信息、市场信息和政策信息等。

3）按物流营销信息发生的时间顺序可分为先导信息、实时信息和滞后信息。

先导信息是指信息产生的时间先于物流过程的信息，如货源信息、市场广告信息等。

实时信息是指与物流活动同时发生的信息，如利用 GPS 技术能够对运输途中的货物进行实时跟踪。

滞后信息一般是指物流活动过程中的反馈信息，如货主反映的意见、满意度，货物到站后的货损货差、理赔情况等。

二、物流营销信息系统

1. 物流营销信息系统的含义

为了理解这一含义，可以先看一个案例。

宝供物流的营销信息系统

宝供物流集团是一家从事物流服务的民营企业，它的第一个大客户是宝洁公司（P&G），第一单生意是将装有宝洁物品的 4 个集装箱通过铁路从广州运到上海。为了确保这次运输的成功，宝供的老总刘武先生将集装箱送上火车后，立即乘飞机飞往上海，以及时掌握信息。

随着宝洁公司将更多的货运业务交给宝供，而宝供由于不能准确地提供货运信息、确保到货时间，造成宝洁公司对宝供的意见越来越大。宝供为了能够突破信息瓶颈，及时监控物流各环节，建立了物流信息系统。

在物流信息系统的运作下，宝供物流大力推行“量身定做，一体化运作，个性化服务”的模式。根据顾客的生产及销售模式全面规划物流服务模式，优化业务流程，整合物流供应链，支持灵活多变的市场营销策略，以降低物流成本，提高客户核心竞争力。如在为北京某公司服务时，宝供营运管理部通过与对方物流部沟通，根据公司的要求与实际情况，设计了一个全面的物流运作方案：将原有的全国 20 多个仓库及管理机构简化至十几个；从原材料的采购、运输方式、仓库管理、配送到包装等，进行“一条龙”规划与运作管理，并为顾客提供基于互联网的全国货物实时查询的物流信息服务；支持顾客零库存策略，高效扩充分销渠道，以降低成本，提高效率。该方案赢得了顾客的高度评价。

资料卡

物流营销信息系统：是一个以人为主导，利用计算机硬件、软件、网络通信设备以及其他办公设备，进行物流营销信息的收集、传输、加工、储存、更新和维护，支持物流企业高层决策、中层控制、基层动作的集成化的人机系统。

想一想

如何理解物流营销信息系统的含义？

可见，物流营销信息系统的目的是辅助物流企业进行营销管理，为管理决策提供信息支持。为了满足管理方面提出的各种要求，物流营销信息系统必须准备大量的数据、各种分析方法、大量的数学模型和管理功能模型（如预测、计划和决策等）。

2. 物流营销信息系统的内容

物流企业的市场营销活动通常包括：市场调研、市场分析、确定营销组合和营销管理控制等活动。由于每个物流企业的组织结构、产品服务和市场范围不尽相同，所以设计开发出来的营销信息系统所包含的内容也会有所不同。一般比较典型的物流营销信息系统应该包括：市场调研系统、订单处理系统、配送系统、营销管理系统、客户服务系统、决策支持系统。

（1）市场调研系统：市场调研系统必须能够充分利用互联网和数据库信息处理的特性，使调研信息的沟通渠道更具直接性和交互性，使信息加工处理更具智能性和经济性。企业确定调研项目后，在系统中输入调研的问题，便可以自动生成调查问卷，然后将此问卷发布到企业网站上，系统直接从网络上接收调查数据，最后利用数学模型对回复的数据进行整理，得出调查结果，生成调查报告。市场调研系统最后生成的调研报告应该是市场情况真实的反映，可以提供给企业相关人员进行查询和参考，调研系统本身不应该具有对调查结果进行美化或分析的功能。值得注意的是，市场调研系统既可以从网络上（或者其他系统）直接获得数据，也可以接收人工输入的数据，如把回复的调查问卷的数据或电话调查输入系统，而且两者的数据格式是统一的、规范的。

（2）订单处理系统：主要包括两种作业，即客户查询报价和订单接收、确认、输入。

1）报价系统。顾客可登录物流公司的网站，打开“产品报价”网页，查询物流服务的基本定价。顾客也可以在“在线订舱”页面中输入客户名称、货物名称、货物数量、包装、起运港、目的港、运输方式、运输日期和特殊要求等信息，由物流公司后台迅速作出报价，生成报价单。顾客进行数字签名后成为正式订单。图 3-1 所示是大连中远物流有限公司（http：//www.cosco-logisticsdl.com）的“在线订舱”页面，图 3-2 所示是上海锦华物流有限公司（http：//www.jh-cargo.com）的“网上订单”页面。

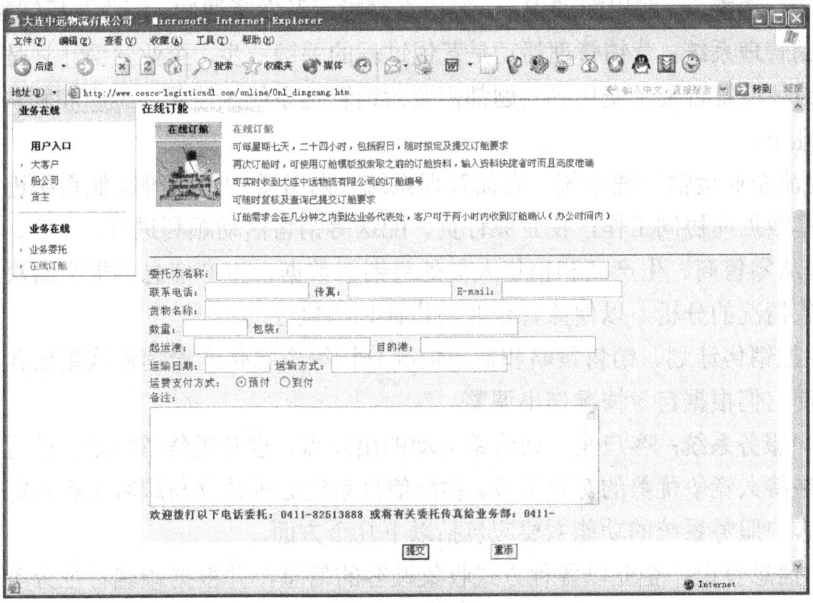

图 3-1 大连中远物流有限公司的“在线订舱”页面

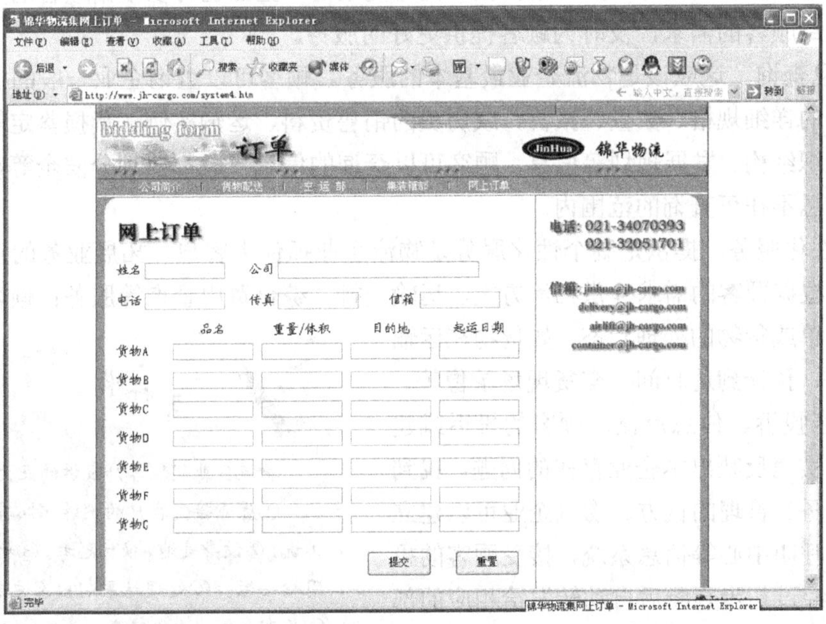

图 3-2 上海锦华物流有限公司的“网上订单”页面

2）订单传送系统。订单的获取方式有网上订单和网下订单（如邮寄、人工收取和电话订购等）。无论是采用何种方式接收到的订单都要输入系统，由系统自动检测，并由市场部相关业务员认真核查，确认无误后才可根据订单分解任务，生成运输、仓储、配送和财务等部门的工作任务单。通过企业内部网将工作任务单传送至各作业终端，由各部门操作员进行看板操作，并随时与市场部联系。

（3）配送系统：配送系统需要处理的工作包括向各营业点提供配送物资的信息、根据订货查询库存及配送能力、发出配送指示、发出结算指示及发货通知、汇总及反馈配送信息等。

（4）营销管理系统：营销管理活动是营销过程的关键一步，企业营销计划是否按要求执行、市场营销环境是否发生变化等问题都需要营销管理系统来监督、组织和解决。其主要的功能有以下几个。

1）与物流企业运输管理系统、仓储管理系统、财务管理系统等其他系统进行联系和沟通，通过共享数据库协同工作，使企业订货、配送等销售活动顺利进行。

2）定期从零售商、生产商和销售人员处将销售数据、生产信息等提交给决策支持系统进行企业销售情况的分析，以便监督企业销售计划的执行。

3）定期把销售计划、销售策略和销售情况分析等资料传送给销售战略伙伴、零售商和生产商，以便它们根据自身情况作出调整。

（5）客户服务系统：客户是一切营销活动的出发点，也是最终落脚点，改进客户服务是物流企业创造持久竞争优势的有效手段。物流信息系统必须建立与顾客进行良好交互的客户服务平台。客户服务系统的功能主要应包括以下几个方面。

1）客户信息登记。企业以各种方式收集顾客的信息，并根据顾客特征分类管理，这是做好“一对一营销”的首要一步。顾客可以注册为企业的会员，然后就可以根据不同的会员资格，享受定制的会员服务，如价格折扣、优先受理等；企业也可以根据顾客的资料定期回访顾客，跟踪顾客的需求，及时为顾客提供更好的服务。

2）信息查询。这应该是物流企业最基本的服务。顾客可以查询企业一般的业务流程，产品和服务的详细规格、数量、报价，或历史的销售资料、运输实例、货损鉴定等资料，甚至企业的组织结构、发展规划等信息。顾客可以查询的信息一般都要划分安全等级，属于商业机密的信息不在可查询的范围内。

3）个性化服务。提供定制个性化服务是物流企业抓住大客户，拓展业务的重要手段。例如，可以根据顾客的需求提供物流方案、运输安排、综合费用查询等服务；顾客还可以查询自己的订单或货物的处理状态，如货物在运输途中的位置、预计到达时间、交货现场录像等。

4）顾客投诉、信息反馈。顾客的投诉或建议往往能真实地反映出本企业存在的问题，找到企业改进服务、管理的良方。物流企业可以建立网络平台、呼叫中心等信息系统，接受顾客的投诉和建议，经过初步判断后自动转发给相应的部门处理，然后将处理结果反馈给顾客。

资料卡

物流企业处理客户投诉的五大技巧：

①虚心接受客户的投诉，耐心倾听对方诉说。②设身处地，换位思考。③承受压力，用心去做。④处理结果超出客户的预期。⑤长期合作，力争双赢。

(6) 决策支持系统：决策支持系统是为管理层提供的信息系统资源，它的作用是给决策过程提供所需的数据支持、方案选择支持，可以缩短决策时间、减少失误。决策支持系统的内容一般包括：分析模型管理、市场预测、客户细分、根据需求生成销售计划或提出对特定问题的解决方案。需要注意的是，决策支持系统只能为管理人员提供决策辅助支持，不能替代管理人员作出决策，所有分析报告和计划方案只能作为管理者战略决策的参考。

3. 物流营销信息系统的管理策略

(1) 从战略高度重视和强化企业物流营销信息系统的建设：物流营销信息系统的建设是一项浩大的系统工程，需要企业各个部门和全体员工的积极参与和主动配合。在物流营销信息系统建设过程中，需要企业从战略高度进行认识和决策，树立正确的信息建设与管理观念，建立强有力的领导机构和组织体系，进行资源合理配置。

(2) 用科学的管理理念指导和提高物流营销信息管理水平：现代的信息管理系统并不是使用了计算机就一定能够发挥作用并形成优势的。在企业物流营销信息系统中，信息技术设施和设备仅仅是一种工具，只是减轻了管理者的劳动量，提高了管理的速度。信息系统的管理必须在科学的管理理念指导下才能实现目标。

(3) 坚持以人为本的思想提升和发展物流营销信息管理绩效：现代物流营销信息系统是一个人机系统。人既是需求应用的提出者，又是最终系统的使用者，是系统中最活跃的因素。物流营销信息管理绩效与每一位系统参与者的自身素质、价值观念和计算机操作技能等有着密切的关系。物流营销信息系统作为一项系统工程将影响所有企业员工的工作方式和工作内容。因此，只有坚持以人为本的思想，加强企业员工培训，采取有效的激励方法，形成协调、高效的人机系统，才能提升和发展物流营销信息的管理绩效。

(4) 不断引入高新技术改进物流营销信息系统：现代高新技术发展迅猛，一个有效的企业物流营销信息系统总是不断追随技术的发展状况，及时使用相关技术来改进和发展信息系统，最大限度地发挥信息系统的作用。

能力知识点 2　物流营销信息的调研与管理

一、物流营销信息调研的内容

1. 市场环境信息

市场环境信息包括与企业营销活动有关的各种外部信息，如国家的政策、法令、经济环境、竞争对手状况等。物流营销活动是物流企业周密严谨的调查分析和科学合理的规划相结合的结果，市场环境信息为物流企业的营销决策提供了准确可靠的依据。

2. 市场需求调研

市场需求调研的内容主要包括如下几个方面。

1）市场需求总量的调查。

2）市场需求构成调查。

3）消费者购买动机、购买方式以及购买习惯的调查。

4）消费者对企业营销策略的反馈情况、对企业产品与价格的满意度、对营销服务的要求等情况的调查。

二、物流营销信息调研的步骤

先看下面这个案例。

ACT：摸清电器控制装置市场行情

家电控制技术公司（ACT）是设计、生产并销售触摸式数字控制板的一家企业。这些控制板主要是为微波炉、电饭煲和洗衣机等家用电器配套的。公司的创始者是华莱士·肖恩。ACT是努力寻求明确界定市场规模的公司。

一方面，公司与成熟的家电行业紧密联系在一起，该行业从1986～1990年，每年的增长率只有5%。此外，美国家用电器制造商协会估算，每一个美国家庭拥有的家电数目从1960年的3.3件上升到1970年的4.1件，又上升到1985年的5.4件、1987年的6.1件，行业分析家不清楚这样的扩展水平是否还会继续增长。

另一方面，根据肖恩的调查，美国制造的电器中只有20%配备了数字式控制器。然而，一些行业分析家发现，随着微波炉和录像机的成功发展，消费者越来越喜欢使用数字式控制器。肖恩相信随着消费者对产品熟悉程度的提高，制造商一定会将数字式控制板用到其他目前仍由调节控制器和按钮控制的电器上。例如，采用数字式控制器后，一台普通的电饭煲能够像微波炉一样具有强大的烹饪能力。

创立ACT后，肖恩同一家大的微波炉生产商签订了长期合同。这笔业务提供了ACT经营的资金基地。尽管这样，肖恩仍然清醒地意识到他需要制定一套营销战略，以占领电器控制装置市场。虽然目前只有为数不多的几家数字式控制器供应商和5家大型的生产商，肖恩还是很难找到关于电器控制行业，特别是数字控制器的便捷可得的营销调查资料。

他找到一张发表在《家电制造商》杂志上的图表。这张图表是家电制造商协会绘制的，目的是显示作为周期经济模式的一部分，电器装置已经开始呈下滑趋势。

肖恩同ACT的营销主管波尔讨论这个问题时，两人都认为作进一步深入的营销调研十分必要。波尔列出了营销调研各个过程的提纲（见表3-1），并阐述他关于关键性研究问题的想法，这其中包括调研的目标、电话询问的具体问题和采访主体（见表3-2）。最后，他还草拟了一份初步构思出来的调查问卷表（见表3-3）。

表3-1　ACT市场调查步骤

1．确定并说明问题	6．设计一份问卷
2．明确调查的目标	7．对问卷进行测试
3．确定能用来达到调查目标所需的信息	8．根据测试结果来调整问卷
4．确定调查的计划方案	9．实施面谈访问
5．选定调查的对象（如要采访的对象）	10．写出调查报告

表 3-2　ACT 的营销调研

（一）调查目标
1．分析进入电子控制装置市场的最佳战略
（1）电器种类。（2）产品特征。（3）生产成本。（4）具体销售技巧。
2．明确 ACT 如何为电器生产商提供最佳的服务
（1）研究与开发。（2）合作。（3）产品开发周期。
（二）调查需要处理的具体问题
1．设备生产商和零售商在制造和销售家电时会面临哪些问题？
2．在购买控制板的过程中，谁是决策者？
3．根据电器的不同种类，制造商未来对控制板的需求量增长情况如何？
4．电器制造商对控制板的价格是否敏感？
5．制造商如何看待控制板生产商的实力和弱点？
6．推动电子控制器使用的因素中除了价格因素之外，还有哪些因素？
7．制造商如何利用电子控制器增加中档电器的价值？
（三）采访主体
（略）

表 3-3　ACT 调查问卷表

ACT 正在实施一项针对决策者和电子机械控制器领域行业专家的调查活动。我们十分感谢您能填写这份问卷。您的答复会以不记名的方式上交并将用于帮助 ACT 确定方案，以更好地为机械工业服务。

1．下列各类电器中，供应商为电子控制器制定何种价格，才能让电器制造商觉得使用电子控制器和使用电动机械控制开关无区别。请将功能和特点方面的差别考虑在内。

类　别	每件电子控制器的价格
洗碗机	
干燥机（电动）	
干燥机（煤气）	
微波炉	
电饭煲	
煤气炉	
电冰箱	
室内空调	
洗衣机	

2．如果电子控制器更多地用于机械方面，它需要具备哪些优点、功能和性质？

3．为了更好地供货，电子控制器公司能做些什么？

肖恩对这位营销主管的工作十分满意。“很好”，他对波尔说，“让我们看看你的成果，然后我们就能决定应该向哪儿走了。”

通过以上案例，可以看出市场营销调研大致包括以下 5 个步骤。

1．明确调研目标和具体问题

由于每个目标都存在许多可以调研的方面，必须找出实质的问题，否则，收集信息的成本可能会超过调研得出的结果价值。不仅如此，错误的研究方向必然会导致错误的结论，而错误的结论又会带来错误的措施，从而会给物流企业带来巨大的损失。如某一物流

> **议一议**
> 根据市场调查程序和步骤，你认为 ACT 的市场调查目标是什么？

公司市场调查的目的是为了了解业务量下降的原因，经过初步分析认为可能是服务质量的原因，就可以把调查服务质量问题确定为调研问题，围绕这一问题设计调查方案和问卷，也就无须再把服务质量之外的，诸如经济政治环境、竞争对手状况等列入调查课题。所以，确定调研目标和问题是营销调研活动过程中最重要的一个步骤。它决定了调研数据是否精确有效，也是市场营销研究中最困难的一步，必须要求营销调研人员对所研究的问题及其涉及的领域十分熟悉。

2. 制定营销调研计划

营销调研计划包括信息来源、调研方法、调研工具、调研方式、调研对象等方面的内容。在此基础上，要估计调研信息的价值，确定提供什么样的信息，选择收集信息的方法和相应的调研工具。根据调研方法确定地点、对象、抽样规则等，还要确定数据分析方法和报告提交方法。当然，时间、费用和人员安排也是不可缺少的。

具体来说，制定营销调研计划主要应规划好 6 方面内容，见表 3-4。

表 3-4 营销调研计划表

项 目	含 义	营销调研计划的内容
What	调研什么	明确调研主题
Which	调研对象	物流市场环境、竞争对手、社会中介、宏观政策
Who	调研主体	自己独立调研、委托外部机构调研、内外协作调研
Where	信息来源	原始资料、二手资料
How to do	调研方法	询问法、观察法、实验法、问卷调查法
	调研方式	全面调查、重点调查、个案调查、抽样调查
How much	调研预算	方案设计费、调研实施费

3. 收集信息

在调研过程中使用两种基本类型的资料，即原始资料和二手资料。原始资料是企业自己收集的资料，或者为企业收集的资料。获取原始资料的方法有询问法、观察法和实验法等。收集原始资料对企业而言，价值较高、针对性较强，但往往成本较高、花费时间较长。二手资料是其他人已经收集并且出版的资料。它可以是企业内部资料，如客户订单、销售成本、库存情况等；也可以是企业外部资料，如各种产业机构公布的统计信息、政策法规、专家人士的预测、媒体的调查报告等。二手资料的获取相对容易、成本较低。所以如果二手资料符合企业调查的要求，则直接使用；如果不符合要求，那么再去收集原始资料。

> **议一议**
>
> 根据市场调查程序和步骤，你认为 ACT 各项调研计划内容是如何开展的？

4. 分析信息

分析信息的主要目的包括：分析得到信息的渠道是否可靠、分析信息内容的准确性、分析信息间的相互关系和变化规律。分析信息的一般程序为：编辑整理→分类编码→统计和分析。

5. 提出报告

调研报告的撰写是整个调研活动的最后一个阶段。报告不是数据和资料的简单堆砌，调研人员不能把大量的数字和复杂的统计技术堆放到管理人员面前，否则就失去了调研的价值。正确的做法是把与市场营销关键决策有关的主要调查结果整理出来，并以正规结构的调查报告形式显现出来。

三、物流营销信息调研的方法

营销调研的方法有很多，归纳起来主要有询问法、观察法、实验法和问卷调查法等。

议一议

试着评述 ACT 的调查步骤（见表 3-1）。

1. 询问法

询问法是通过访谈询问的方式，向被调查者了解市场实际情况，获取所需资料的调查方法。按调查者和被调查者的接触方式和询问表的传递方式不同，询问法可以分为当面调查、电话调查和邮寄调查等。

（1）当面调查：是指调查者面对面地向被调查者询问有关问题，当场记录调查情况，从而获得所需资料的方法。当面调查可分为个人面谈与小组面谈。个人面谈可以拦截过往行人进行随机访问，也可以登门入户进行访问。一般访问的流程，如图 3-3、图 3-4 所示。

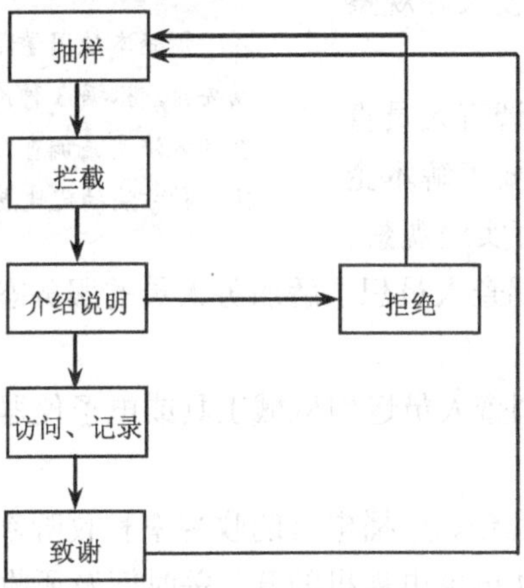

图 3-3 拦截访问流程图

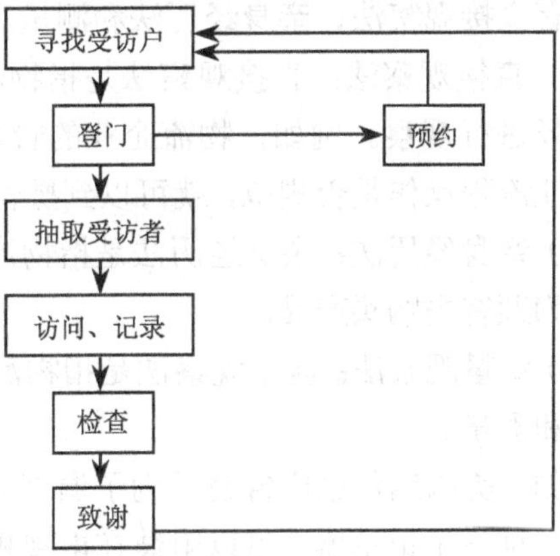

图 3-4 入户访问流程图

（2）电话调查：可以以电话簿为基础进行随机抽样，打电话调查市场情况。电话访问实施程序如图 3-5 所示。

（3）邮寄调查：调查者将设计好的问卷通过邮政寄至被调查者处，被调查者自行填答并寄回。邮寄调查法的基本过程如图 3-6 所示。

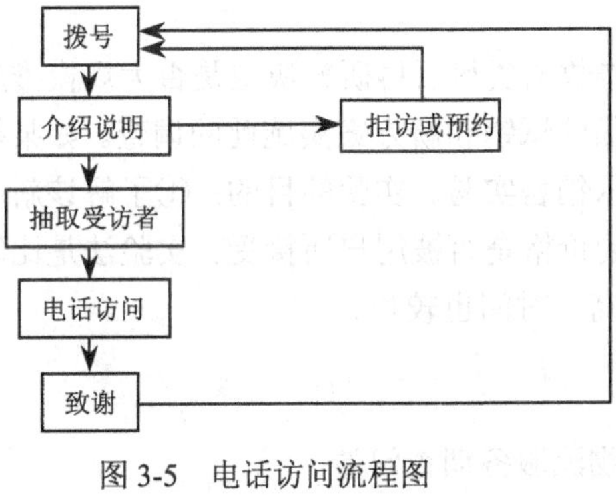

图 3-5 电话访问流程图

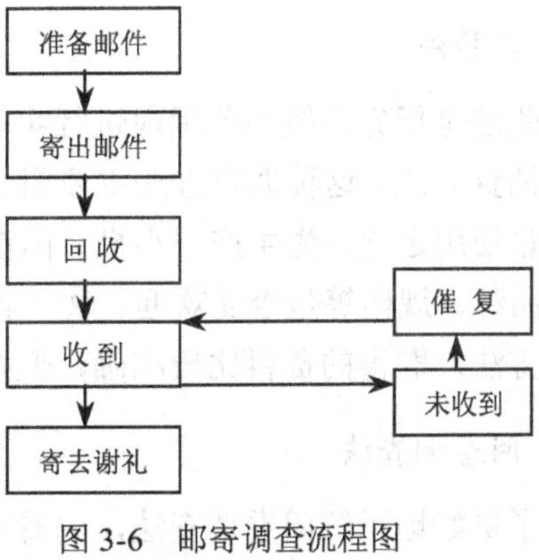

图 3-6 邮寄调查流程图

以上 3 种方法的优缺点比较，见表 3-5。

表 3-5　3 种询问方法的优缺点比较

评价标准	当面调查	电话调查	邮寄调查
灵活性	高	一般	低
信息范围	大	小	一般
费用	一般	低	高
询问表长短	长	短	一般
询问表复杂性	高	低	一般
速度	一般	快	慢

2. 观察法

观察法是通过调查者进行直接观察，在被调查者未察觉的情况下观察和记录他（她）的行为方式。观察法能客观地获得准确性较高的一手资料，但调查面较窄、花费时间较长。观察法通常有直接观察法、亲身经历法和测量观察法。

（1）直接观察法：直接观察法是指物流企业的调查人员直接到现场进行观察。例如，物流企业的管理人员想要了解本企业各作业流程操作是否规范，就可以到操作现场进行实地观察。

议一议

调查本校同学课余活动安排，根据 3 种询问调查的方法实施调查，并对比 3 种方法的优缺点。

（2）亲身经历法：亲身经历法是指物流企业的调查人员想了解服务人员的服务态度，就可以作为顾客去购买产品。

（3）测量观察法：测量观察法是指物流企业的调查人员运用机械工具或电子仪器进行观察记录和测量。

例如，美国纳尔逊广告公司为了调查美国的电视台、广播电台的收视率和收听率，专门研制了一种电子记录器，可以附装在电视机里，自动记录电视机的开、关时间及所收看的频道、节目等内容。这家公司在全美国进行抽样，选出 1 250 个有代表性的家庭，征得同意后安装了电子记录器。每隔一定时间，就把记录器里的资料进行统计整理，从而了解到什么阶层、什么职业的人喜欢看什么节目、什么时间看的人最多、什么节目的收视率最高等有价值的资料。该公司把这些结果编写成册，出版发行，供各类行业制作广告时参考，因为它能告诉企业播出广告的黄金时间。

3. 实验法

实验法是指先在较小范围内进行实验，取得数据资料后再研究决定是否大规模推广的一种市场调查方法。这种调查方法主要用于新产品的试销和新方案实施前的调查。如某新产品在大批量使用之前，先生产一小批，向市场投入销售实验。实验的目的：①了解该新产品的质量、品种、规格等是否受欢迎。②了解产品的价格是否被用户所接受。实验法是比较科学的调查方法，取得的资料比较准确，但费用较高、时间也较长。

4. 问卷调查法

为了更好地了解问卷调查法，先看下面的物流服务调查问卷。

物流服务满意度调查问卷

尊敬的客户：

您好！

感谢您在百忙中抽出时间来接受××物流的服务满意度调查。提供专业的全方位的服务是我们的责任，让客户满意是我们追求的目标。在为您服务的过程中，您的一切建议和意见包括批评、投诉等，对我们都非常重要。为了及时了解您的反馈信息、需求及满意度评价，请协助我们填写以下反馈表。非常感谢您的支持！

收货日期：____________　　发货运单号：____________

此货物是否送货上门？　是□　否□

送货前是否与收货人联系？　是□　否□

此货物是否有分两次或多次送达情况？　是□　否□

此货物是否出现错送、漏送情况？　是□　否□

现场交接时是否存在野蛮装卸？　是□　否□

此批货物是否有破损？　是□　否□

此批货物承运商是否配合验货？　是□　否□

在验货过程中发现有异常是否积极配合处理？　是□　否□

是否向贵店收取除运费到付外的其他费用？　是□　否□

对此次送货人员的服务态度是否满意？　非常满意□　满意□

不满意□　非常不满意□

对此次服务我要建议：________________________________

对此次服务我要投诉：________________________________

××物流有限公司

2010 年 6 月

问卷调查法是调查者根据一定的调查目的和要求运用统一设计的问卷，向被调查者了解市场的情况、收集资料的一种方法。通过问卷调查法可以了解顾客对产品、公司和品牌等的认识、看法和喜好程度，并可以分析处理这些数据，得出结论。可以说，问卷调查法是访问调查的延伸和发展。

问卷调查法的关键在于问卷的设计。问卷的基本结构一般包含 3 个部分：说明信、调查内容、结束语。

说明信是调查者向被调查者写的一封简短的信，主要用于介绍调查的目的、意义、选择方法以及填答说明等，一般放在问卷的开头。

调查内容是调查问卷中最主要的部分，即正文部分，包括所要调查的问题和答案。常见的问题题型有是非题、选择题、排序题、比较题、补句题、核对题和表格题等。答案的设计应遵循互斥性原则和完备性原则。

观察法和询问法适用于探索性调研；实验法适用于因果性调研；问卷调查法则适用于描述性调研。三类营销调研的比较，见表 3-6。

表 3-6　三类营销调研的比较

项　目	探测性调研	描述性调研	因果性调研
调研目的	发现存在的是什么问题	明确存在的问题是什么状况	发现问题产生的原因
适用方法	观察法、询问法	问卷调查法	实验法
适用阶段	初步调查	正式调查	追踪调查与深入调查

四、撰写市场调研报告

请先看下面的调研报告。

对中国第三方物流市场的调研报告

美智（Mercer）管理顾问公司和中国物流与采购联合会合作，用了 3 个月的时间对中国第三方物流市场进行调研。美智专业人员用面对面访谈及电话访谈的形式调查了约 70 家企业，其中客户（需方企业）调查了 IT 和电信、汽车、食品和饮料、快速消费品、消费类电子、化工、服装和纺织、医药 8 个行业的 48 家企业；第三方物流企业（供方企业）调查了 19 家企业，其中包括外国物流提供商、生产与流通企业物流部门、新兴的中国物流公司、传统的中国运输与仓储企业。通过调查，得出以下初步结论：①中国第三方物流市场潜力大、发展迅速，处于发展初期，而且呈地域性集中分布，库存量过大与流动资金周转慢成了加大物流成本的主要因素。②客户对第三方物流需求千差万别，物流外包将是一个渐进的过程。③第三方物流企业发展很快，但面临着一些共有的挑战，也存在着各自的困难，许多第三方物流企业正在寻求合作，以提高服务能力。

撰写市场调研报告是市场调查的最后一步，是实现市场调查定性认识的关键，事关整个市场调查的成败，必须高度重视。

1. 市场调研报告的框架结构

（1）调研背景、目的和方法：介绍调查项目的背景、调查目的及主要调查项目、调查方法、样本分布等基本情况，让人对市场调研的过程一目了然。

（2）调查结果和结论：将整理后的调查数据和发现通过表格、图形或文字形式呈现出来，从中引出调查结论。如果调查项目较多，要把主要调查结论放在前面，具体项目放在后面。

（3）主要发现：该部分是调查报告的引申，调研人员根据调查结果，会提出一些与调查目的不完全重叠，但是对企业营销有价值的发现，并据此作出一些预测或提出企业管理和营销的意见和建议，这一部分也是体现调研报告质量的重要方面。

如果报告篇幅较长，可以另出一本摘要报告。

2. 市场调研报告的撰写技巧

报告的撰写技巧主要包括表达、表格和图形表现等，以表达为主。

（1）表达的技巧：是指在内容的叙述、说明、议论和语言运用等方面的技巧。

1）叙述的技巧，见表 3-7。

表 3-7　叙述的技巧

叙述的种类	概　念	特　点
概括叙述	将调查过程和情况概略地陈述出来	给人以整体、全面的认识，节省篇幅
时序叙述	按时间的先后顺序叙述	次序井然，前后连贯
主体省略叙述	叙述中用代词代替主体单位，主体是指写报告的单位	行文简便、简捷

2）说明的技巧，见表 3-8。

表 3-8　说明的技巧

说明技巧的种类	概　念	特　点
数字说明	让数字说话，阐明问题	说服力强、可信度高
分类说明	将调查资料根据调查目的按一定的标准分类，分别说明	层次清楚、认识深刻
对比说明	把有关情况、数字采用对比的形式来说明问题	可比可对、反映深刻
举例说明	用事实说话	有理有据、说服力强

3）议论的技巧，见表 3-9。

表 3-9　议论的技巧

议论的种类	概　念	特　点
归纳论证	在列举大量资料之后，作出分析研究，从而形成论证过程	由个别到一般
演绎论证	对研究的现象从某一个侧面用数据情况等作论据，去证明其结论	由一般到个别

举一反三

一、理论部分

（一）简答题

1. 市场营销信息对物流企业有什么作用？
2. 什么是物流营销信息系统？物流营销信息系统应包含哪些内容？
3. 如何开展物流市场营销调研？
4. 物流市场营销调研主要有哪几种方法？试比较各种方法的优缺点。
5. 撰写市场调研报告应运用哪些技巧？

（二）案例分析

海尔集团物流信息系统

海尔集团每个月平均接到 6 000 多个销售订单，产品品种约 7 000 多种，需要采购的物料品种有 15 万之多。为了保障如此繁杂的业务能够高效、准确、经济地运作，必须依靠高度一体化的物流信息系统，必须进行流程再造，于是海尔物流的“一流三网”应运而生。“一流”就是订单信息流；“三网”即计算机信息网、全球供应资源网和全球配送资源网。

在“一流三网”的物流信息系统的支持下，海尔物流通过 3 个及时生产制（Just In Time，3 个 JIT 即 JIT 采购、JIT 配送和 JIT 分拨物流）实现同步流程。高性能的物流信息系统和先进的管理理念，不仅轻松地解决了复杂的物流信息管理问题，而且将呆滞的物资降低了 73.8%、仓库面积减少了 50%、库存资金减少了 67%。

那么，“3 个 JIT 同步流程”这一理念是如何运作的呢？

首先，海尔集团 100%的采购订单是从网上下达的，这使采购周期由原来的平均 10 天降为 3 天。其次，海尔将所有与供应商相关的物流管理业务信息，如采购计划、采购订单、库存信息、供应商供货清单、配额以及采购价格、计划交货时间等，通过信息系统发布给供应商，使供应商足不出户就能全面了解和制定与自己相关的物流管理信息(如根据采购计划备货，根据采购订单送货等)。在这种条件下，实现原材料采购的寄售模式也成了可能。通过这个模式将备货转化为供应商库存，减少了库存积压资金。再次，货物入库后，物流部门可根据次日的生产计划，利用企业资源计划系统（ERP）进行配料。同时根据看板管理，4 小时送料到工位，以实现 JIT 送料。最后，在生产部门根据各种订单完成生产后，就要将满足顾客各类个性化需求的产品送到顾客手中。目前，海尔在国内建立了 42 个配送中心，利用这些网点和信息系统的调度管理，每天可将 5 万多台定制产品配送到 1 550 个海尔专卖店和 9 000 多个营销网点，实现了 JIT 分拨物流。海尔的配送中心能在中心城市范围内实现 8 小时配送到位，区域内 24 小时、全国 4 天以内到位。

海尔就是依靠其高速运转的物流信息系统，在最有效利用整个供应链的条件下，以最低的成本、最快的速度，完成了设计、生产和送达产品的全过程，满足了顾客对产品个性化的需求。

问题：1. 海尔集团的物流营销信息系统至少应包含哪些功能？

2. 海尔集团如何运用其物流营销信息系统实现 JIT 管理？

二、实践部分

1. 处理客户投诉实战练习。

情景一：2010 年 2 月 3 日，某物流公司客户服务部接到一位客户来电反映去公司营业处受理货物时，因货物较重（100 千克左右）需要营业处工作人员的协助装卸时，工作人员向客户表示卸货必须支付装卸费，并对客户说出“发就发，不发就拉倒”之类的话语，引起客户严重不满，遂投诉。

问题：如果你是该公司的客服人员，你认为应该如何处理该客户的投诉？

情景二：2010 年 5 月 18 日，一位客户到某物流公司办理发货业务，当客户使用该公司胶带捆扎携带物品时，因工作人员与客户沟通不当发生争执，并伴有使用不礼貌用语现象的发生，给客户造成了强烈的不满，致使客户投诉至集团公司客服中心，最终导致客户未在该公司办理发货业务，而去了另外一家物流公司办理货物托运。事情发生后，经过及时与客户沟通和道歉，客户最终表示下次可以考虑与该公司进行合作。

角色演练：学生分配角色，模拟事件从发生到最后处理的全过程。

讨论：作为物流公司的工作人员，在与客户沟通时应该注意哪些细节？

2. 为某一仓储企业设计一份调查问卷，了解顾客对仓储服务的需求信息。需了解的基本情况如下。

（1）货品情况：

1）货品具有的性质、特点（如易燃、易爆、易碎、易受虫害、易受潮等)。

2）货品包装情况（如纸箱、桶装、托盘等）。

3）单件货品的质量及体积。

4）货品的品种及规格。

（2）仓储要求：

1）所要储存的货量有多大。需要多大面积的仓库。

2）所要的仓库对地理位置有何要求。

3）对库房结构、雨篷、照明有无特殊要求。

4）在发货时，是选择整箱包装，还是拆零分发。

5）在出货原则上，是否严格要求先进先出。

6）对盘点有何要求（如盘点频率、盘点方法）。

7）是否需要贴标签、改包装、条码扫描等延伸性服务。

3．根据以下中职生消费结构调查方案，做一次本校或本班同学消费需求调查，具体任务如下。

1）设计调查问卷，开展市场调查。

2）写出一份市场调查分析报告。

中职生消费结构调查方案

1．背景

随着学生经济条件的好转、社会文化生活的日益丰富，学生的消费结构较前发生了很大的变化。购买通信工具、上网、旅游、参加自己喜欢的专业培训等支出，占消费总额的比重越来越大。通过对学生消费方向的了解，能够认识到学生的兴趣、志向、需求等现状，这对学校正确引导学生、改善办学条件具有重要的意义。为此，我们决定对在校学生进行调查。

2．调查的目的

认识学生目前的消费结构，为正确引导学生、改善办学条件提供依据。

3．调查内容

- 生活消费结构
  - 物质方面
    - 1．吃
      - 主餐
      - 零食
    - 2．穿
    - 3．日用品
    - 4．学习用品
      - 书籍
        - 文学
        - 经济
        - 报纸、杂志
      - 工具
    - 5．其他
  - 精神方面
    - 1．业余爱好学费
    - 2．电话费
      - 家庭电话
      - 朋友电话
      - 同学电话
    - 3．娱乐
    - 4．旅游
    - 5．上网
      - 查询信息
      - 聊天
      - 游戏
      - 其他
    - 6．其他
  - 其他

4．抽样设计

按座次等距离抽样、隔三抽一。

5．调查时间（略）

6．调查步骤及方法

以本学期消费为准，只计比重，不计金额，发问卷表自填。

7．撰写调查分析报告（略）

学习评价

被考评人					
考评地点					
考评内容					
考评标准	内　　容	分值/分	自我评价/分	小组评议/分	实际得分/分
	处理客户投诉方案	20			
	仓储企业调查问卷	40			
	中职生消费分析报告	40			
合　　计		100			

注：1. 实际得分=自我评价 40%+小组评议 60%。

2. 考评满分为 100 分，60～74 分为及格；75～84 分为良好；85 分以上为优秀（包括 85 分）。

综合知识模块二

物流客户服务与关系管理

随着经济发展和科技的进步，市场竞争日益加剧，很多企业都在产品价格、特性和质量方面日益相近，这时候，优质的客户服务将为企业提供超越于竞争对手的竞争优势。面对日益激烈的国内、国际市场竞争和消费者价值取向的多元化，企业管理者已发现加强物流管理、改进客户服务是创造持久竞争优势的有效手段。

客户关系管理水平是衡量物流系统为顾客创造的时间和地点效用能力的尺度，客户关系管理水平决定了企业能否留住现有顾客和吸引新顾客的能力。

能力知识点 1　物流客户服务概述

资料卡

物流客户服务：是指物流企业为促进其产品或服务的销售，发生在顾客与物流企业之间的相互活动。

一、物流客户服务的含义

物流客户服务过程是指在合适的时间、合适的场合，以合适的价格，通过合适的渠道，为合适的顾客提供合适的产品和服务，使顾客的需求得到满足、价值得到提高的活动过程。不同类型的物流企业所提供的服务产品不同，其顾客的服务要求也是非常广泛的。可以从以下两个方面去理解物流客户服务。

议一议

登录大连中远物流公司的网站（http://www.cosco-logisticsdl.com），查询中远物流为顾客提供了哪些服务？如图 3-7 所示。

1. 物流客户服务

物流客户服务是为了满足顾客的需求而进行的一项特殊工作，是典型的客户服务活动。

小知识

如何理解物流客户服务的含义？

1）订单处理。

2）技术培训。

3）服务咨询。

4）处理客户投诉。

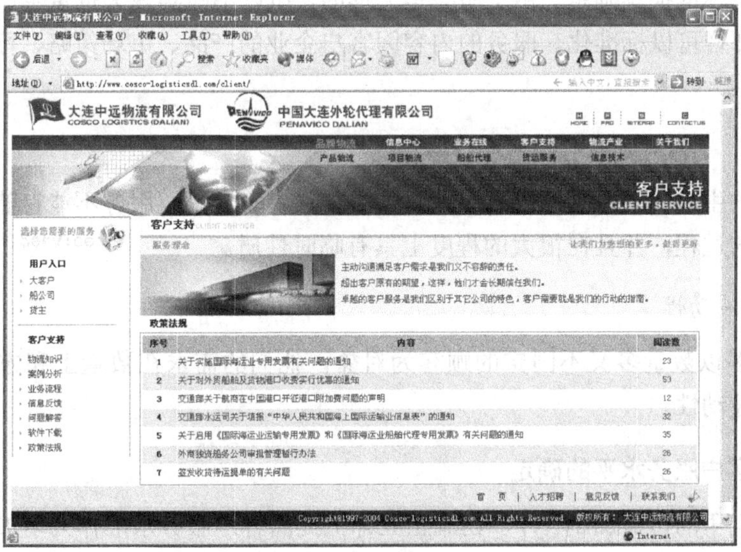

图 3-7　大连中远物流的客户支持页面

2. 物流客户服务是一整套业绩评价

（1）产品的可得性评价：

1）存货的百分比。

2）无货损的百分比。

（2）订货周期和可靠性评价：

1）从客户订货到送货的时间。

2）仓库备货时间。

3）仓库收到订单到发货的时间。

4）在规定时间内发货的百分比。

5）最低订货数量。

3. 服务系统的灵活性评价

1）特快发货或延迟发货的可能性。

2）订货的便捷性和灵活性等。

二、物流客户服务的特点

物流客户服务具有与产品不同的特征，表现为以下几个方面。

1. 无形性

物流服务不是有形的物质，是一种精力的支出。虽然有些服务项目包括一些物质产品，但服务的中心内容是向顾客提供有价值的活动，并非转移某种产品的所有权。

2. 柔性化和个性化

物流服务的标准很难确定。由于服务是无形的，所以不能实现大批量生产，其内容也不能像有形产品那样可以标准化。服务的内容因客户企业的产品、市场策略、行业、管理模式等的不同而不同。

3. 即时性

物流服务的生产和消费是同时发生的，顾客往往参与其中，服务不能存储，提供服务的过程就是消费的过程，并且在很大的程度上具有临时性质。

4. 需求的波动性

物流服务多以数量多又不固定的顾客为对象，他们的需求在数量上和方式上都是多变的，有较强的波动性。

三、物流客户服务水平的确定

随着市场竞争的日益加剧，许多物流企业都把提高客户服务水准作为增加竞争优势的重要手段。但是物流企业应该为顾客提供怎样的服务水准呢？完善的客户服务管理观念是否就意味着应不惜一切代价获取顾客 100%的满意度呢？事实上，大多数学者和专家认为，物流企业无可厚非地必须以企业价值最大化为根本目标，那么其所提供的客户服务水准最终将取决于成本与效益的权衡。也就是说，要确定最优服务水准的方案，首先要考虑客户服务水平与营业收入之间的关系，然后还要考虑客户服务水平与经营成本之间的关系。也就是说，必须考察客户服务水平的变化对营业收益与成本的影响，平衡两者之间的关系，找到使得利润最大化的最优服务水平。

1. 物流客户服务与营业收入

客户服务从无到有、从低水平到高水平，对销售收入的影响可以分为 3 个阶段。

（1）入门期：是指企业提供的客户服务水平低于同行业的平均服务水平。此时提高客户服务质量对营业额的影响有限。以各大型家电企业为例，各零售企业普遍提供送货、安装服务已成为行业内的习惯做法。此时，有一家仅提供送货服务的家电企业希望也开辟安装服务来提高营业收入。可以预计，这一措施会给企业带来一定量的需求，但因为所提供的服务并不具有特色，市场的反应不会太大，收入增加也非常有限。

（2）成熟期：是指企业在提供同行业基本客户服务的同时，逐步增加了某些有特色的、顾客所需要的其他服务。此时，在某一服务水平下将带来营业收入的大幅增加。例如，某配送公司不仅在安全、准确送达货物之外，还显著地缩短了交货日期，这将有助于减少库存、降低成本，从而吸引了越来越多的顾客，营业收入也有了大幅度的增加。但由于市场的总体需求规模相对稳定，收入的增长会随着物流服务水平的提高呈现出明显的边际收益递减趋势。在某一服务水平下，营业收入达到最高。

（3）下降期：此时服务水平的提高不但不能带动营业的增长，反而会引起顾客的反感，造成营业额下降。这种局面并不常见，可以理解为企业提供的客户服务过于周到，超出了目标市场的一般需要，顾客非但没有享受到购买的便利，反而需要为被迫享受的众多服务支付额外费用，因此望而止步。

2. 物流客户服务与经营成本

客户服务水平与经营成本呈正相关系，更好、更完善的客户服务，就意味着更多的成本投入。例如，物流企业要提供更快捷的运输服务、更短的订货周期、更准确的单证等就要从以下几方面增加投入。

1）人员培训。

2）制定规范化的操作和管理制度。

3）先进设备的建设投入。

4）完善网络设施的建设。

因此，提高客户服务往往首先引起成本的提高，其次才是得到市场的认可、增加营业收入。

四、物流客户服务的绩效评价

物流客户服务的评估方法分为定性和定量两种。

1. 定性分析

定性分析的主要标准有以下几点。

（1）可靠性：企业是否按照国家标准、行业标准和承诺标准服务。

（2）反应性：企业是否对顾客需求有迅速反应的能力，是否对顾客需求进行了快速反应。

（3）权威性：企业是否因为提供服务而使顾客信任。

（4）体贴性：企业能否为顾客设身处地地设想和服务。

（5）有形证据：企业是否有证据表明企业为顾客提供了良好服务，顾客是否感受到享受服务的快乐。

一般而言，物流客户服务定性评价可以归结为 7Rs，见表 3-10。

表 3-10　物流客户服务评价 7Rs 模式

7Rs 构成要素	评价指标
Right Customer （合适的客户）	一般、合适、关键、有害
Right Place（合适的场合）	时间、地点、情景、感动
Right Channel or Way（合适的方式）	性情、便利
Right Time（合适的时间）	准时性、随时性、即时性
Right Price （合适的价格）	差别化价格、满意价位、心理价格
Right Product or Service（合适的产品或服务）	全面性、快速反应、配套性、全过程性、态度和礼貌、价格、方便性、保修期、担保期、处理抱怨、沟通
Right Want or Wish（合适的需求）	名牌感、风格化、个性化、多样化、特殊化、身份化、名誉和商誉、实力

2. 定量分析

物流客户服务定量分析的指标构成如下。

（1）仓库管理和操作指标体系：

1）库存准确率。

2）入库准确率。

3）出库准确率。

（2）运输服务指标体系：

1）发货及时率。

2）到货及时率。

3）返单及时率。

4）客户投诉率。

5）客户满意度。

6）破损率。

7）订单完成率。

8）急单完成率。

（3）数据录入工作评价指标：

1）数据录入及时性。

2）数据录入准确性。

（4）进出口业务评价指标：

1）报关及时性。

2）单证处理及时率。

（5）费用结算评价指标：

1）费用结算及时率。

2）费用结算准确率。

以上各项指标，各企业应根据实际情况规定考核时间和考核参数。

能力知识点 2　物流客户关系管理

想一想

如何理解物流客户关系管理的含义？

一、物流客户关系管理的含义

随着国内物流业的不断发展，客户关系管理已经越来越受到物流企业的关注，它对企业的作用不仅仅是客户管理技能的提高，而且还将促进企业管理观念的更新。

客户关系管理（Custom Relationship Management，CRM）是一种选择和管理用户以最优化长期价值的企业策略。CRM 要求以顾客为中心的企业文化来支持有效的营销和服务流程。CRM 是企业为提高核心竞争力，达到竞争取胜、快速成长的目的，树立以顾客为中心的发展战略，并在此基础上开展的包括判断、选择、争取、发展和保持顾客所需实施的全部商业过程；CRM 是企业以客户关系为重点，通过开展系统化的客户研究，通过优化企业组织体系和业务流程，提高顾客满意度和忠诚度，提高企业效率和利润水平的工作实践；CRM 也是企业在不断改进与客户关系相关的全部业务流程，最终实现电子化、自动化运营目标的过程中，所创造并使用的先进的信息技术、软硬件和优化的管理方法、解决方法的总和。

CRM 不是什么新概念。它只是在新形势下获得了新内涵。例如，小吃店的老板会征询你的意见，要不要加辣椒。但如果你到一个大型的快餐店就餐时，就不会得到这种待遇。最重要的原因是，快餐店无法识别每一位客户。

快餐店要搜集和处理的客户信息量超出了企业的信息搜集和处理能力，而信息技术的发展使得这种信息应用成为可能。

应该说，物流企业的 CRM 是基于物流企业与顾客，实现信息共享、资源互补、多方互动和客户价值最大化，并以此提升企业竞争力的一种管理思想。它并不是指单纯的管理软件和技术，而是融入企业经营理念、生产管理、市场营销、客户服务等内容，以顾客为中心的管理方法，如图 3-8 所示。

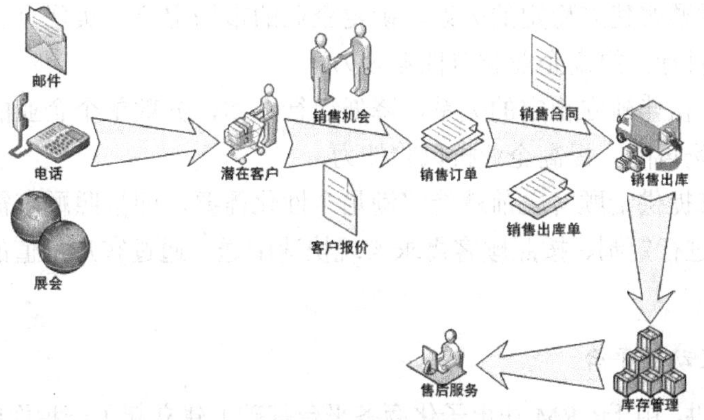

图 3-8　物流客户关系管理流程图

二、物流客户关系管理的意义

1. 客户管理统一化

在企业内部，客户管理通常是分散的，没有一个部门可以掌握客户关系的全貌，如销售部门掌握着客户档案信息和销售信息，财务部门掌握着资金信息和信用信息，生产部门和物流管理部门则只知道根据订单或需货单生产和配送。各部门信息不通、关系不协调，从表面上看好像都十分重视客户管理，但实际上给客户带来了诸多不便。客户管理的首要功能是打破部门信息封锁的壁垒，整合原本属于各部门分散管理的客户信息，将它们通过现代信息技术和 CRM 系统统一为一个信息中心。这个信息中心能够为一线员工的客户服务提供业务指导、技术支持和信息保证；为各部门提供共享的全面信息资料，协调各部门行为，避免部门间出现推诿责任的现象；为企业合作伙伴提供信息支持，保证供应、生产、销售、服务的良性运行。

2. 提高客户管理能力

与顾客建立稳定的关系的前提是确认谁是企业的合适顾客、谁是关键顾客、谁是一般顾客和应淘汰的顾客；合适顾客的个性特征和需求偏好是什么，包括实现消费的合适价格、合适时间、合适地点、合适方式等；预测顾客需求动向、合作伙伴与竞争对手等，这些都是影响客户关系的因素。通过CRM，企业能够根据顾客的行为变化等信息在第一时间把握环境状况和顾客变化情况，应时而变，使企业处于 CRM 的主动地位，稳定客户关系。

3. 实现企业目标

企业之所以要实施 CRM，其指导思想是通过了解顾客的需求并对其进行系统化的分析和追踪研究，在此基础上进行“一对一”的个性化服务，提高客户满意度和客户价值，为企业带来更多的利润，实现企业目标。

4. 提高企业竞争力

CRM 使物流的实现更趋于合理化，使顾客与企业的互动关系能良性运行，从而有效地整合资源，规避市场风险，提高企业竞争力。

1）通过与合适顾客建立稳定的关系，确定企业的市场定位，实现企业的市场目标，从而实现企业的利润目标，提高企业收益性竞争力。

2）通过与合作伙伴建立稳定的关系，降低运行成本，分散单个企业的竞争力，以合作伙伴的整体规避市场风险，提高企业抗风险能力。

3）物流服务在提供给顾客之前就能够满足个性化需要，即按照顾客需要进行个性化设计、按照顾客需求进行定制、按照顾客需求实现快速配送，通过客户价值的实现来提高企业竞争力。

5. 提供协同互动的平台

从技术角度来讲，由于 CRM 在电子化商务平台基础上建立起了一种面向顾客的融合企业管理理念、市场营销、客户服务和技术支持的自动化解决方案，所以能够带来如下直接效果。

1）顾客可以不受地域和时间限制，随时访问企业，通过企业呼叫中心自动进入CRM信息库，获取相关信息或得到服务指导。

2）企业能够对各种销售活动进行跟踪，对顾客的需求动向和偏好进行分析。

3）企业可以从不同的角度获得成本、利润、生产率、风险率等信息，并根据顾客需求变化对产品、职能、网点、物流配送等进行适时的调整。

4）及时了解供应商的业务安排、工作进程、流程速度、信用风险、环境变化等信息，规避供应链风险，保障顾客利益不受影响。

三、物流客户关系管理的内容

CRM 的目的不是对所有与企业发生过业务往来的客户都一视同仁，而是从所有客户中识别出一般客户、合适客户、合适客户中的关键客户。然后依此分类，有针对性地提高服务，从而使企业价值目标与客户价值目标协调。因此，CRM 首先应当对客户进行识别和管理，支持企业在合适的时间和合适的场合，通过合适的方式，将合适价格的合适产品和服务提供给合适的客户。

为了更好地理解物流客户关系管理的内容，请看以下案例。

CRM 为奇瑞提升管理水平

奇瑞汽车有限公司成立于1997年，现拥有年产40万台发动机和30万辆整车的生产能力，是国内首家通过当前国际上最严格、最先进的汽车生产质量控制体系ISO/TS16949标准认证的整车制造企业。该公司利用SAP公司的mySAP客户关系管理解决方案(mySAP CRM)全面提升了公司的客户关系管理水平。作为全球最大的企业管理和协同化商务解决方案的供应商之一，SAP公司的客户关系管理解决方案mySAP CRM在中国拥有较大的客户群体。本着以客户为核心的理念，mySAP CRM具备了跨部门集成、协同高效、为不同行业专门制定的优势和特点，并在中国具有较强的实施能力和咨询队伍。

CRM 可以提高企业的管理水平，促进企业的发展，主要包括以下几个方面内容。

1. 客户识别与管理

（1）客户信息资料的收集：该项工作主要收集、整理和分析企业的客户，客户的基本类型、需求特征和购买方向，并在此基础上分析客户差异对企业利润的影响等问题。

收集、分析和整理客户信息的内容包括：分辨一般客户、合适客户和关键客户，它是CRM 的基础；与合适客户和关键客户建立深入关系；根据客户信息制定客户服务方案，以满足客户个性化需求，提高客户价值。

在收集、整理和分析客户信息时，客户的原始资料是非常重要的。它是有关客户的基础性资料，是企业获得的第一手资料。它构成客户信息的基本内容，是企业CRM的基础。具体包括以下内容：客户名称、地址、邮政编码、联系人、电话号码、电子邮箱地址、网站地址、银行账号、使用货币、报价记录、优惠条件、付款条款、税则、付款信用记录、销售限额、交货地、发票寄往地、企业对口销售号码、佣金码、客户类型等。企业应该细致地做好客户原始信息的收集，做好客户原始记录。

收集客户信息的方法有：自己收集、向咨询机构购买、信息交换等。

（2）客户信息分析：客户信息分析是客户信息管理的核心部分，它不能仅仅停留在对客户信息的数据分析上，还要对客户的态度、能力、信用、社会关系等进行评价。

对客户信息进行分析时寻找共同点是必要的，它可以帮助企业找准发展方向，但进行差异化分析却是关键。因为它能够帮助企业准确地把握合适客户和关键客户，他们才是客户关系的主体。准确的差异化分析将有助于企业将80%的资源分配在产生80%价值的20%客户身上。

> **议一议**
>
> 物流企业可运用哪些方法收集客户电子邮件地址？

对客户进行差异化分析的主要内容有以下几点。

1）识别企业的关键客户和合适客户。

2）哪些客户在什么期间导致了企业成本的增加。

3）企业本年度最想和哪些客户建立商业关系。

4）有哪些合适客户或关键客户对企业的产品或服务多次提出了意见。

5）去年最大的客户是否今年也订购了不少产品或服务。

6）去年有哪些客户从本企业只订购了一两次服务，却从其他地方订购更多的服务。

根据客户对于本企业的价值，对客户进行分类。

（3）信息交流与反馈管理：企业与客户进行双向信息交流，及时发现客户服务过程中的问题，正确处理客户的反馈意见与投诉。对于消除客户不满、维护客户利益、保持与客户的良好关系是十分重要的。

（4）服务管理：主要包括服务项目的快速录入；服务项目的安排、调度和重新分配；事件的升级；搜索和跟踪与某一业务相关的事件；生成事件报告；服务协议和合同；订单管理与跟踪；问题及其解决方法的数据库。

（5）时间管理：主要包括日历；设计约会、活动计划有冲突时，系统会提示；进行事件安排，如约见、会议、电话、电子邮件、传真；备忘录；进行团体事件安排，查看团队中其他人的安排，以免发生冲突；把事件的安排通知相关的人；任务表；预告；配送安排等。

2. 服务人员管理

服务人员如何招聘、如何培训、如何细化岗位职责、如何进行评价等不是一个企业独自能完全做好的。它只有被纳入到客户关系管理系统之中，在信息协同共享的情况下才能规范地为客户服务，使客户满意。因此，服务人员管理在CRM中占有举足轻重的地位。

3. 市场行为管理

在CRM中的市场行为管理主要包括以下几个方面。

（1）营销管理：主要包括营销策划与进程控制；营销计划培训；营销活动的协调与支配；营销信息收集、整理及分享；营销过程中的突发事件及应急处理；安排重大营销活动；媒体关系及公共关系等。

（2）销售管理：主要包括营销策划与进程落实；营销人员管理、考核、奖惩；销售信息，如客户、业务描述、联系人、时间、销售阶段、业务额、可能结束时间等信息的收集与管理；产品特性、功能、种类管理；采购、仓储与配送管理；产生各销售业务的阶段报告，并给出业务所处的阶段、所需时间、成功的可能性、历史销售状况评价等信息；对地域渠道资源（省市、邮编、地区、行业、相关客户、联系人等）进行维护；终端管理；销售商渠道资源管理；物流管理；销售费用管理等。

（3）响应管理：主要包括呼入呼出电话处理；互联网回呼；呼叫中心运行管理；客户投诉管理；客户求助管理；客户交流；报表统计分析；管理分析工具；通过传真电话、电子邮件、打印机等自动进行资料发送；呼入呼出调度管理等。

（4）电子商务：主要包括个性化界面、服务；网站内容管理；店面；订单和业务处理；销售空间拓展；客户自助服务；网站运行情况的分析报告。

（5）竞争对手管理：通过吸取对手的先进经验和操作方法，结合企业自身实际，创造出合适客户需要的独特服务方法，提高客户价值；通过掌握竞争对手的发展趋势，使企业在战略决策中有个参照，规避市场风险；通过分析直接相关竞争对手的信息，根据企业发展的需要寻求合作的机会。

4. 伙伴关系管理

物流伙伴关系管理包括生产制造商伙伴关系管理和业务外包管理，其主要内容有：对企业数据库信息设置存取权限，合作伙伴通过标准的 Web 浏览器以密码登录的方式对客户信息、企业数据库、与渠道活动相关的文档进行存取和更新；合作伙伴可以方便地存取与销售渠道有关的销售机会信息；合作伙伴通过浏览器使用销售管理工具和销售机会管理工具，如销售方法、销售流程等，并使用预定义和自定义的报告；产品和价格配置器等。

5. 信息与系统管理

信息畅通与共享是供应链一体化良性运行的保证，同样也是 CRM 的保障。

（1）公开信息管理：在 CRM 中，信息是共享的，但并不是所有的信息都是公开的。公开信息管理的内容主要包括：将电话簿生成电话列表，并把它们与顾客、联系人和业务建立关联；把电话号码分配给销售员；记录电话细节，并安排回电；电话营销内容草稿；电话录音，同时给出书写器，顾客可作记录；电话统计和报告；自动拨号等。

（2）平台管理：主要包括系统维护与升级；信息收集与整理；文档管理；对竞争对手的 Web 站点进行监测，并向使用者和客户报告；根据使用者、客户定义的关键词对 Web 站点的变化进行监视。

（3）商业智能：主要包括预定义查询和报告；客户定制查询和报告；可看到查询和报告的有关代码；以报告或图表的形式查看潜在客户和业务可能带来的收入等。

（4）信息集成管理：信息集成管理就是对零散的信息进行筛选、整理、汇编、编码，然后按照规范程序进行分散和发送，使之与企业的其他信息耦合，达到共享。

四、物流客户关系管理的基本准则

1. 以市场为导向

客户服务水平的确定不能从供给方的理论出发，而应该充分考虑需求方的要求，通过与客户面谈、客户需求调查等寻求客户最强烈的需求愿望，根据经营部门的信息和竞争企业的服务水准制定。

2. 面向一般客户群体

在决策客户服务要素和服务水准过程中，需要注意服务的对象应该向一般客户群体转化。

3. 制定多种客户服务组合

客户的需求多种多样，企业要对有限的资源进行合理配置，根据客户的不同类型采取相应的服务。一般来讲，根据客户经营规模、类型和对本企业的贡献来划分，可以采取支援型、维持型和受动型客户服务战略。

对本企业贡献率高的客户，由于具有直接的利益相关性，应当采取支援型策略；而对本企业贡献率低的客户，要根据其规模、类型再加以区分。经营规模小或专业型的客户，由于存在进一步发展的潜力，可采取维持型战略，以维系现有的关系，为将来可能开展的战略调整打下基础。相反，经营规模小且属于综合型的客户，将来进一步发展的可能性较小。所以，在服务上可以采取受动型策略，即在客户要求服务的条件下开展服务活动。

4. 开发对比性物流服务

企业在制定客户服务要素和服务水平的同时，应当与其他企业物流服务相比有着鲜明的特色，这是保证高服务质量的基础，也是客户服务战略的重要特征。要实现这一点，就必须具有对比性的客户服务观念，即重视收集和分析竞争对手的客户服务信息。

5. 注重客户服务的发展性

客户服务的变化往往会产生新的客户服务需求，所以在CRM中，应当充分重视研究客户服务的发展方向和趋势。例如，虽然以前就已经开始实施在库、出入货、商品到达期、断货信息、在途信息和货物追踪等管理活动，但是随着交易对象简单化、效率化革新、EDI的导入、账单格式统一和商品入货统计表的制定等，信息服务已成为客户服务的重要要素。

6. 建立能把握市场环境变化的管理体制

客户服务水平根据市场形势、竞争企业的状况、商品特性以及季节的变化而变化，所以在物流部门建立能把握市场环境变化的客户服务管理体制十分必要。

7. 物流中心的建设与完善

物流中心作为客户服务的基础设施，其建立和完善对于保障高质量的客户服务是必不可少的。这是因为物流中心的功能变为通过集中管理订货频度较高的商品使进货时期正确化，提高在库服务率。同时，由于缩短商品的在库时间，提高了在库周转率，商品入库增多。除此之外，物流中心在拥有对应多品种、小单位商品储存功能的同时，还具有备货、包装等流通加工功能，能够实施适当的流通在库管理和有效的配送等物流活动，这些都是高质量客户服务的具体表现。

8. 构筑信息系统

要实现高质量的客户服务，还必须建立完善的信息系统。这种信息系统的机能除了接受订货，迅速、完好地向客户传递商品外，更重要的是通过送货回复、商品物流周期缩短、备货保证、信息处理时间缩短和货物追踪等各种机能确保优于竞争对手的客户服务。

9. 不断对客户进行绩效评估

客户服务的实施情况应该每隔一段时间进行定期核查，特别是销售部门或客户是否对物流现状有意见，有无错误配送，事故破损是否严重，是否向客户做过调查，所设定的服务水平是否得以实现，在服务成本上应保持多大的合理性等。总之，对客户服务绩效进行评估的目的在于不断适应客户需求的变化，及时定制出最佳的客户服务组合。所以，定期了解客户的满意度，改善物流系统是客户服务中的关键要素。

五、物流客户关系管理的实施

实施 CRM 既涉及对企业现有资源的整合，又涉及对企业发展的规划，是一个创新的系统工程。它的实施一般包括以下 8 个步骤。

1. 可行性评估

不是每个企业都适合使用客户关系管理系统。如果企业规模还很小、供应商不多、生产流程简单、产品品种有限、业务量不大、下游企业和顾客都很明确的话，只需开设一个服务电话，用计算机建立一套适合自身业务需要的客户管理档案系统即可。如目前城市里的天然气、饮用水配送网点就大都采用这种方式。

所以，企业在使用客户关系管理系统之前，应作客观、充分的可行性评估。可行性评估不仅是一种技术评估，更是一种文化评估。需要实施 CRM 的企业首先应聘请有经验的专业咨询公司或专家对企业进行诊断，明确问题的关键所在，如哪些问题可以通过技术解决、哪些问题可以通过战略调整解决、哪些问题需要观念转变和文化重造来解决等。只有这些问题解决了，企业实施 CRM 项目才能水到渠成。

2. 规划 CRM 战略目标

实施 CRM 的真正目的是通过与客户建立适当的关系，来整合企业和社会的优势资源，提高企业竞争力，从而提高企业的盈利率。企业在实施 CRM 之前应根据这一目的，与专家顾问认真研究、审慎考虑，提出企业的短期、中期、远期目标和直接的根本目标。

目标应适合本企业实际情况，不应定得太高、太大。因为目标越高，工程越大，不确定性越多。同时，CRM 目前处于开发阶段，技术还有待完善。

3. 阶段目标与实施路线

CRM 是一个非常复杂的系统工程，其实施应该分阶段进行。在确定实施进程之前，要确定可量化的阶段性目标和实施效果。

实施路线对 CRM 的成功与否是非常关键的。设计好目标之后，企业还要确定 CRM 的入口，这需要根据企业的具体情况和技术发展的趋势来决定。因为入口的方法很多，现在常用的是 Call Center 和 Web 入口。

4. 设计业务流程

项目小组首先应该把注意力放在流程上，研究现有的营销、销售和服务策略，并找出改进方法。然后根据业务流程中存在的问题来选择合适的技术要求。需要注意的是，技术只是促进因素，本身不是解决方案，流程的改造才是解决问题的关键。另外，在实施 CRM 时要注意技术的灵活运用。

业务流程确定之后，企业应根据业务流程来调整组织结构，使企业的组织结构具有足够的柔性，增强对市场和客户的反应能力，避免企业行为与市场行为脱节。

5. 设计客户关系管理系统结构

CRM 系统的主要功能有：①对供应商、销售商、顾客和企业内部信息的流程化、系统化和信息化。②与供应商、销售商和顾客沟通手段的集成化、自动化和简便化。③在此基础上的决策智能化。

因为企业自身情况千差万别以及方案选择的多样性，因此，在设计 CRM 系统结构时可以借鉴他人模式，但是不能照搬。CRM 系统没有相同模式可言，不可能存在一种编码，人人通用的万能软件。有效的 CRM 系统结构必须立足于明确的企业战略方向和科学化的流程设计之上。

6. 实施与培训

CRM 的应用是全体员工的工作，企业在专业技术人员实施 CRM 时应广泛开展培训，统一员工的观点，掌握先进的技术，形成氛围。

培训的重点分 3 个方面：①通过培训改变观念，将以产品为中心的观念转变为以客户为中心的观念。②培训专业技术，如如何应用 CRM 系统、如何使业务行为与 CRM 相配合、如何借助 CRM 更好地为客户服务。③培训创新能力，因为 CRM 实施之后应随着企业环境、企业业务和客户情况的变化不断作出相应的调整和完善。

7. 系统的整合

系统各个部分的集成对 CRM 的成功很重要。CRM 的效率和有效性的获得有一个过程，它们依次是：终端用户效率的提高→终端用户有效性的提高→团队有效性的提高→企业有效性的提高→企业间有效性的提高。

因此，CRM 系统试运行过程中应当使之与企业的其他信息系统（如物料采购系统、生产制造资源系统等）相耦合，形成信息兼容的庞大功能群。

8. 评估实施效果

企业在实施 CRM 时，可以聘请专业监理公司参与，一方面为企业当顾问，另一方面可以适时评估实施进程和实施效果。评估效果还可作为项目参与者奖惩的依据，以调动项目参与者的热情。

举一反三

一、理论部分

（一）简答题

1．什么是物流客户服务？它有什么特点？

2．物流企业应如何确立客户服务水平？

3．如何对物流客户服务的绩效进行评价？

4．什么是客户关系管理？客户关系管理的基本原则是什么？

5．客户关系管理的内容是什么？

6．客户关系管理的实施程序是什么？

（二）案例分析

阿期米尔鲜花拍卖市场物流服务特色

生鲜品物流一向是物流业的难点，因为鲜花植物这类易损生鲜品的储存和运输都很困难。它要求很强的时效性和很好的储存设备，因此，时效性、货品完好程度对客户满意度的影响较大，因为稍有不确定因素（如天气）就会影响全部货品的质量。以荷兰的阿期米尔鲜花拍卖市场为例，本市场为保证拍卖的速度与鲜花的质量、货品精确率、货品完好程度、货品质量和时间性，在阿期米尔拍卖市场交易的客户必须登记注册，以便使用信息系统提供服务。

客户在拍卖过程中只要一按钮，配好的花束就会被装进纸箱或塑料箱运到拍卖发货中心，然后装入有冷藏设备的集装箱中。发货中心设有海关和检疫站，所有货物在拍卖当天或第二天通过陆运或空运出现在欧洲或北美市场上。为确保质量和信誉，未卖出去的鲜花和植物在拍卖当天晚上会被全部销毁，决不过夜。

问题：以7Rs为模式，从客户的角度来评价荷兰的阿期米尔鲜花拍卖市场是如何分析市场，区分客户满意度，提供差异化物流服务的？

海尔集团的客户管理系统

青岛海尔集团是我国家电行业中的著名企业，以强大的研发能力、严格的内部管理和别具特色的市场营销闻名于国内，乃至国际家用电器市场。海尔的成功，与其一贯秉承的服务至上策略是分不开的。在20世纪90年代初，海尔率先在全国各主要城市建立了29个电话中心，顾客只需拨打当地的服务电话“××9999”，就可以在约定时间内得到海尔的产品上门服务，如安装、维修等，顾客关心的问题也能及时得到海尔电话中心话务员的解答。这套系统为海尔最早在国内打出“服务牌”作出了积极的贡献。但随着海尔市场的拓展和服务区域的扩大，问题逐渐暴露出来。“9999”系统属于第二代Call Center系统，由于话务处理能力有限、系统可靠性差、可维护性差、经常出现死机和系统崩溃等现象，所以经常有顾客反映线路忙，无法接通服务电话，同时一些网点的服务质量也不能得到有效的监控。此外，最严重的问题在于“9999”

电话中心与海尔的售后服务中心信息之间是脱机的。售后服务使用的是独立的系统，与电话中心没有统一的平台和标准，基础编码规范不统一，因此信息不能共享，集团不能掌握各事业部的第一手信息和数据，从而严重影响了企业对市场的反应速度和对顾客的服务质量的监控。

海尔于2000年起成为国内企业中率先启动CRM项目实施的企业。海尔集团根据自身现状和未来发展的战略要求，决定先建立客户服务系统，项目的总体目标是建成以计算机和通信技术为技术手段，覆盖海尔集团顾客服务中心、各顾客服务事业部和全国各地顾客服务中心、售后服务中心的信息管理系统，利用集团现有的网络基础设施，为顾客、售后管理及领导决策提供服务，实现海尔集团顾客服务管理现代化，提高顾客满意度。

2000年10月，海尔集团建立了自己的全国广域网，用于收集海尔在全国各地的电话中心及售后服务中心的客户信息。依托广域网，海尔以呼叫中心为主要手段，同时考虑市场及销售代表的反馈信息、用户来函、售后服务部门和技术支持人员的信息、E-mail、传真、客户登门等辅助方式，建起了实时、完整的海尔全国客户档案，实现了分布式数据复制及数据共享。企业业务部门和工作人员可随时随地查找客户信息，并进行服务质量分析。同时也支持进行客户回访、交叉销售等工作，为海尔的企业内部决策、管理及周到的客户服务提供了充分的技术保障。

为了满足对市场快速响应的需要，海尔集团决定在总部和上海、北京三地建立第三代呼叫中心。平台设计分为主机和网络系统、呼叫中心系统、数据库系统3大部分，可向顾客提高个性化的服务，如定制服务。在海尔内部有一个经典的案例：沈先生因房间摆放需要，想要一台左开门冰箱，他首先想到了海尔。到海尔网站一看，果然有用户定制服务，用户可以选择冰箱开门方式等10多个特殊需求。他按需要下了订单后，海尔冰箱生产部门立即在定制生产线上组织生产。接受信息、组织生产、配送、交易的整个过程，7天时间就完成了，获得了用户的好评。对于用户来说，只需轻松登录海尔的网站；对于海尔来说，一张小小的订单牵动了企业的全身——设计、采购、制造、配送整个流程。这一优质的定制服务有赖于海尔集团客户关系管理系统的建立，更有赖于企业内部以订单信息为核心的ERP系统、供应链系统、物流配送系统、财务结算系统、客户服务系统等各子系统之间的无缝连接与协同运作。

海尔客户关系管理系统满足了企业复杂和庞大的信息处理需要，实现了海尔集团顾客服务管理现代化，提高了海尔对市场的反应速度和适应能力。

问题：1. 海尔集团的CRM系统是如何收集客户信息的？

2. 海尔集团的CRM对营销活动有什么作用？

3. 海尔集团是如何利用CRM系统为顾客服务的？

上海友谊集团为顾客提供个性化的物流服务

上海友谊集团物流有限公司是由原上海商业储运公司分离、改制而来的。公司的主要物流基地地处杨浦区复兴岛，占地面积15.1万平方米、库房面积8万平方米、载货汽车200辆，设施齐全、交通便捷，距杨浦货运站为1.5千米；拥有一支近500人的专业技术队伍，长期储存国家重点储备物资和与人民生活密切相关的各类日用消费品，积累了近50年的物流管理丰富经验。

上海友谊物流自20世纪90年代初，便为国际上最大的日用消费品公司——联合利华有限公司提供专业的物流服务，并与其建立了良好的物流合作伙伴关系。当时，联合利华这一跨国公司进入我国后，遵循国际上的运作模式，希望摒弃物流这一繁杂环节，将精力集中在新产品的开发和销售上。对这样一个实物量很大、本身又实施零库存作业方式的制造商来讲，选择一个可靠、高效的物流服务供应商必不可少。联合利华公司找到了上海友谊物流，签订了第一份租赁合同，从此，上海友谊物流便开始为联合利华公司量身定制了一系列物流服务。

（1）改变作业时间：由于联合利华公司采用 JIT（即时制生产方式），要求实现零库存管理。例如，生产香皂的各种香精、化工原料需从市内、市外及世界各地采购，运到仓库储存起来，然后根据每天各班次的生产安排所需的原料配送到车间，不能提前，也不能推迟。提前将造成车间里原料积压，影响生产；推迟将使车间流水线因原料短缺而停产。因此，上海友谊物流改革了传统储运的白天上班、夜间及双休日休息的惯例，实施24小时作业制和双休日轮休制，法定的节假日与物流需求方实施同步休息的方法，来满足市场和顾客对物流服务的需求，保证了全天候物流服务。

（2）更改作业方式：上海友谊物流根据不同商品、流向、需求对象，实行不同的作业方式。在商品入库这一环节上，上海友谊物流除了做好验收货物有无损坏以及数量、品名、规格是否正确等，还针对联合利华公司内部无仓库的特点，采取了两条措施来确保其商品迅速及时入库。

1）实行托盘厂库对流，产品从流水线下来后，直接放在托盘上，通过载货汽车运输进入仓库。

2）对从流水线上下来的香皂，因为现在工艺上没有冷却到常温这一环节，工厂又无周转库，每班生产出来的产品必须立即运到仓库，这样进仓的香皂箱内温度在50℃～60℃。为保证这样高温的商品不发生质量问题，香皂到库后立即进行翻板，摆置成蜂窝状有利于散热、散潮。

（3）仓库重新布局：在商品布局上，上海友谊物流将联合利华公司的储备库、配销库分离。

储备库包括各种原料、半成品、广告促销品、包装材料、退货品及外销品等。配销库按商品大类进行分区，分类管理。

为了满足市内重点顾客的需求，上海友谊物流还专门成立了KA专仓（即关键客户仓库）。专门供应本市的大超市和大批发商，以优先满足它们的订货需求。

（4）商品在库管理：上海友谊物流对联合利华公司的所有在库商品实施批号、项目号管理，各种商品根据批号进、出仓。凡同种商品不同批号不得混淆，并采用计算机管理，来确保商品的先进先出，保持商品的较长保质期，最大限度地保护消费者的利益。

此外，按照要求定期进行仓间消毒，每月进行仓间微生物、细菌测试，确保库存商品质量安全。

（5）流通加工：根据市场需要和购销企业的要求，对储存保管的一些商品进行再加工包装，满足市场的需要。这可以提高商品附加值，为此，上海友谊物流专门开辟出1 000平方米的加工场地，为联合利华公司进行诸如贴标签、热塑封包装和促销赠品搭配等操作。

这样的流通加工作业在物流企业内进行，把需要加工的商品最大限度地集中起来，统一地做加工处理，以达到从运输包装改为销售包装、礼品包装或促销包装的要求，从而使商品出库就能在超市、各商店直接上柜，可让供应商、制造商、商店和超市等节省相当可观的人力和时间成本。

（6）信息服务：上海友谊物流除了每天进行记账、销账和制作各类业务报表外，还按单价、品类、颜色、销售和包装分门别类作出商品统计，每天的进出货动态输入电脑，及时将库存信息传送给联合利华公司，使联合利华公司能够随时了解销售情况及库存动态。

（7）退货整理：退货与坏货作业是物流企业对顾客的后续服务。多年来，上海友谊物流借鉴国外先进经验专门设立了退货整理专仓，将联合利华公司在全国各地的退货全部集中起来，组织人员进行整理、分类，对选拣出来无质量问题的产品，重新打包成箱；将坏货选拣出来，以便集中处理。

设立退货整理专仓，解除了顾客对能否退货的后顾之忧，改善了供求关系，同时也提高了供应商成品的完好率。

直至今天，上海友谊物流仍承接着联合利华公司将货物运输到上海的关键客户的业务，以及联合利华公司在华东区的部分顾客的配送业务。可以看出，一项独特的物流服务能给顾客带来高效、可靠的物流支持，而且使企业在市场中具有特别的、不可模仿的竞争优势。这也是上海友谊物流能够成功的最主要原因。

问题：1．上海友谊物流为联合利华公司提供了哪些个性化的服务？

2．从成本与效益原则的角度分析，上海友谊物流为什么要为联合利华公司提供个性化服务？

二、实践部分

退货处理员的岗位业务处理

1．实训目的：通过退货处理的模拟操作，了解退货处理员的岗位职责，掌握退货处理的程序。

2．实训内容：核实退货原因，填写退货单，复审退货单据，予以退货。

3．实训说明：

（1）职责范围：

1）核实退货与商品的退货单，确认退回商品的异常原因是否正确，并填写成品退货单上的实际数量。

2）将退货信息传送到配送中心，复审退货单据，予以退货。

（2）操作流程（见图3-9）：

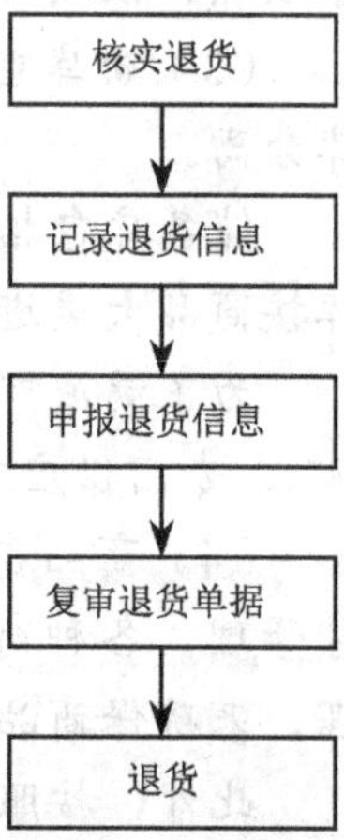

图3-9　退货操作流程

1）核实退货。对照实物，确定满足退货规定的商品。

2）记录退货信息。在退货出库业务中产生退货单据，对照实物录入所退商品的编码、名称、规格、批号、数量、产地、配送、价格等。检查退货单据无误后，审核记账，将信息传送到配送中心。

3）申报退货信息。配送中心在确认退货单据和实物准确无误后，审核记账。

4）复审退货单据。收到配送中心的确认单后，退货处理员复核检查退货所发生月份的业务单据。

5）退货。复核退货以后商品的实际库存。

（3）应用工具（见表 3-11～表 3-13）：

表 3-11　成品退货单

卡别	正常		异动代号		填单日期			公司	收货库	客户名称	
		N 正常	N	客户直退公司	年	月	日			地址	
		L 取消									

表 3-12　退货原因代号说明

B 品质差	N 滞销品	I 短交	G 无订单
E 规格不符	C 损坏	T 代加工	M 收购
H 误交	F 重复交运	D 逾期交货	Z 其他

客户编号	本单编号

原因	原开统一发票				产品		等级	单位	单价	退回数量		金额	重量
	日期	字号	已收回	未收回	名称	编号				原退	实收		

承运车行：

车　　号：

司　　机：

退回依据及处理说明	① 客诉日期字号：		收货部门		退货部门	
	② 成品交运单日期及号码：		主管	经办	主管	经办
	③ 处理说明：□重处理					
	□转售					
	□					

注：本单为五联式：第一联：产品仓库；第二联：EDPC；第三联：会计；第四联：营业处；第五联：运输。

表 3-13 退货单

厂商：　　　　　　　　　　　　编号：　　　　　　　　　年　　月　　日

材料编号	名　称	数　量	备　注	签　章
退货原因				

主管：　　　　　　　　制表：

学习评价

被考评人					
考评地点					
考评内容					
考评标准	内　容	分值/分	自我评价/分	小组评议/分	实际得分/分
	掌握退货处理流程	20			
	正确填写退货单等	40			
	审核并办理退货	40			
合　计		100			

注：1. 实际得分=自我评价 40%+小组评议 60%。

2. 考评满分为 100 分，60～74 分为及格；75～84 分为良好；85 分以上为优秀（包括 85 分）。

第四单元　物流营销人员的素质要求与基本礼仪

本单元学习导引图

物流营销人员的素质要求与基本礼仪
- **物流营销人员的基本素质**
  - 基本品性素质
  - 精神素质与身体素质
  - 能力素质
- **物流营销人员的基本礼仪**
  - 营销人员的仪容仪表
  - 营销人员的言谈举止
  - 待人接物的注意事项
  - 营销人员的其他礼仪

学习目标

通过本单元的学习，了解并掌握物流营销人员应具备的基本素质和礼仪素质要求。

综合知识模块一

物流营销人员的基本素质

营销人员是企业开拓市场的先锋，是企业文化的重要传播者，是企业形象的重要代表，必须具备一定的基本素质条件。有人曾对营销人员的素质提出了更高的要求，认为一名出色的营销人员应该具有哲学家的头脑、侦察员的眼睛、外交家的风度、运动员的体魄、科学家的才智、初恋者的热情、演说家的口才、宗教家的执著、大将军的果断和改革家的远见等。一般来说，营销人员应具备的基本素质包括品性素质、精神素质、身体素质、能力素质和业务素质等几个方面。

由于本书通篇以营销人员的业务能力和业务素质为主要阐述内容，故本模块不再作该内容的探讨，仅对营销人员的其他基本素质进行介绍。

能力知识点 1　基本品性素质

物流营销人员的基本品性素质主要包括诚实正直、雄心壮志和满怀信心等基本因素。

一、诚实正直

1. 诚实正直的重要性

了解诚实正直的重要性，请阅读下面的案例。

乔·吉拉德是如何赢得顾客的心

当乔·吉拉德做汽车销售人员的时候，他尽全力与顾客进行合情合理的交易。因为有相当一部分顾客对汽车营销人员的印象特别差。当他们面对汽车营销人员时，就有充分的防骗、防愚弄的心理准备。因此，营销人员必须比其他职业人员更努力地说真话。

乔·吉拉德了解顾客的心理，知道顾客心目中关于营销人员的形象，他努力要做一个让顾客可以信赖的营销人员。其实，这对于乔·吉拉德来说不仅是一件关于名声、信誉的问题，还是一个谋求生存的问题。“说真话”使乔·吉拉德成为世界上最伟大的营销人员。他总是面对面地对每一个顾客说：“我不仅站在我出售的每一部车子后面，我同时也站在它们的前面。”许多顾客告诉乔·吉拉德，他们可以在别的地方找到更便宜的车子，可是他们还是紧紧跟着乔·吉拉德，原因是：乔·吉拉德是值得顾客永远信任的。

从这个实例中，我们看到诚实正直是获得他人尊重和信任的必要条件。诚实正直让人们赢得更多的朋友，获得更多的长期利益。顾客对营销人员一般总有一种戒备心理，因此，营销人员比从事其他职业的人士更需要说真话。作为营销人员，必须树立诚实正直的个人形象，必须分清营销技巧与歪曲事实的界限，从而真正赢得顾客的信任。

诚实正直的人，言谈举止自然，显得心胸坦荡，让人喜欢与你接近和交往。在日常生活中，赢得他人的尊重可能是因为你优雅的风度、优越的社会地位、仁慈的行为等。但是，只要你讲的一句谎话被拆穿，所有的优点马上就会一扫而光。

2. 如何做到诚实正直

诚实正直是做人的基础，也是获得别人尊重和信任的必要方法，它能让你获得最大的长期利益。在营销工作中，应该如何去赢得顾客的心，得到他们的信任呢？

> **议一议**
>
> 你是顾客值得信赖的营销员吗？怎样才能赢得顾客的信赖？

为了达到这个目的，营销人员应该遵循实事求是、诚实正直这一原则。在具体的销售过程中，做到“四个注意”、“五要”和“五不要”。

（1）四个注意：

1）注意把握先有事实、后有宣传的销售程序，向顾客提供真实的产品和服务信息，切忌散布假消息。

2）注意一定要保证材料的翔实。在顾客面前介绍有关事例，必须交代清楚其中 6 个要素，通常称为“5W1H”，即何人、何事、何时、何地、何故和怎么样。

3）注意公开事实真相。营销人员应当在洽谈过程中报告来自各方的信息。

4）注意切记真实是营销工作的生命所在。

（2）五要：

1）要自己真诚。

2）要三思而后言。

3）要考虑另一种表达方式。

4）要用仁慈来调和事实。

5）要人之所欲施之于人。

（3）五不要：

1）不要夸大。

2）不要为别人掩饰。

3）不要求别人为你掩饰。

4）不要说无害的小谎。

5）已所不欲勿施于人。

3. 自我测试

现在我们来做一个自我测试——“我是否值得顾客信赖？”

要想了解顾客对你的信赖程度，请完成下面的问卷。但要找一位了解你的人，如同学、同事、朋友、主管、老师或领导等对你进行评估。

运用下面的测试表，给每个题目打分，见表 4-1。

表 4-1 顾客信赖测试表

题　目	得分/分
1. 销售过程中顾客可以期望我很公正	
2. 我应该有信心，对于顾客告诉我的事会保密	
3. 我对顾客讲真话，告诉他们有关产品的真实情况	
4. 我永远不会故意向顾客掩饰产品的缺点	
5. 对顾客作出的承诺，我一定会做到	
6. 和顾客有约，我一定说话算数，准时赴约	
7. 和顾客达成交易，我一定履约	
合 计 总 分	

注：1. 评分标准：强烈反对 1　2　3　4　5　6　7　8　9　10　强烈赞同。

2. 积分规则：将 7 项得分相加，得到总分。

3. 参考解析：如果总分在 57～70 分，表明你非常值得信任；如果总分在 21～56 分，表明你值得信任的程度属于中等；如果总分在 7～20 分，表明你在这方面的评价很低。

4. 自我认识练习

1）对自己发誓，你将尽全力维护事实。

2）每天早晨对着镜子，告诉镜子里永远伴随自己一生的人，你会像他一样不说谎话。

3）决定说话以前先想一想，确定要说的是真的吗？

4）说真话，但是要仁慈。

5）不歪曲事实，不夸大，不缩小。

表 4-2 有 15 个陈述句，确定你在以前的工作中是否有过、现在是否正在做或者将来是否会表现出这些行为。

请作出选择，在答案栏内打“√”。

表 4-2　自我测试表

测试题目	经　常	有　时	很　少	从　不
1. 我上班（实习或课余打工，下同）迟到，照样拿工资				
2. 我工作早退，照样拿工资				
3. 我用很长的时间休息或吃午饭，照样拿工资				
4. 我没病时也会装病请假				
5. 我用公家的电话打私人长途				
6. 我在工作的时间干自己的私事				
7. 我用公司的复印机复印自己的材料				
8. 我用公司的邮递系统寄自己的东西				
9. 我把公司的东西拿回自己家中使用				
10. 我把公司的东西送给别人或朋友，或者允许朋友不打招呼就可以拿走				
11. 我到公司报销实际上并没有花费的吃饭、旅行或其他费用				
12. 我用公司的车干自己的事				
13. 我带着爱人和朋友去吃饭，把费用记在公司的账上				
14. 我出差时带着爱人和朋友，把费用记在公司的账上				
15. 我接受顾客或供应商的礼物，作为回报，和他们做生意				
合计/分				

注：1. 评分标准：回答“从不”得 1 分，“很少”得 2 分，“有时”得 3 分，“经常”得 4 分。
2. 积分规则：15 项分数相加，为最后汇总得分。
3. 参考解析：得分将在 15～60 分之间。得分越低，说明你的道德标准越高。

二、雄心壮志

1. 雄心壮志的重要性

了解雄心壮志的重要性，请阅读下面的案例。

神田三郎的悲剧

有一次，松下公司招聘一批营销人员，考试以笔试和面试相结合的方式进行。这次招聘的人数总共只有 10 名，可是报考的人却达到几百人，竞争非常激烈。经过一个星期的筛选工作，松下公司从这几百人中挑出了 10 名优胜者。

松下幸之助亲自过目了入选者名单。令他感到意外的是，面试时给他留下深刻印象的神田三郎不在其中。于是，松下幸之助马上吩咐下属去复查考试分数的统计情况。

经过复查，下属发现神田三郎的综合成绩相当不错，在几百人中名列第二。由于计算机出了问题，使得神田三郎的成绩没有进入前10名。松下幸之助听了，立刻叫下属改正错误，尽快给神田三郎发送录取通知书。

第二天，负责这件事的下属向松下幸之助报告了一个令人吃惊的消息：由于没有接到松下公司的录取通知书，神田三郎竟然跳楼自杀了。当录取通知书送到时，他已经死了。这位下属还自言自语地说："太可惜了，这样一位有才华的年轻人，我们没有录取他。"

松下幸之助听了，摇了摇头说："不，幸亏我们公司没有录取他，这样的人是成不了大事的。一个没有勇气面对失败的人又如何去做营销？"

想一想

看完这个故事后你有何感想？

雄心壮志是营销人员事业成功的灵魂。许多事业成功者的经历告诉我们，他们成功的原因不是他们会做什么或能做什么，而是他们想做什么，心甘情愿做什么。他们往往并不是那些体力、智力最优秀的人，而是那些从小胸怀大志，向着目标不息追求，沿着陡峭山路攀登的顽强者。目标永远激励和牵引着有人生志向的高峰攀登者。有志者事竟成。营销事业是一个迎接挑战，发挥聪明才智最好、最刺激的职业。营销工作给人们提供更多的事业成功的机会，但是营销也是一个充满困难和挫折、充满困苦与艰辛的工作，惟有立大志者方能成大器。人生因为使命而升华，历史因为使命而发展。营销人员既要有"独有英雄驱虎豹"的万丈豪情，又要有"敢教日月换新天"的雄心壮志。只有这样才能克服一切艰难险阻勇往直前，成就辉煌的事业。

2. 如何树立雄心壮志

（1）明确目标：应教整理一下自身的理想和目标。

1）清楚目前的现状、职业、地位。你满意吗？事业之外的个人生活是否如你所愿？现在的生活是你想要的吗？

2）分析个人的经验、知识及特点。

3）发掘内心的愿望。

4）确定目标。

表4-3可以帮助读者明确目标。

表4-3　个人目标测试表

		你的答案
现状描述	1. 你做的工作是你喜欢的吗？	
	2. 你经常受到嘉奖还是批评？	
	3. 你获得过哪些成功？原因何在？	
	4. 你犯了什么错误？原因何在？	
	5. 你觉得你愿意改变自己，让你的工作做得更好吗？	
	6. 你周围的环境支持你作出这种改变吗？	

（续）

		你的答案
自我评估	7．你最擅长的是什么？	
	8．你过去的经历有什么可取之处？	
	9．你过去的经历有哪些现在可以派上用场？	
	10．在你交往的已有成就的朋友中，他们的经验可以作为借鉴吗？	
	11．你的能力发挥到极限了吗？极限何在？你了解自己的极限吗？	
	12．你认为你已经充分发挥了自己的潜能了吗？	
	13．你认为自己最大的缺点是什么？	
发掘内心的愿望	14．你选择的职业适合吗？	
	15．你本来想从事什么职业？	
	16．你现在觉得哪一类、什么性质的工作吸引你？	
	17．你快乐和喜悦的源泉是什么？	
	18．你常常梦想自己成为什么样的人？	
	19．你希望过什么样的生活？	

得到上述问题的答案之后，可以整理出自己的目标了吗？请立刻把它们记下来，并自己考虑一番，然后牢记在心。但必须实际一点，先扪心自问，对自己是否有正确的认识，并肯定自己想要达到且能达到的目标，千万别设立一个自己认为达不到的目标。

（2）作出个人使命承诺：尝试将自己的目标写成个人使命承诺书，并记下你对人生哲理、目标的声明和每一个目标。最好把这个个人使命承诺书贴在自己经常能看到、最显眼的地方。常常提醒自己不要忘记自己的承诺。

小知识

忠告：拥有明确目标的人，是不计一切、全力以赴的人。

拥有明确目标的人，一定会成功！

拥有明确目标的人，肯定会有充实的人生！

（3）分解目标并付出行动：在进行目标分解时，首先要明确达成总目标的各种要素，然后再将各种目标要素按时间分解为每天的行动目标，即总目标→目标要素→阶段目标→年目标→月目标→周目标→日目标。

例如，你有一个年度的总目标：在下一年内成为本公司本地区最优秀的业务人员。

分析了自己的现状后，你认为完成这个目标包括几方面的要素。

议一议

什么样的人是胸怀大志的人？

提高自己的销售技巧、提高自己的专业知识、培养自己持之以恒的精神、管理好自己的时间等。

又如，你认为每天早晨起来跑步是培养自己持之以恒的最合适方法，那么就可以拟订一份每天早上几时起床、跑步多少分钟的跑步计划。

当将目标分解到每天后，你就可以对自己每天的行动进行管理了。

可以制订一个每日行动管理表来进行自我监督，在每项完成的事情后面打“√”。

3. 自我测试

只有胸怀大志的人，才会追求自我价值的实现。自我实现需要是指个体充分发挥自己的潜能，实现自己的人生价值，并造福人类社会的需要。自我实现与个人主义的含义完全不同：个人主义只考虑自己的利益，而不顾他人的利益，而自我实现强调的是人尽其才，为社会创造价值。

运用表4-4，给每个题目打分可测试自我价值的实现需要。

表4-4　自我实现测试表

题　目	得分/分
1. 我总是不断提高奋斗目标	
2. 我并不苛求自己	
3. 我择业时很看重在工作中能否不断提高能力	
4. 我喜欢既省力，收入又高的工作	
5. 我总是乐于尝试没有做过的事	
6. 我的天赋如果不被别人看重，我宁可放弃	
合　计	

注：1. 评分标准：完全不同意　0　1　2　3　4　5　6　完全同意。
2. 积分规则：将6项得分相加，得到总分。
3. 参考解析：得分在6～22分，则自我实现需要较低；得分在23～26分，则自我实现需要属于中等；得分在27～35分，则自我实现需要较高。分数越高，表明对该要求越在意，这方面需要越可能牵动大量精力，成为生活的核心焦点。

三、满怀信心

阅读下面的案例，了解满怀信心的重要性。

信心的伟大力量

玛丽·玫琳凯是一位成功的女性。著名的“玫琳凯”化妆品大家可能都听说过，玛丽·玫琳凯就是玫琳凯化妆品公司的缔造者和荣誉董事长。我们来听听她是怎么说的。

“世上有4种人：有的促成事情发生；有的看着事情发生；有的不明白究竟发生了什么；还有的压根儿就不知道有事情发生！我自幼就想成为第一种人。我明白，真正成功的人都是因为他们的个性、目标和能力而显得与众不同。尤其值得一提的是，他们拥有热情、目标、纪律、决心、对别人的欣赏，以及工作、服务和学习意愿。

我是从磨炼中学到这个道理的。我7岁那年，爸爸从疗养院回来，虽然经过两年的治疗，他的肺结核已经得到了控制，却并未完全愈合。在我的童年时代里，他一直就是一个身体虚弱、需要人照料和爱护的病人。每当我放学回家，就得先清扫屋子，然后再做自己的功课。但是我接受了这一切，并且感到乐在其中。尽管我的某些任务对于一个孩子来说是勉为其难的，但并没有人来告诉我这一点，所以我还是照干不误。我相信，我的母亲知道，有时我干的活似乎太具有挑战性了。因为，每当她指导我干这儿干那儿时，总爱加上一句：‘亲爱的，你做得到。’”

“你做得到！”这是玫琳凯化妆品公司的座右铭。经常会有一个十分需要听这句话的人来加入她们的公司。她也许是一个多年没有工作的家庭主妇，也许她从来没有工作过，而今，因为离异或丧偶，她发觉自己不得不找一个职业。也许她在另一个领域努力工作了很长的时间，却从未听到过激励的话语。不管原因如何，她需要的是建立自尊心和价值感。

满怀信心也是营销人员的重要品性素质。营销人员的工作表面上是说服、劝说顾客购买产品，其本质是营销自我和产品的使用价值。如果营销人员对自己、对企业及其产品都没有信心，怎么会信心十足地去感染顾客，劝说顾客实施购买行为呢？营销人员要坚信：只要你有信心，你就无所不能；只要你相信你能成功，你就能成功！坚强的信心是成功的源泉。无论天资高低，无论才干大小，成功都取决于信心。因此，营销人员要十分重视培养自己的信心。

议一议

你是否对自己充满信心？

营销是一项充满挑战与艰辛的工作，你每天都会问自己这样的问题：这次营销活动能成功吗？你能让顾客接受你吗？你能打败你的竞争对手吗？

千万别犹豫！告诉自己：“你做得到！没有做不到的！”并发自内心地重复这句话，让你自己对这点深信不疑。然后，你所要考虑的事就是：“你怎样做到？”

自信是个人求职、生活、事业的重要心理品质，也是走向成功的第一步。相信自己能发挥潜能，最终将能得到你期望的未来。

能力知识点 2　精神素质与身体素质

一、精神素质

物流营销人员的精神素质主要包括持之以恒和积极进取两个因素。

（一）持之以恒

阅读下面的案例。

再往下挖三尺就有黄金

淘金风正热的时候，达比的伯父也迷上了“淘金热”，只身一人跑到美国西部去挖黄金，以实现他的发财梦。他申领了一块土地，拿着铁锹，开始动手挖。

苦干几个星期后，达比的伯父发现了亮闪闪的金矿，颇有收获。但他没有机器把矿砂弄到地面上来，于是不动声色地埋了矿，回归家乡马里兰州的威廉斯堡，把他幸运的发现告诉了亲友。大家凑足了买机器的钱，把机器运到了大矿场。达比跟着伯父也来挖矿了。

挖出来的每一批矿砂都被送到冶金厂去提炼，结果证明他们挖到的是科罗拉多最丰富的矿藏之一，再多挖上几年的矿，他们就有希望清偿债务，然后进账就可能多得吓人。

挖金的钻头往下钻，送上来的是达比和伯父的希望！但是不久大事不妙了，矿脉突然踪迹尽失。达比和伯父已经到了昙花一现的尽头，矿藏已不再有。他们不停地钻，拼死拼活地想重拾矿脉，结果徒劳无功。

最后，达比和伯父就此罢休。他们把机器以区区数百元的价格卖给了一位旧货商，然后搭乘火车回家了。这位旧货商邀请了开矿工程师去看矿坑，做实地的地质测量。结果发现，原计划失败是因为矿主不熟悉"断线层"所致。据工程师的推断，矿脉就在达比歇手处的下方 3 英尺。结果，矿脉果真就不偏不倚地在地下 3 英尺处露脸了。

读完这则案例，思考下面的问题：

谁也无法否认故事中的人物充满热情，但为何与"地下 3 英尺的黄金"失之交臂呢？

"越过'断线层'，再往下 3 英尺就会发现黄金！"这种心态会成为你坚持下去的动力。

营销工作好比挖金矿。金矿由于地质变化有"矿脉断线层"，营销工作也有"山重水复疑无路"的时候；就像金矿矿脉断线层附近肯定有金矿一样，营销工作也是有规律可循的。但是，营销工作似乎比找矿脉断线层更难。因此，恒心比热情更重要，坚持就是胜利。当人们选择营销工作作为职业时，除了热情之外，更要有足够的恒心与毅力。只有这样才能让营销人员在面对挫折和失败之后还能一如既往，否则就会造成与"地下 3 英尺的黄金"失之交臂的遗憾。

> **想一想**
>
> 你曾经中途放弃过你的目标吗？是出于什么原因放弃的？现在有哪些情况很可能是"断线层"呢？

（二）积极进取

1．积极进取的重要性

阅读下面的案例，了解积极进取的重要性。

聋　蛤　蟆

一群蛤蟆在进行竞争，看谁先到达一座高塔的顶端。周围有一大群围观的蛤蟆在看热闹起哄。

竞赛开始了。由于大伙都不信有谁能到达高塔的顶端，只听到一片嘘声。

"太难为他们了！这些蛤蟆无法达到目的的！"听到这些话，蛤蟆们开始泄气了。

围观的蛤蟆继续喊着："太艰苦了！你们不可能到达塔顶的！"

于是其他的蛤蟆都被说服停了下来，只有一只蛤蟆一如既往地继续向前，并且更加努力地向前。比赛接近尾声，只有那只蛤蟆一直坚持了下来，竭尽全力达到了终点。其他的蛤蟆都很好奇，想知道为什么它能够做到。

一只蛤蟆上前问它为什么能坚持到达终点。原来它是一只聋蛤蟆！

> **小知识**
>
> 不要让别人的消极思想影响到你，它会毁掉你心中最美好的梦想、智慧和希望！
>
> 要永远记住：他人怎么说并不重要，重要的是在于你怎么听和怎么看。
>
> 心态决定一切！态度比知识、能力、智慧更重要。你永远要做一个乐观的人。

成功者与失败者还有一个明显的区别就是，成功者拥有一个积极的心态。积极进取的心态，就是不为消极因素所影响，勇往直前。拥有积极进取心态的人并不是没有挫折和失败，而是将失败完全抛到脑后。信心、积极进取的心态可以将目标转化为行动，给不甘失败的人们带来成功，并蕴含着巨大的潜能。

2. 如何做到积极进取

1）培养积极心态。多想一些积极的、令人激动的词语和事情，如目标、梦想、渴望、信心、爱、热情、浪漫情怀、希望等，并多次去想象。

多看一些成功人士的事迹或人物传记，从中吸取营养，学习他人的积极心态。

换个角度看"失败"，没有失败，只有暂时停止成功！

胜败乃兵家常事，不足为奇。失败只是一个暂时的过程、环节，不是最终结果。持积极心态的人心里只有两个常态，要么得到，要么学到。

想一想

你是一个积极进取的人吗？

2）自强不息，终生学习。自强是培养积极心态最好的方法，自强的最好方法之一是学习。

孔子曰："三人行，必有我师焉。"要寻找一切机会学习。生活、工作本身就是最好的老师。要向顾客学、向同事学、向对手学、向一切学习者学。不断分析反省、不断总结提高，这样一定会培养出自己积极进取的心态。

3）敬业刻苦，积极向上。营销工作是一份很艰辛的职业，在工作中需要克服许多困难和挫折，有许多纷繁复杂的问题要去面对，去解决。这就要求营销人员必须具有强烈的事业心和高度的责任感，具有勇于进取、积极向上的劲头，树立全心全意为顾客服务的观念，达到成就事业和人生的目的。

3. 自我测试

下面来做一个小测试，看你是否还在坚持学习。

请在符合你时间频率的空格上打上"√"，表 4-5 是按照时间频率递减的顺序排列的。

表 4-5 时间利用测试表

你做下列事情的频率	每天	每周	每月	每年	从不
1. 阅读商业类书籍					
2. 阅读自我发展类书籍					
3. 听教育类录音磁带					
4. 看教育类电视节目					
5. 参加学术研讨会、工作讨论会					
6. 听名人、成功人士演讲					
7. 参加专业培训班					
8. 与顾客交流，并留心他们的话					
9. 与其他营销人员交流营销的心得体会					
10. 默默仔细聆听别人的话					
11. 分析问题，并总结出规律与方法					
12. 自我反省与总结					
13. 其他学习途径					

二、身体素质

营销人员一定要有一个健康的体魄。营销人员的营销工作既是对营销人员智力的考验，也是一项艰苦的“抗疲劳测试”，其工作性质决定了营销人员必须要有强健的体魄作为保证。在实际的营销工作中，营销人员需要经常与各种各样的顾客相处，经常外出旅行营销，日夜兼程，劳动时间长；有时还得携带样品，甚至进行安装操作、维修等，劳动强度大，生活饮食都很难保证有规律。因此，只有营销人员有充沛的体力和精力，才能履行纷繁复杂的营销职责。

能力知识点 3　能力素质

营销人员的能力素质主要包括：洞察能力、应变能力、创造能力、影响能力、社交能力等。

一、机智敏锐的洞察能力

阅读下面的案例。

行为表现与人的内心世界

只要留心观察，你会发现一个人虽然沉默不语，但从他的神态和表情变化中能够发现其内心思想感情的变化。比如，在正常情况下，顾客坐着的时候总是脚尖着地的，并且静止不动。但一到心情紧张的时候，顾客的脚尖就会不由自主地抬高。因此，你只要看到顾客脚尖是着地还是抬高的，就可以判断他的内心世界是平静还是紧张的。又如，在正常的情下，吸烟的人熄灭烟蒂大都保留一定的长度。可是在非正常的情况下，熄灭的烟蒂就可能很长。所以，如果你发现烟蒂还很长却已熄灭了，你就要有准备了，顾客可能打算离开了。

营销人员观察入微的工作作风是基本功。营销人员的洞察能力，主要是指通过顾客的外部表情和行为表现去了解顾客购买心理的能力，即透过现象看本质的能力。人的任何行为表现都与内心活动有关联，反映着内心活动的一个侧面。顾客也是这样，营销人员可以从顾客的行为中发现许多反映顾客内心活动的信息。洞察能力成为揭示顾客购买动机的重要一环。

提高洞察能力必须从提高观察的质量入手。知识、方式和目的是影响观察质量的 3 个基本因素。知识是观察顾客、理解顾客的基础。营销人员所具有的知识越精深，对顾客的观察也就会越深入、越周全。例如，掌握心理学知识的营销人员就能较快地通过顾客的言行、情绪，了解到顾客的意图与需求。科学的观察方式，要求观察的路线力求正确：先上后下、先表后里、先局部后全部、先个别后整体等。注意力的分布要合理，视觉和听觉要密切配合，观察与判断也要有机地结合起来。目的明确是观察取得效果的主要因素。若营销人员的目的明确，事先确定观察的任务和计划，在观察时就能突出重点，抓住本质。

二、游刃有余的应变能力

1. 拥有游刃有余的应变能力的重要性

营销人员面临的市场环境是经常变化的，甚至会遇到顾客突如其来提出的一些问题。在各种复杂的，尤其是突发的情况下，营销人员仅用一种姿态或模式对待顾客、解决问题是很难奏效的。这就要求营销人员具有机智灵活的应变能力，在不失原则的前提下，做到机智灵活、应变有方，根据当时的场景和氛围迅速地做出反应，甚至不动声色地达到目的。

机智灵活的应变能力取决于敏锐的洞察力和准确的分析判断能力。营销人员应思维敏捷，能够及时察觉顾客需求的变化对营销效果的影响，并针对变化的情况，及时采取必要的应对措施。

2. 应变能力的构成要素

应变能力构成要素包括：发散和逆向思维、自信的心态、有准备的头脑。

（1）发散和逆向思维：设想这样一个销售情景：某销售人员S正在向顾客销售一套软件应用系统。为了加强说服力，S顺口举了几个已经采用该套系统的顾客的名字，其中包括X顾客。而问题是，由于各种原因，这套软件应用系统并没有在X顾客那里取得成功。没想到该顾客对X顾客的情况十分了解，他立刻对S说："别和我说X，我知道你们的系统在X的应用是不成功的……"

要知道，虽然软件系统应用失败的例证并不少见，但顾客直截了当地指出失败案例的情况，毕竟对销售非常不利，很有可能这笔生意就要失败了。这个时候，如果反驳，会引起顾客的不快或陷入争执；如果忙着解释，又让营销人员陷入被动。

> **想一想**
>
> 如果你是S，面对这种突如其来的问题，你该怎么办？

事实上，S是这样回答的："正是因为在X的运用并不成功，这才给我们提供了一个宝贵的反面案例，让我们知道在系统实施的过程中应该如何避免类似的不利情况出现。"

S巧妙地利用了反向思维——"失败的案例可以让我们知道如何改进"——便如四两拨千斤般轻轻地拨开了一个重锤。

（2）自信的心态：沉着的应变，往往需要有一种自信的心态。一遇到变化便担心自己会失败，首先乱了自己的阵脚，又怎能机智应对呢？

（3）有准备的头脑：应变能力并不是与生俱来的。有准备的头脑便有更强的应变能力。在销售之前尽可能地预测各种可能发生的情况，并想好应对措施，不断地总结以前销售过程中发生的各种变化及所采取的变化措施。

3. 自我测试

下面这套题目可以帮助你判断自己是否是一个应变能力强的人，见表4-6。

表 4-6　应变能力测试

题　　目	待选答案	答　　案	得分/分
1．你非常忙碌之时，有过去的老顾客来找你要求退货或者换货，你会	A．表现出很讨厌，断然拒绝 B．如常地打招呼，弄清问题所在，再作相应的处理 C．告诉他你很忙，要求其下次再来		
2．你与顾客有约，一切准备工作都已经做好了，但顾客还未来，你会想	A．多等一会儿 B．他是否发生什么事 C．他也许不来了		
3．星期日约了某位潜在顾客喝茶，但顾客临时打电话来推辞掉了，你会感到	A．早知这样就不约他，浪费了我宝贵的一天 B．自己找节目 C．真倒霉		
4．你的销售谈判工作正顺利地进行着，但突起波折，你会	A．停顿下来不再继续 B．想个办法，尽量能使谈判工作再继续进行 C．觉得困难重重		
5．你不喜欢你的潜在顾客，但又必须向他销售产品，你会认为	A．他要依靠你 B．尽量友善地对他 C．他会在背后说你坏话		
6．当你的顾客对你怀有敌意时，你的反应是	A．不理会 B．积极地想办法消除对方的敌意，改变对方的敌对情绪 C．如常对待，希望改变对方的看法		
合　　计			

注：1．评分标准：答案 B 得 1 分，A 与 C 得 0 分。
2．积分规则：6 项分数相加，为最后得分。
3．参考解析：如果得分为 5～6 分，说明你很懂得处理各种困难，有应变能力；如果得分为 3～4 分，说明你的应变能力还不错，但仍有待改进；如果得分为 0～2 分，说明因为缺乏足够的应变能力，你经常会有挫折感。

三、锐意创新的创造能力

现代物流营销工作是一项具有高度智慧性的脑力劳动，是一种综合性工作，也是一种创造性工作。营销人员必须具有很强的创造能力，才能在激烈的市场竞争中出奇制胜。创造过程首先是自我斗争的过程，要无所畏惧，不亦步亦趋。在营销活动中，营销人员只有创造性地运用各种技术手段，才能更多地发掘新顾客，开拓新市场。

四、令人信服的影响能力

1．影响他人能力的基础

影响他人能力的基础是善于理解他人，换位思考。营销人员要说服顾客，必须站到顾客的立场上。要想影响顾客，首先要学会理解顾客。换句话说，不理解顾客，不从顾客的角度出发去看待问题，你就无法进入顾客的内心，当然也就无法影响顾客。只有站在顾客的角度去看待问题，才能最终影响顾客。有很多营销失败的例子，究其原因之一就是营销人员很少、甚至完全没有站在顾客的角度去看待问题，没有急顾客之所急，想顾客之所想。

2. 如何提高营销人员的影响他人的能力

影响他人的能力具体包括语言影响力和非语言影响力。语言是表达思想、交流信息的主要工具。出色的营销人员应讲究语言艺术，善于启发顾客，说服顾客。良好的语言表达能力的修养标准是：清晰简洁、完整准确、重点突出；富于感染力；使顾客感到温暖、亲切，起到感染顾客的作用；诚恳、逻辑性强、富有说服力，使顾客增强信任感；生动形象、风趣幽默，能起到营造很好的气氛、吸引顾客的作用；文明礼貌、热情友善，能引起顾客由衷的好感，起到增进友谊的作用。

非语言影响力主要包括怡人的表情和得体的肢体语言。

3. 自我测试

表 4-7 是具有很强的影响他人能力的优秀营销人员所具备的 15 项要求，他们的销售表现是令顾客赞叹的。

表 4-7 销售表现评分表

特　质	分值/分	得分/分
1. 坚定的（不屈不挠的）	10	
2. 有备而来的	10	
3. 最优秀的	10	
4. 独一无二的	10	
5. 有趣的	10	
6. 真诚的	5	
7. 真正的（率直的）	5	
8. 令人难以抗拒的	5	
9. 直截了当的	5	
10. 有技巧的	5	
11. 知识丰富的	5	
12. 有勇气的	5	
13. 有影响力的	5	
14. 有远见的	5	
15. 有让人说“好”的能力	5	
合　计	100	

注：1. 评分标准：给出的分数最低为 1 分，最高为 5 分，根据你自己的实际情况给自己评分。

2. 积分规则：15 项分数相加，为最后得分。

3. 参考解析：如果得分为 70～75 分：哇！优秀极了，你具有很强的影响力；如果得分为 60～69 分：你的影响力一般；如果得分为 50～59 分：差点火候了；如果得分为 15～49 分：需要加油喽！

五、进入人内心的社交能力

从某种意义上说，营销人员是企业的外交家，需要同各种各样的人交往，这就要求营销人员应该具备较强的社交能力。具体来说，要求营销人员兴趣广泛，具备与各种各样的顾客交往的能力，善于与他人建立联系、相互沟通、影响他人、取得信任、化解和处理各种矛盾，并能在各种场合应付自如，圆满周到。

为此，在营销活动中，营销人员应注意做好以下几点：①待人热情诚恳、自然大方、不卑不亢。②有自制能力，能控制自己的情绪，沉着、冷静地处理问题。③既有主见，又不刚愎自用等。

综合知识模块二

物流营销人员的基本礼仪

能力知识点 1　营销人员的仪容仪表

在日常生活中，了解一个人总是先从外表开始的，仪表堂堂、风度翩翩，为众人所喜爱和羡慕。注重与讲究仪表是一个普通人应具有的素质。营销人员从事的是与人交往的工作，是沟通企业与顾客的友好使者，是企业文化的传播者。他们的一言一行、举手投足都代表着企业的形象，影响顾客、竞争对手、供应商和经销商等各种微观层次的社会公众。不管为人处世还是待人接物，仪容仪表都至关重要。因此，注重和讲究仪容仪表是营销人员应具备的最基本的素质。如果营销人员连自己的外表都不被顾客接受，那么他内在的素质和产品更不容易被顾客所接受。因此，在实际营销工作中，营销人员更要注重与讲究营销礼仪，应本着文明礼貌、诚实守信、平等互敬的礼仪原则，树立良好的个人形象与和谐的买卖关系，为成交奠定良好的基础。

一、营销人员的仪表

仪表是指人的外表，一般包括服饰、容貌、姿势、神态及风度，是一个综合的概念。营销人员的仪表礼仪不仅表现了营销人员的外部形象，也反映了营销人员的精神风貌、气质与修养。在营销工作中，营销人员能否赢得顾客的尊重与好感，能否得到顾客的承认与赞许，先入为主的“第一印象”非常关键，而仪表正是构成第一印象的重要因素。

亚里士多德说：“美丽比一封介绍信更有推荐力。”美丽的容貌、典雅的气质使人感到愉悦、精神焕发。美丽具有吸引人、打动人的魅力。一个人的容貌在很大程度上是天生的，各有所长，也各有所短。但人们可以借助适当的化妆突出美的部分，巧饰不足之处。具体来说，男士容貌以“洁”为原则，常洗发、理发、修理胡须、修剪指甲、除去过长的鼻毛、清理眼角及耳孔；女士以“雅”为原则，注意护肤，选择适当的化妆品与化妆方法，以显示美丽而不妖艳、洒脱而不轻佻的良好精神风貌。

化妆不仅要讲究一定的技巧，还要注意化妆礼节。

1）化妆的浓淡视时间、场合而定。工作时间宜化淡妆，忌化浓妆；参加隆重的社交活动，如晚宴、酒会、舞会等，要根据自己的角色、地位进行浓淡适宜的化妆；参加剧烈活动时，最好不要化浓妆。

2）不要在公共场所化妆，否则非常失礼，既可能有碍于别人，也不尊重自己。若需进行必要的化妆和补妆，要到化妆间等地方进行。

3）不要在男士面前化妆。一是易给男士造成你有意亲近他的误解，二是会让男士感到你的美是不自然、不质朴的，保持“距离”为好。

4）不要非议他人的妆容。不同民族、肤色、个性、文化修养的人，有不同的化妆风格。不要高估自己的化妆术，非议他人的妆容，尤其是外宾的妆容，也不要与外宾切磋化妆术。

5）不要借用他人的化妆品。除非他人心甘情愿地主动为你提供方便，否则，借用他人化妆品既不卫生，也不礼貌。

6）男士不要过分化妆。在社交场合，男士适度化妆是必要的，但不要过分化妆，否则易招致他人反感。

二、营销人员的服饰

1. 营销人员服饰的重要性

服饰是服装与装饰物的统称，古称“行头”。俗话说：“人靠衣装，佛靠金装。”合适、得体的着装给人以愉悦、清新的感觉。营销人员适宜的“行头”是仪表的关键。服饰不仅仅是营销人员个人的事情，而且还关系到顾客是否接纳你、是否接纳你的产品，甚至关系到顾客是否尊重你的人格。“服饰语言”、“气质语言”留给顾客的第一印象十分重要。在激烈的市场竞争中，营销人员要格外注重自己的服饰及其礼仪。

阅读下面的案例，了解营销人员服饰的重要性。

衣着打扮具有举足轻重的作用

佛朗哥·贝德格在《我是怎样成功地进行营销的》一书中指出：“服装不能造出完人，但是初次见面给人印象的90%产生于服装。”同样，巴克·罗杰斯在他的《营销奥秘》一书中也认为：“你的衣着方式将影响你在人们心目中的印象，而这种印象直接影响了人们对待你的方式。”美国著名时装设计师约翰·莫洛伊在其著作《成功的衣着》中讲述了这样一个实验：一位身着一套普通的蓝绿色西服、系印花棉布领带、脚穿一双磨破了的黑色鞋子的男士，要一家公司总部中的50名秘书替他查找文件，其中只有12名秘书接受了他的请求。然而，当此人换了一套昂贵的蓝色西服和白色衬衣，系一条圆点花样的丝绒领带，脚穿一双多哥华皮革的尖翼形皮鞋之后，再要另外50名秘书为他查找文件时，结果有42人替他查找了他所需要的文件。这一试验表明：在人际交往中，衣着打扮具有举足轻重的作用。

2. 营销人员着装的基本原则

服饰的穿着没有固定的模式，大体原则是：服饰应该根据预期的场合、所营销商品的类型等灵活处理，而且因人而异。在服饰方面总的要求是：协调得体、整洁大方、干净利落、不穿奇装异服、不佩戴繁杂的装饰。具体地讲，营销人员的服饰装扮应遵循 TPO 原则，即根据时间（Time）、地点（Place）、场合（Occasion）来选择相应的着装。正式、隆重、严肃的场合，应穿礼服或深色西装，而在一般场合的工作时间可穿各式外衣、衬衣、运动服等便服。穿西服时，应平整、挺直、有裤线，衬衣、领带与西装协调一致，忌将袖口和裤脚卷起。在社交活动时，一旦进入室内，应脱去大衣、风衣，摘去帽子，但西装上衣、夹克不能随便脱。若别人赞美你的着装，应大方地道谢，但不要立即赞美对方的服饰。总之，在营销活动中，营销人员得体的服饰装扮和相应的服饰礼节，会给你的仪表增光添彩，赢得顾客的认同与信任，有助于营销的成功。

阅读下面的案例，了解营销人员着装的基本原则。

T 公司营销人员的换装

某汽车零件批发公司 T 的营销人员，营销业绩不佳，特地向一位营销专家咨询，以下是两者的对话。

专家问:	营销员答:
营销对象是谁?	很多小修理厂。
谁具有购买决策权?	老板。
老板平时多穿什么服装?	蓝色工作服。
你常穿什么服装?	西服。

专家建议：最好穿蓝色工作服。

不久，专家的“T 公司营销人员的标准服装应改为蓝色工作服”提案在该公司顺利通过，T 公司的营销人员都换上了蓝色工作服。换装使 T 公司的销售业绩迅速提高。半年后，该专家以“T 公司营销人员换装”为题，对 T 公司的顾客进行了调查。顾客反应如下：营销人员与我们穿同样的服装，不仅大大增加了我们之间的共同语言，消除了优质西服与蓝色工作服之间的差异感，而且营销人员身着蓝色工作服给人一种同伴的感觉。以往营销人员身着西服来营销，身上充满了商品气，而穿上工作服来访，使人感到亲近。

营销人员的服饰礼仪并不仅仅拘泥于单一的形式，要根据不同的时间、不同的环境和不同的场合气氛选择与之相协调的服饰。关键在于不要给顾客带来任何的不快，并能唤起对方的好感与共鸣，于无形之中缩短了双方之间的距离，使彼此间的关系也随之融洽起来，有助于营销活动的进一步进行，这才是恰如其分的服饰礼仪。

衣 着 标 准

美国著名时装设计师约翰·T·莫洛依曾为营销人员提出了一些衣着标准，这里摘录部分内容以备参考。

1）营销人员应该身穿西装或轻便西装。

2）营销人员的衣着式样和颜色，应尽量保持大方稳重。

3）营销人员不要佩戴一些代表个人身份或宗教信仰的标记。

4）营销人员最好不要穿流行时装，不要佩戴太多的饰品，尽量不要戴太阳镜或变色镜，只有让顾客看见营销人员的眼睛，才能使他们相信营销人员的言行。

5）营销人员外出时，要带一支比较高级的圆珠笔或钢笔和一个精致的笔记本，并携带一个较大的公文包。

6）营销人员可以佩戴代表公司的微标，或穿上某一种与产品印象相符的衣服，使顾客相信营销人员的言行。营销人员尽可能不要脱去上装，以免削弱营销人员的权威感和威严感。

能力知识点2　营销人员的言谈举止

一、营销人员的言谈

1. 营销人员的言谈及其重要性

仪表与服饰对于顾客形成第一形象起到了较为重要的作用，但这仅仅是开始。要想让顾客敞开心扉，营销人员的言谈举止起着决定性的作用。如果说仪表仅仅是取得与顾客交谈的入场券的话，那么营销人员“把话讲到顾客心坎上”，以及流畅的语言、良好的气质与风度是打开顾客心门的钥匙。

交谈的诀窍与技艺对营销人员来说尤为重要。因为通过洽谈成交的销售活动比其他任何一种方式都多，尤其是现代化通信工具的运用，更加重了洽谈成交的比例。电话、传真、计算机网络的出现和广泛运用，使许多传统通信方式花费较长周期才能达成的交易，在极短的时间内就有望达成。

2. 营销工作对营销人员言谈的要求

1）仔细倾听顾客的心声，认真分析顾客的需要，把握不同顾客的购买心理，找准顾客的需要，言顾客之未言，发顾客之未发，急顾客之所急，想顾客之所想，做顾客的贴心人。

2）营销人员要加强自身的语言训练，提高表达水平，积累交谈经验，掌握谈话艺术。

3）营销人员在交谈中应该注意以下问题：①发音准确，条理清楚，逻辑性强，语言连贯，不能前言不搭后语，自相矛盾。②谈话有据有理，不能强词夺理。③注意语音、语调、语速及停顿等。④交谈富有热情，充满活力和感染力，使人倍感亲切，有渴望交流的冲动。⑤注意语言的规范化，尽量避免使用俚语与口头语。一般与顾客交谈宜用纯正的普通话，如果确知顾客使用方言，而且你对此方言也较为熟悉，用方言交流可能效果会更好。在与顾客交谈时，不能讽刺挖苦别人，攻击竞争者，更不能与顾客争辩，也不要开粗俗的玩笑，以免刺伤顾客的自尊心。

以上3点中，第一点是营销人员交谈技艺的根本原则，后两点是营销人员交谈技艺的具体方面。三者相辅相成，成为一体。

二、营销人员的举止

1. 营销人员的良好举止及其重要性

培根说："相貌的美高于色彩的美，而优雅合适的动作美又高于相貌的美，是美的精华。"在营销活动中，语言只是营销人员与顾客交流的方式之一，营销人员大量运用的是非语言符号，即体语（如表情、目光、手势和其他姿态）。非语言符号可以表达语言的未达之意，比语言表达更生动形象。据调查，在营销时，营销人员以身体语言向顾客表达的信息占总信息量的55%～83%。

2. 如何微笑

在面部表情中，微笑是最具有积极意义的，是人际关系最佳的润滑剂。人们一天的愉快心情来自清晨的第一束微笑。微笑给人以友善、亲切、礼貌和关怀的内涵，可以沟通人与人之间美好的感情，传播友善、愉快的信息，缩短人与人之间的距离，融洽交际气氛。俗话说："面带三分笑，生意跑不了。"营销人员常常给予顾客真诚的、自然的、亲切的微笑，有助于良好的人际关系的建立。

3. 谈话时如何配以手势

手势是非语言行为中最具表现力的身体语言，人们在谈话时往往配以手势，以取得良好的效果。营销人员在与顾客交往的过程中，可适时地运用恰当的手势，配合顾客的谈话内容，但手势幅度不宜太大，频率不宜过高，不要过于夸张和矫揉造作，要清晰、简单、自然，否则会给人以不稳重或画蛇添足的感觉。切忌使用以下不良手势：用手或手中的物件等尖锐的东西指向顾客；谈话过程中乱拍桌子；兴奋时拍自己的大腿；交谈时抓耳挠腮，搔首弄姿；在谈话间隙抠指甲、挖鼻孔等。优雅的手势、微笑等形体动作可以在工作生活中注意总结积累，也可以对着镜子加以练习。

4. 如何坐、立、行

俗话说："站如松，坐如钟，行如风。"具体地讲，女性站立时，双脚应呈"V"字形，而男性站立时，双脚要微微分开，最多与肩同宽。双腿交叉站立一般是不雅观的，给人以轻浮的印象，应避免。行走时步履要稳健、自然，重心稍微向前，眼睛平视前方。如果行走时摇头晃脑、左顾右盼，则给人一种轻佻浮夸、矫揉造作之感。坐的礼仪，不仅要注意坐姿的端正，而且要懂得座位的入座方法和座次的安排。座位有上座和下座之别。宴请时，有主人、主宾、主陪的区别。入座时应先注意入座的位置。

能力知识点3　待人接物的注意事项

一、如何处理空间距离

营销人员在与顾客交往中，要懂得善于运用空间距离，让对方愉快地接受自己。

美国心理学家霍尔在《无声的空间》一书中，将人们所处的空间划分为 4 个层次，见表 4-8。

表 4-8　人与人之间空间层次划分表

空间层次	距　离	适 应 范 围	与社交活动的关系
亲密空间	15～46cm	最亲密的人	社交不能侵犯这一区域
个人空间	46～120cm	亲朋好友之间	将社交活动按照适当的方式，适时地进入这一空间，会增进彼此之间的情感与友谊，取得社交的成功
社交空间	1.2～3.6m	凡有交往关系的人都可进入的空间	彼此保持一定的距离，会产生威严感、庄重感
公众空间	大于 3.6m	任何人都可进入的空间	在此空间，看见曾有过联系的人，一般都要有礼节地打招呼；对不认识的人，不能长久地注视，否则会被视为不礼貌

二、如何登门拜访顾客

1. 要选择好拜访对象、拜访时机和地点

对顾客的拜访以安排在拜访对象比较空闲的时间为宜，最好是安排在顾客比较空闲的时段。比较熟悉的顾客可以安排在节假日的下午或平日的晚饭之后，因为在这段时间里，主人一般都有接待来客的思想准备。营销人员在拜访顾客前，应对拟拜访的顾客的一些基本情况有所了解，将访问时间、日期、地点等通过电话、信函告知顾客，进行预约，并严格遵守，如期而至，不得无故失约。如有变化应在第一时间通知顾客，并表示歉意。

> **想一想**
>
> 登门拜访顾客应注意哪些事项？

2. 简明扼要的自我介绍

自我介绍是指在必要的社交场合，由自己担任介绍的主角，将自己介绍给其他人，使对方认识自己。选择自我介绍的情况可归为 3 种：①自己希望结识他人。②他人希望结识自己。③自己认为有必要令他人了解或认识自己。

常见的自我介绍有：工作式、礼仪式、问答式。

（1）工作式：工作式的自我介绍内容应该包括本人的姓名、供职的单位或从事的具体工作等内容。它们是工作式自我介绍的三要素，通常缺一不可。

例如，“您好，我叫马小军，是北京新华商场的推销员。”

（2）礼仪式：礼仪式的自我介绍常用于作报告、庆典、仪式等一些隆重的场合，是一种向交往对象表示友好、尊敬的自我介绍。礼仪式自我介绍的内容包含所在单位的名称、职务，还应加入一些敬语、谦词，以示自己的礼仪风范。

例如，“各位来宾，各位领导，大家好！我是李云鹏，是宏大公司的销售经理，我代表我们公司热烈欢迎各位光临，谢谢大家的支持。”

（3）问答式：问答式的自我介绍内容一般是对方问什么，便回答什么，有问必答。

例如，问：“这位先生，您好，不知怎么称呼您？”

答：“先生，您好，我叫周爱华。”

在进行自我介绍时，第一要注意时间，力求语言简洁。初次见面，就想让别人对自己“一目了然”，显然是不现实的。东拉西扯，信口开河，对自己是失态，对他人是失礼。介绍时态度务必要自然、大方、亲切、随和。体态落落大方，不轻浮夸张，矫揉造作。同时，应充满信心，努力做到胸有成竹，这样有助于自我放松，使对方对自己产生好感。还要注意语音轻柔、语调平和、语速适中，切忌语气生硬，吐词含糊不清，语调尖锐。

3. 要尊重主人

营销人员到达拜访对象办公室或居室门前时，应按门铃或敲门，等主人开门后主动行握手礼，致以问候并进行自我介绍或说明来意。经允许后进屋，主人点烟、倒茶时应起身说“谢谢”，双手迎接。在不熟悉、不知情的顾客家中应避免吸烟。

三、如何恰到好处地问候、称呼

营销人员每天都要接待许多顾客，而接洽顾客的第一件事就是向顾客打招呼，恰到好处的问候可以使顾客易于接受其产品。打招呼时，一定要亲切热情，应是发自内心的真情流露，而不是一种表面的形式，要真正从情感上打动顾客。打招呼时，应根据顾客的性别、年龄等特征，使用合适的称呼，并因时因地确定一个适宜的问候语。有时可以伴以手势和其他合适的动作。

称呼是指人们在交往应酬中所采用的彼此之间的称谓语言。正确、贴切的称呼，表示对交往对象的尊重。通过称呼，也能反映出人与人之间的相互关系，反映出一个人的修养水平，甚至还能体现出双方关系发展所达到的程度和社会风尚。同时，称呼也是人际交往的“敲门砖”，是沟通人际关系的信号和桥梁，它既是表达感情的重要手段，又有制约感情、隐蔽或伪装感情的重要功能。

1. 称呼的划分及其正确使用

（1）工作中的称呼：工作场合是一种典型的正式场合，人们彼此之间的称呼要求是正式的、规范的。在工作中的称呼可分为以下几种。

1）职务称呼。在工作中，以交往对象的职务称呼，不仅显示双方的主次关系，更有一种敬意。它是在正式场合中常用的一种称呼。

例如，“吴总经理”、“王厂长”、“张主任”等。

2）职业称呼。这种称呼在工作环境中普遍使用。

例如，“张教授”、“刘工程师”、“郑老师”、“马会计”等。

（2）社会交往称呼：社会交往中的称呼要符合社会环境、民族习惯、文化背景、国情等因素。既要掌握称呼的一般规律，又要符合其特殊要求。

1）一般称呼。在社交活动中，对任何成年的男性均可称为“先生”；对于女性，已婚且有一点政治地位或经济地位的可称为“夫人”，戴有结婚戒指者可称为“夫人”，对未婚女性可称之为“小姐”，对不了解婚姻状况的女性可称为“女士”。在商务交往和接待服务工作中，“先生”、“小姐”称呼的使用频率很高，“夫人”这一称呼的使用受一定行政权力和环境的制约。

2）姓名称呼。姓名称呼一般用于年龄、职务相仿的交往对象或是好友之间。

例如，“刘竹”、“张小旭”等。

在使用姓名称呼时，可将职务、职称和姓名并称使用。

例如，“张东经理”、“秦卫老师”。

在使用姓名称呼时也可将“先生”、“小姐”、“女士”和姓名并称使用，也可在姓氏后面加“先生”、“小姐”等。

例如，“张先生”、“王小姐”、“益斌先生”、“周丽小姐”。

在营销交往过程中，如能很快记住客人的姓名，不仅是一种优质服务的体现，更是一个人社交魅力的展示。美国的卡耐基曾说过，“一个人的姓名是他自己最熟悉、最甜美、最妙不可言的一种声音”。美国著名的杜皮尔教授说，“如果你能记住一个人的姓名，他就可能给你带来一百个朋友”。今天在很多商务交往、服务行业中，要求相关人员记住服务对象、交往对象的姓名，已被看做一种服务技能。

（3）生活中的称呼：

1）亲戚称呼。亲戚是指与本人有直接血缘或间接血缘关系的人。在日常生活中对亲戚的称呼已约定俗成、人所共知。

例如，对父亲的父亲称为“爷爷”；对父亲的母亲称为“奶奶”；对父亲的兄、弟称为“伯”、“叔”；对母亲的姐、妹称为“姨妈”。

在对他人亲戚称呼时，应采用尊称。

例如，“令尊”、“令堂”、“令爱”等。

2）亲近称呼。对于邻居、至交可采用“大爷”、“大伯”、“大娘”等，它类似血缘的称呼，可使人感到亲切。这类称呼可在前面加上姓氏。例如，“曾大姐”、“郑大妈”等。

2. 称呼中的禁忌

（1）误读姓名：误读一般表现为念错称呼者的姓和名，如多音字“单”、“查”。在第一次接触交往对象时，若有不能正确读认的字，一定要做好前期准备。必要时可虚心询问，以达到尊敬他人的目的。

> **想一想**
>
> 在称呼中要避免哪些错误的做法？

（2）误会身份：误会是指对被称者的年龄、辈分、婚否以及与其他人的关系作出错误判断。

例如，对未婚女子称“夫人”。

（3）使用不规范的称呼：不规范的称呼是指在正式的社交场合和有一定层次的社会交往中使用随意性的称呼。

例如，在商务谈判桌上称“哥们”，在隆重社交场合中称“兄弟”；在接待服务工作中使用“那个人”、“那个女的”、“那个老的”等。

另外，注意不要随便拿别人的姓名来开玩笑。要尊重一个人，必须从学会尊重他的姓名开始。

四、握手礼仪

握手礼是交往中最常见的礼节，是人们在见面时表示致意、问候、祝贺、鼓励、感谢、辞别时的礼节。在施握手礼时，应掌握握手礼的次序、姿势、握手时的禁忌与要求。

（1）握手的次序：在隆重的商业活动中，次序是体现身份、地位的重要交往规范。在交易、接待服务等交往中，更应该遵循握手的先后次序。握手时，双方伸手的先后次序大体包括以下几种情况。

1）职务、身份高的与职务、身份低者握手，应由职务、身份高者首先伸手，后者迎握。

2）年长者与年轻者握手，应由年长者先伸手，后者迎握。

3）主人与客人握手，应由主人先伸手，客人迎握。

4）女士与男士握手，应由女士先伸手，男士迎握。

年轻者对年长者、身份低者对身份高者应稍稍欠身，握住对方的手，以示尊敬；对德高望重者亦可双手握住对方的手，以示敬重；男士与女士握手时，一般应只握一下女士的手指部分或轻轻接触；见面先问候，待对方伸手再握；若身为女士，除非十分不便，否则应主动伸出手来以示友好。

（2）握手的姿势：握手时应自然大方，两人的手掌都处于垂直状态，距受礼者约一步，上身稍前倾，两足立正，伸出右手，四指并拢，拇指张开与对方相握。握手时应用力适度，上下稍许摇动 2～3 下，礼毕即松开恢复原状。时间以 2～3 秒为宜。

握手时，用右手单手与人相握是最普通的握手方式，它被称之为“平等式握手”，表示双方平等。

与人握手时掌心向上，称之为“友善式握手”，表示谦恭、谨慎。

在握手时，右手呈凸形，用 5 个手指去接触对方的手掌边缘，称之为“稳重型握手”，此种握手方式适用于商务活动和正式的社会环境。

（3）握手的禁忌与要求：握手礼在社交场合应用广泛，这是因为握手不仅是礼貌的外在表现，也是表达自己情感、态度的一种方式。因此，在施行握手礼时应努力做到合乎规范，并且避免禁忌。

1）在与多人握手时，不要争先恐后，应遵循次序的原则，依次而行。

2）握手时应先摘掉手套，但女士在社交场合戴薄的手套与人握手，是被允许的。

3）在与人握手时，不要将左手插入衣袋或裤袋里。

4）不要在与人握手时，东张西望，漫不经心，更不能心不在焉或与第三者谈话。

5）不要在握手时，长篇大论、滔滔不绝地说个没完，或点头哈腰过分热情。

6）不要在握手时将对方的手拉过来，甩过去，或拉着手抖动不停。

7）不要在与人握手时，递给对方冷冰冰的指尖。

8）不要拒绝与任何人握手。

五、如何递交和接受名片

名片是现代人际交往中的重要工具，在拜访客户和各种社交活动中被普遍使用。

1. 递交和接受名片时应注意的事项

（1）把自己的名片递给对方，首先要把握时机：在未曾开口时就递上名片，并不适宜。如果有人介绍，等介绍完对方和自己后再递上名片，以使对方进一步了解自己，加深印象。例如，你代表厂家去拜访某百货大楼业务部经理，在未作自我介绍前就先递上一张名片，接名片者的注意力会转移到你的名片上，而不会去用心听你的介绍。如果你先作自我介绍和推销产品，再递上名片，那么效果就完全不一样了。初次相识需要继续联系的客户，可在刚一结识时递上名片，这有利于使对方迅速知晓自己的基本情况，加快交往进程；如果是有约访问，也可在告别时将名片交给对方，以加深对方的印象；如果是在有介绍人商谈的场合中，可不忙于交换名片，在临别之际递上名片会显得更为自然。

（2）交名片除了把握时机，还要有礼貌的举止：递交名片要讲究技巧，正确的递法是：手指并拢，将名片放在掌上，用大拇指夹住名片左右两端，双手恭敬地送到对方胸前；或者食指弯曲与大拇指夹住名片左右两端奉上，也可以使用双手的拇指和食指持握名片上端两角，将名片正面正对对方，然后恭敬地交予对方。不能将名片背面面向对方递送。在接受对方名片时，应双手去接，接过对方的名片后一定要专心地看一遍，切不可漫不经心地往口袋里一塞或往旁边一扔了事。名片可以用精美的名片夹陈放。

（3）在与多人交换名片时，应讲究先后次序：次序可由近到远，或由尊到卑。一定要依次进行，不可挑三挑四，采用“跳式”是一种极不礼貌的行为。如果自己在给多人递交名片时，对方当场将自己的名片递过来，应立即停止对他人名片的递交，处理好对方的名片后再继续递交名片，不要左右开弓。

（4）将名片递给他人时，应该使用敬语，如“请多指教”、“认识你真高兴”、“今后保持联系”等语言作呼应。在名片交换过程中，接受他人名片后应口头道谢，或重复对方的敬语、谦词，不要一言不发。

（5）名片是自己身份的体现：交往时，要提前准备好名片。名片最好放在专用的名片盒、名片夹里，也可以放在上衣口袋里。若着西装，放置名片的最佳位置是西装左侧口袋。将名片放在靠心脏最近的地方，无疑是对对方的一种礼貌和尊重。将名片放在裤袋里（特别是后臀裤袋）、钱夹里、零乱的提包里，不仅给人杂乱无章的感觉，更是一种失礼的行为。

（6）接过他人的名片，首先要看，这一点至为重要：必要时，轻声念出持片人的姓名或职务，以示尊重对方。不可接过对方名片不屑一顾、置于一旁，或放在手中玩弄，或随意装入口袋，或交给身边的人，这些行为都是失礼的行为。

2. 名片的格式

（1）普通名片：是交往中最常见的名片。这种名片起着自我介绍的作用。目的是使初识或初交者相互有一个迅速、明确的了解，同时也留存一份最简明的资讯材料，供日后进一步联系。

普通名片的内容有名片主人的姓名、身份（职务、职称）、地址、电话等信息，如图 4-1 所示。它的格式有两种：竖式、横式。一般第一行写持片人的单位或机构，中间写姓名，姓名右下侧小字写职务、职称等。职务、职称较多者可分别写在单位后或姓名下。第三行写持片人的资讯材料，如电话、邮政编码、传真、寻呼号码等。

成都王府井商城
成都王府井物流管理有限责任公司

魏 杰
经理

地址：成都市华兴正街 5 号王府井商城 B 座 8 楼　邮编：610016
电话：（028）××××××××　传真：（028）××××××

图 4-1　普通名片

我国现通用的名片规格为 9 厘米 ×5.5 厘米，这是名片制作的首选规格。此外，名片还有另外两种规格，即 10 厘米×6 厘米和 8 厘米×4.5 厘米。前者多与境外人士使用，后者多为女士使用。

印制普通名片时，宜选用庄重、朴素的白色、米色、淡蓝色、淡黄和淡灰色，并且以一名片一色最好。杂色名片不仅使人眼花缭乱，而且会给人以失之庄重的感觉。

名片制作时图案（如企业标志、企业方位和企业主导等）以少为佳，一般一个图案即可。一般来说，不提倡在名片上印人像、花卉和漫画等，既无实用价值，又给人华而不实的感觉。

选择字体时，以清晰、标准、易识的印刷体为宜。尽量不采用草书、花体字印刷，更不要用手写体。只有别人看懂名片，它才能发挥作用。

若有外文的使用，常见的有两种方式，一种印在名片的背面，一种则与汉字混合编排在正面。如果机构或单位有徽志，则应排印在第一行机构、单位名称前。

名片还有一些特殊的作用。例如，你需要拜见尊长或上司，在见对方前需由秘书或其他人传话引见，可临时在名片下加“求见”、“拜见”二字，再另起一行顶格写“×××先生”字样；如果别人相邀参加喜庆活动，又适逢自己无法前往，可将名片邮寄致祝贺，也可将名片与礼物托人一并致祝贺，此时在名片的姓名下写“恭贺”二字。如果要致谢他人，还可在名片的姓名下写“领”字，再另起一行顶格写“谢”字。

（2）商用名片：商用名片与普通名片在姓名、头衔格式上有所差异，如图 4-2 所示。

例如，一个商品推销人员未担任任何职务，但因工作需要使用名片。在印制这种商业名片时，其标准的格式是将公司的名称、地址印在名片的中间部位，而将推销人员的姓名印在左上角，电话号码印在右下角。

朱　艳
财务
泰国安琪航空公司
成都办事处
富景商务楼
地址：××××××
电话：（028）××××××××
传真：（028）××××××××
手机：（0）×××××××××××

图 4-2　商用名片

另外，商用名片的正面与普通名片相同，但名片的背面印有业务范围、甚至开户行、账号等。

能力知识点 4　营销人员的其他礼仪

营销活动中经常涉及的其他礼仪主要有诸如宴请、使用电话和敬烟、敬茶等礼仪。

一、宴请礼仪

1. 为什么要宴请顾客

宴会是商务活动中一个极为重要的环节。俗语说："酒菜好备客难请。"在营销工作中，招待、应酬是常有的活动。一般顾客赴宴，从某种角度来说是对营销人员的一种认可。在酒宴这个相对宽松的气氛中能达到在办公室或谈判场合等处难以达到的目的，可谓事半功倍。因此，营销人员在这种场合绝不能小气。有朋友才能有千万条路，事业才会做大。这就是众人抬举、众人拾柴火焰高的道理。

当然，宴请这种手段在适当的时候对适当的人，以适当的方式进行才会发挥更好的效果。切忌随便请，在商言商，因此何时请、怎么请、请谁、谁陪宴、要达到什么效果等问题都要事先想好，这些非常重要。

2. 宴请中应注意的主要问题

（1）如何邀请顾客赴宴：较重要的宴会的邀请电话、邀请函或请柬一定要提前发出。重要客人要亲自去请。邀请函电上应注明具体的时间和地点，简略提一下举行宴会的缘由，参加者的大致范围等。宴请客户时应注意：①宴请地点要考虑顾客的心理。②菜肴要适合顾客的胃口，最好由顾客点菜。③陪客人数要适度，不能超过顾客人数，也不要有太多的生人。

> **想一想**
>
> 宴请中应注意些什么问题？

（2）宴请与接待中应注意的事项：开宴前，主人要先到并把宴请地点布置好，准备迎接客人。重要客人要亲自去请，亲自去迎接。迎接问候后，由主人引路入座。正式宴请，在双方对等的情况下，主人坐中央，主宾坐主人右首，次宾及其他客人依次落座。适当饮酒是交际的助推器，但不能醉酒，更不能失态。敬酒要心诚，敬酒最好先干为敬，不喝也要让客人感到你是诚心诚意的；碰杯应相对一饮而尽；与长者碰杯，自己酒杯边沿应比长者低一点；切忌当着客人的面与店家讨价还价，商讨折扣；席间不要当着客人的面斥责饭店的服务与质量，以免扫大家的雅兴；宴毕应请顾客先走，为表友情与诚意最好送客人至门口、楼下或车前路口，握手道别。让客人带着一份惬意与友情而去。

赴宴时，要注意仪容整洁、美观，服饰大方得体、自然协调，特别是参加大型的商务应酬，应做适当修饰。这样做是对参加宴会的一种尊重。

出席宴会时，抵达时间的迟早、逗留时间的长短，应根据宴会活动性质和当地习惯来掌握。迟到的时间过长，或逗留的时间过短，常被视为失礼或有意冷落。一般习惯是正点或提前几分钟到达，或按约定的要求到达。

入座时注意看桌上的座位卡，按自己的名字入座。如邻座是长者或女士，应主动协助他们先入座。

（3）进餐时的注意事项：进餐举止要文雅。进餐前将餐巾打开，铺在膝上，餐后叠好放在盘子右边，餐巾只可擦嘴，不可擦汗。进餐时，坐姿要端正，不可前倾于餐桌上，也不可后靠在椅背上。身体和餐桌的距离以合作餐具和用餐方便为度。手臂不要放在桌上，以免妨碍别人。

服务员送上第一道湿毛巾是用来擦手的（吃过饭后用其他毛巾擦脸），未上菜时不可玩弄餐具或频繁起立、离坐。

进餐夹菜时要讲文明，举止要优雅，每道菜上来，除对端菜人致意之外，一般应等客人动筷后再去取食，对老人、小孩更要主动照顾。筷子不可在碟中乱搅，专挑爱吃的。取菜不可太多。筷子也不要伸到远离自己的菜碟里。用匙舀汤，不宜舀得太满，以免滴洒在桌上。筷子、汤匙都不要整段衔入口中。筷子夹菜送到齿门，汤匙仅沾唇边，既卫生，又优雅。如果席上备有公用筷、汤匙，则不能用自己的筷子、汤匙夹菜舀汤。咀嚼食物时要把嘴闭起来，喝汤时不要啜，即吃、喝都不要发出声音。如汤太烫，可稍等再喝，切勿用嘴吹。嘴内的鱼刺、骨头不能直接外吐，要用餐巾掩住嘴，用筷子（吃西餐时用手）取出，放在盘里。吃剩的菜，用过的餐具、牙签都应放在盘内，勿置桌上。不能一面咀嚼，一面说话。剔牙时应用手或餐巾掩口，咳嗽、吐痰等都应离开餐桌。万一打喷嚏或者咳嗽，需把头转向后面，用手帕掩住口鼻，切不可面向餐桌。

席间敬酒时，应起立举杯，碰杯时目视对方，微笑致意。碰杯时，如果人多可同时举杯示意，不一定逐一碰杯。宴会上相互敬酒表示友好，活跃气氛，但切忌喝酒过量，一般喝本人酒量的三分之一以内，喝过量易失言、失态。此外，如果席间大家不是很熟，就不要劝酒。

进餐期间，不要当众解开纽扣，或脱衣服。

宴会尾声，如果服务员送上了咖啡，在喝咖啡的时候，糖或牛奶可自取加入杯中。用小匙搅拌后，小匙应放回小碟内。饮用时，右手拿杯把，左手拿小碟。

如果服务员送上的是水果，不要用手去拿着吃，应用小匙或牙签取小块送入口中。当口里塞满食物时，不可说话，如果别人要同你讲话，也要等嚼完了再回答。

在宴会上，还应有沉着应付意外事情的能力。如打翻酒水，不可大惊小怪，可轻声向临座或主人说一声“对不起”，然后请服务员协助处理。餐具掉落可由服务员再送一副。如果因事需提前离场，应事先向主人说明情况，表示歉意，到时再告别，并向本席其他客人点头示意，方可离去。

散席时，应握手告辞，宾客之间互祝安好，并说一声“再见”。

二、接打电话礼仪

物流营销人员除上门营销外，还有一些业务是通过电话洽谈所达成的，即使是上门营销，走访前可能也要先打电话给客户，约定拜访的具体时间等。营销员在使用电话时，应主动说明自己的身份、目的，使用礼貌用语，讲话音量适度。

1. 接电话的基本礼仪

如果是接电话，应及时拿起受话器，无论是找自己还是别人，都应热情礼貌，最好报出自己单位的名字。铃声一响，应尽快接听。在商务和公务中，一般铃响不超过 3 次。接电话后，应和蔼地报出自己单位的名称，必要时应报出自己的工作牌号或姓名。

对方找人，要礼貌待人。接听后，如果自己不是受话人，应负起传呼的责任，或告知受话人。这是维护和塑造所在单位良好声誉的途径之一。

如果对方所找的人不在，对方未报姓名和与受话人的关系及所要讲的事情，接电话时，一般不主动打听。无止境地追问对方打电话的缘由，是一种极不礼貌的行为。

公务电话接听后，应作好笔录。记录完后，应将主要内容重复一遍。办公室电话记录还应记录来话人的姓名、单位、电话号码和来话时间等。

接电话时，应避免打断对方的讲话。为表示你在专心聆听，可用一些辅助语“嗯”、“是”、“行”等表示响应。

电话交谈结束后，应谦恭地使用敬语、道别语。例如，“请问您还有什么事情吗？”、“谢谢”、“再见”等。

通话结束后，接话人在听到对方挂机后，再轻轻将受话器放回原处。

2. 打电话的基本礼仪

任何人打电话，都有自己的目的，或是表示问候，或是商务洽谈，或是通知事情。无论要谈的事是复杂还是简单，都要作好充分的准备。

接通电话后，首先使用敬语“您好”，通报自己的单位或姓名，主动询问对方的机构或要找的人的姓名。如果拨错号码，应立即致歉，并轻放电话，重新拨号。

电话接通后，若不是你找的人接话，你应该主动说“能否麻烦您帮我叫一下×××？”，对方应允后，应该致谢。如果对方无法脱身，也应礼貌处理，或留下电话号码，请对方告知受话人回打电话，或另择时间再打电话。

作为发话人，在打电话时应自觉控制通话时间。通话中，由发话人终止通话是电话礼仪的惯例之一。发话人不放下电话，受话人一般不会先终止通话。

在打电话的过程中，不啰嗦，不节外生枝，不无话找话，应杜绝“脏、乱、差”的语言，使用电话基本文明用语。在通话过程中，不宜声音过高，免得受话人难以承受。标准的做法是：受话器与口部保持 3 厘米左右的距离，并控制音量，给对方留下的是犹如在 1 米左右交谈的感觉。

在工作环境中拨打电话，应注意仪态，不要将受话器夹在脖子处或拎着话机随意走动，不要趴在桌上、斜坐桌角或高架双腿与人通话。在拨号时不能以笔代手。

终止通话时，要轻放受话器，用力摔下会使对方震耳欲聋，有失礼仪。

3. 使用移动通信的礼仪

使用移动通信工具时，绝不能有意、无意地破坏工作环境、公共秩序。

移动通信工具应放置在适当的位置，既要方便使用，又要符合社交及工作的规范要求。

在公务交往中，在柜台营业时，业务谈判桌上无论是手机还是寻呼机，未使用时都不要将其握在手上，也不应挂在外套及工作装上衣口袋之外。一般来说，应放在随身携带的公文包内，或放在上衣下口袋内，或将其挂在腰间。若是在非正式社交场合与人聚在一起交谈，可将移动通信工具暂放在不起眼的地方，如身旁、自己座位的旁边等地方。

三、敬烟礼仪

尽管有“烟搭话酒搭桥”之说，但应因时、因地、因人而异。营销人员最好不要吸烟，因为吸烟有害身心健康，也容易分散自己与顾客的注意力。有时需要抽烟是因为有烟做媒介，可以拉开“话匣子”，把原本不易做成的生意谈成。如果估计不吸烟的顾客（特别是女顾客）对吸烟者有厌恶情绪且较敏感时，空间距离应稍远一点，因为常吸烟者身上有股烟味。如果营销人员自身吸烟，当你的客户不吸烟时就不要在交谈时抽烟，以免因为吸烟而断送了你本可达成的生意；如果营销人员吸烟，你要走访的客户也吸烟时，可以主动地递上一支烟。要是你的客户首先拿香烟招待时，营销人员应该赶快取出自己的香烟递给顾客，并说“先抽我的”，要是已经来不及，应起身双手接烟并致谢。外出如携带香烟应注意香烟的档次。自己不抽烟，也可以不带香烟。敬烟时不要点头哈腰，要不卑不亢，对熟人或老顾客敬烟可以随意一点。

四、奉茶、饮茶礼仪

（1）奉茶的礼节：如果在办公室里接待来访者，为客人沏茶，茶具以陶瓷制品为佳。要特别注意茶杯或茶碗是否有损害和裂痕，残破的茶具是不能用来招待来客的。同时，还要注意茶具里面不能有茶垢。

茶水不能沏得太浓或太淡，每一杯茶斟七分满就可以了。若来访的客人较多时，应遵循奉茶的次序。上茶的顺序为：

先为主宾上茶，后为次宾上茶。

先为女士上茶，后为男士上茶。

先为长辈上茶，后为晚辈上茶。

如果来宾彼此间差别不大，就以第一个上茶者为起点，由近而远依次上茶，也可以以进入客厅门为起点，按顺时针方向依次上茶。

正规的奉茶是把茶杯放在茶盘上，左手托着茶盘，右手附在茶盘的旁边，从客人的侧面用右手将茶水送上。在奉茶时，注意不要把手指搭在茶杯的边沿，也不要将茶杯撞在客人的手上，更不要因为奉茶，而妨碍了客人的交谈和工作。

如果在招待饮茶时，同时备有点心一同招待客人，应先上点心。点心可每人一小盘，或几人一大盘。点心盘应从客人的右侧送上，客人用毕，从右侧撤下。

如果是为客人准备的红茶，应事先准备好方糖，供客人自取。

（2）饮茶的礼节：在饮茶时，不应大口吞咽茶水，或喝得咕咕直响，应当慢慢地一小口一小口地仔细品尝。遇到漂浮在水面上的茶叶，可轻轻吹开或用茶盖拂去。切不可用手从杯里捞出来，更不要去吃茶叶。

我国旧时有以再三请茶作为提醒客人应该告辞的做法。因此，在营销活动中，应注意请茶的技巧，以免引起对方的误会。

举一反三

一、理论部分

简答题

1．物流营销人员应具备的基本品性素质有哪些？

2．化妆的礼节有哪些？

3．物流营销人员如何做到诚实正直？

4．简述物流营销人员应具备的精神素质、身体素质和能力素质。

5．物流营销人员的基本礼仪包括哪些部分？

二、实践部分

1．实训项目：营销人员基本礼仪演练。

2. 实训内容：

1）模拟对顾客的登门拜访，实践和验证营销人员的必备工作礼仪。

2）考查实训同学的服饰、化妆等仪容仪表，考查其空间距离层次的把握，考查其问候、握手、敬烟、递名片、敬茶等礼仪水平。

3）观察模拟表演者的表情、表达和其场面气氛的控制能力。

3. 实训组织：

1）成立筹备组，把实训人员分为拜访组、被访组、观摩组，筹备组成员任各小组组长。

2）各小组在组长带领下，讨论拜访的内容。

3）展开实训，由观摩组作好记录，以便总结。

4）各小组交流、讨论，并总结汇报。

4．实训考核：本项实训要求各组组员分别撰写和设计以下内容。

1）各小组讨论拜访活动的细节内容，设计演练方案。

2）每位组员撰写实训总结，其主要内容为：实训项目、实训要求、实训内容、本人承担的实训任务、完成情况、实训的过程及实训小结。

学习评价

被考评人					
考评地点					
考评内容					
考评标准	内　容	分值/分	自我评价/分	小组评议/分	实际得分/分
	仪容仪表	40			
	礼仪礼节	30			
	表达能力	20			
	现场控制能力	10			
合　计		100			

注：1. 实际得分=自我评价 40%+小组评议 60%。

2. 考评满分为 100 分，60~74 分为及格；75~84 分为良好；85 分以上为优秀（包括 85 分）。

附　录

附录A　市场营销人员必备的技能

（1）一般的营销能力：掌握市场营销的“4P”，即产品、价格、地点和促销。

（2）“社会营销”能力：是指如何使人们接受、采纳能提高消费者和社会长远利益的产品的能力。

（3）“逆销售”能力：是指在满足消费者要求的前提下，如何减少消费者对某种产品或服务的支出。

（4）“国家营销”技能：是指如何在竞争激烈的市场上建立国家的声誉，树立民族的形象。

附录B　二八法则的应用

（1）营销的二八法则：20%的产品带来80%的利润，反之，80%的产品创造的利润仅占全部利润的20%。

（2）管理的二八法则：把握20%的经营要务，明确企业经营应该关注的重要方面，从而指导企业家在经营中抓住重点、全力进攻、以点带面，以此来牵住企业经营的“牛鼻子”，带动企业各项经营工作顺势而上。

（3）投资的二八法则：想要投资就必须敢于承担风险。投资与风险往往呈现出一种不平衡性，风险越高获利越大，风险越低获利就越小。

（4）交际的二八法则：成功者80%的机会是由不到20%的朋友提供的，这些20%的关键朋友对他们的生活起到了重要的作用。拥有数量少但交情深厚的人际关系，远远胜于广泛而肤浅的人际关系。

（5）成功的二八法则：学会对自己作一个正确的评估，掌握自己的优势，找准自己的方向，从而轻松迈向成功。

附录C　市场营销人员的成功要诀与实例

一、推销工作十大要诀

顾客口头上想要的东西，不见得是心里真正想要的。曾做过错误采购决策的人，为了面子，也许不愿承认自己的错误。而且，他们可能言不由衷地赞美心中认为不良的产品。

避免上述问题的方法是让他们说出来，然后问他们希望如何改进这项产品。

1）如果有顾客转向竞争者购买产品，但结果令其不满意，则推销人员应该小心地劝他回心转意。由于他不愿当面承认自己的错误，所以若方法不当，可能使他再以另一个竞争者为购买对象。因此，在重新接洽这个生意时，要让顾客保持良好的形象。

2）有时顾客对产品会有怨言，而实际上那是由于顾客自己没有按照说明书介绍的方法使用而导致的错误。处理这种问题的技巧：别强迫顾客承认错误，那样顾客会自觉困窘，不愿对这个问题负责。推销人员要帮助他寻找答案。

3）少用贸易术语、型号名或简称作产品展示，顾客在要求推销人员解释这些名词时会觉得尴尬而不自在。重要的是要让顾客容易理解这些名词，而不是卖家自求方便和节省时间。

4）推销人员犯错的次数多少并不重要，重要的是成功的次数，而这个次数和推销人员失败后继续尝试的次数有直接的关联。

5）营业额暴跌的原因经常是因为推销人员不自觉地改变自己的售货方式而导致的。他们逐渐远离根源，在销售过程中失去重点。资深的推销人员常因对产品的充分了解，而忘记顾客并不熟悉产品的优点。

6）顾客提出疑问时，推销人员要使回答最有利于自己，然后向顾客提出问题，增进了解。例如，有希望成交的房屋买主问：“房子坐落在什么地方？”，推销人员回答：“在××高中附近。您对那一带熟悉吗？”

7）如果准买主在听完产品介绍之后决定不买了，推销人员不要灰心，可请该顾客另外介绍些顾客。他可能会迟疑一会儿，但是往往会给推销人员一些较可能购买产品的顾客名字。

8）在每次产品展示完之后，要以信函或电话跟踪。顾客对一项交易真正热心起来，或是从反感中回心转意，通常都需要几天的时间。

9）在议价开始或需要另外的支援前，先别谈到公司提供给顾客的免费服务。将服务计入成本中，但是要让顾客觉得这样很优惠。

10）推销对象是一群人时，推销人员要将注意力集中在真正需要这项产品或服务的人，也就是真正的使用者。

二、推销工作八项原则

世界上最伟大的推销人员即使以最低的价格展现最奇特的产品，但是能不能成交还得视有购买决定权的顾客而定。以下是推销人员必须牢记在心的一些原则。

(1) 避免事实漏洞：推销过程中有任何漏洞，都会使顾客无法了解产品或服务而失去推销机会。

(2) 保持简单扼要：必须把握简单扼要的原则，化复杂为清晰，化生涩难懂为简单易懂。

(3) 谨慎运用幽默：惟有谨慎运用，幽默才能在推销中发挥有益的作用。幽默可以松弛紧张的气氛，易于沟通观点，化解误会，取悦购买者，但是必须谨慎运用。

一般而言，恭维是最安全的一种幽默，推销人员在运用幽默之前应先想想顾客会有什么反应，切忌太过分。如果没有把握，干脆就不要发挥幽默感了。

（4）谦逊赢得好感：推销人员切忌自作聪明，以防聪明反被聪明误。更糟糕的是，顾客对推销人员的自以为聪明感到反感时，便会以拒绝购买来显示他们的权威。推销人员要态度谦逊，但谦逊并不是逢迎谄媚，而是谦恭有礼，让顾客感受到优越感。

（5）培养顾客的自豪感：推销人员对顾客提出的问题要表现得很感兴趣，并诚恳地解答，让顾客感到自己的重要性。

（6）使用复数人称代词：在推销过程中，推销人员使用“我们”比“我”更有助于建立顾客的自信心与信赖感。

（7）采用顾客希望的方式：如果顾客比较感性，就以动情的方式来推销产品；如果顾客喜欢理性分析，就以事实和图表进行说服。

（8）尊重顾客的第三人格：人是三种人格特征的结合体，即真正的自我、理想的自我和别人心目中的自我。推销人员必须了解顾客的第三人格特征，让他觉得受到了尊重。

推销工作变化幅度之大，常令人有莫测高深的感觉，而推销方法的应用，更有应用之妙存乎一心的现象。推销人员如果能做到每天都参考学习已被他人证实的有效方法，加上自我的努力和随机应变，相信便能无往不利。

三、现代推销人员的工作准则

（1）建立自信心：信心是成功的首要条件，没有信心就会一事无成。推销人员要把产品、服务或构想推介给他人，因此，必须对自己所推销的产品、服务或构想具有信心。

（2）实话实说：“说实话、表真诚”这是赢得信任的最佳方法。虚伪不实总有被识破的一天。

（3）不要夸大其词：夸大其词无异于自我吹嘘，很难被顾客接受。一旦失信于顾客，推销工作就难以进行了。

（4）不要承诺自己做不到的事：君子一言，驷马难追。顾客不但会记得推销人员所作出的承诺，同时也会期待实现诺言，所以不可承诺自己做不到的事。

（5）抱定奉献的决心：推销工作是一种奉献的工作，必须抱定奉献的决心，全心投入才能引起顾客的兴趣。

（6）己所不欲，勿施于人：要经常站在顾客的立场想问题，才容易赢得顾客的心。连自己都不愿购买的产品，不要推销给别人。

（7）维护顾客的信心：在进行推销时，维护顾客的信心是重要的。促成交易之后，仍然要继续维护顾客的信心。这不仅是一种工作道德的表现，也是一种负责任的做法。

（8）要有服务的热忱：推销人员的职责就是提供服务，以热忱的服务赢得顾客的好感，才能创造业绩。

（9）追踪顾客的满意度：顾客购买产品，尚未获得满意之前，推销工作就尚未完成。所以在促成交易之后，推销人员还需要进行追踪工作，以确知顾客是否满意，这样做能衍生更多的顾客。

（10）尊重顾客的抱怨：倾听顾客的抱怨，根据他所说的要点，谨慎加以处理。抱怨是让推销人员了解、消除顾客不满的线索，是继续维系顾客的一个绝佳机会，千万不能忽视。

提出合理抱怨的顾客，无疑是再次给推销人员一个服务的机会。

（11）勇于认错，及时改进：在推销过程中，若有不当的做法应勇于承认，并及时改进，不可因为好面子而强辩不休。

（12）保持良好的风度与形象，不宜伤害竞争者：当推销人员每提到竞争者的名字时，顾客对他的良好印象就会加深一层。

四、日本人的推销术

日本工商业蓬勃发展的一个重要因素是他们极其注重分工，崇尚专业精神。

一件货品，从制成到顾客使用，须经若干经营层次。其中，推销阶段相当重要。日本的推销术特别重视几个环节，包括形象、高质、包装、宣传以及售后服务。

形象的确立一定要鲜明。成功的推销术之一是让顾客一眼就能看出哪件物品是何种品牌，随即对价钱与品质心中有数。

日本商界一直在进行一种认识商品的公民教育，提高公众的鉴赏能力，使之能分辨出货物的品质优劣。这在推销高价与优质商品上尤其奏效。谁穿一件名牌衣服，谁用一套名贵餐具，都能被周围的人一眼看穿。这是购置高价优质商品的主要诱因。

高质产品越普遍，就越能提高人们的物质享受与生活水平，这也是社会繁荣的象征。

至于包装，到过日本的旅客都不难觉察到日货市场对这方面的重视。每一件货品都以最漂亮的方式亮相，绝对吸引顾客户的目光。

五、美国最佳推销人员的推销术

做一个有道德的人

可以直截了当地说，成绩最好的推销人员都是有道德、多为他人着想的人。这些超级推销员给如今这个顾客购买心理的变化要以毫秒来计算的时代带来了好消息：关系是可以维系的，而且关系是极其重要的。

推销术是古老且神秘的技术，它能把存货销售出去，能变损失为盈利。能熟练地运用推销术的人所依靠的是持久的人际关系。超级推销人员常说，要想使生意做得好，就得使买卖双方都满意，没有一方受到损失。

可以说，技艺精湛的推销人员当之无愧地是公司最宝贵的财富之一。

重视回头客

斯坦·史密斯是道奇汽车公司在美国加利福尼亚州的推销人员。他的专长是提供超级服务。史密斯已成为道奇汽车公司在美国的头号推销人员。

史密斯的顾客几乎全是回头客，或者是由老主顾介绍来的。这是有充分理由的：史密斯在做完生意后从不忘记顾客。有一天，他接到一个顾客的求助电话。顾客办了一家汽车服务公司，专门从事接送病人去医院的业务。由于公司的一辆“道奇”车的汽化器坏了，附近的经销商又没有备件，所以顾客打电话说道：“史密斯，这里的人都等着我呢……”史密斯二话没说，挂上电话立即到陈列室的一辆汽车上卸下汽化器，开着自己的车给那位顾客送去了。